귀해지고 싶은 마음은 사람 누구나 다 똑같다.
사람은 누구나 각자 귀한 것을 가지고 있지만 그것을 잘 생각하지 못한다.

맹자

편파적인 말을 들으면 그 사람이 무엇을 숨기려 하는지 알 수 있고,
과장된 말을 들으면 그 사람이 무엇에 집착하는지 알 수 있다.
상식에 어긋나는 말을 들으면 그 사람이 어디서부터 잘못되었는지 알 수 있고,
회피하기 위해 얼버무리는 말을 들으면 그 사람이 무엇을 감추려는지 알 수 있다.

맹자

벗을 사귄다는 것은 그 사람의 덕을 사귀는 것이니,
내세우는 것이 있어서는 안 된다.

맹자

뜻하지 않게 칭찬을 받을 때도 있고,
완전하기를 바라다가 비방을 받을 때도 있다.

맹자

인생의 저력

인생의 저력

펴낸날 2023년 8월 30일 1판 1쇄

지은이_판덩
옮긴이_유연지
펴낸이_김영선
편집주간_이교숙
책임교정_정아영
교정·교열_나지원, 이라야
경영지원_최은정
디자인_바이텍스트
마케팅_신용천

펴낸곳 (주)다빈치하우스-미디어숲
주소 경기도 고양시 덕양구 청초로 66 덕은리버워크지산 B동 2007호~2009호
전화 (02) 323-7234
팩스 (02) 323-0253
홈페이지 www.mfbook.co.kr
이메일 dhhard@naver.com (원고투고)
출판등록번호 제 2-2767호

값 19,800원
ISBN 979-11-5874-197-6 (03100)

53가지 지혜로 내 마음을 돌보는 법

인생의 저력

人生底力

판덩 지음
유연지 옮김

미디어숲

들어가며

나의 가장 큰 저력은
바로 나 자신이다

춘추시대 사람들은 예禮를 중요하게 생각했다. 그래서 전쟁에서도 진인하고 극단적인 수법을 쓰는 경우가 드물었다. 그 덕분에 공자는 '온화溫, 선량良, 공경恭, 검소儉, 겸양讓'이라는 다섯 가지 덕목으로 당시 사회에서 중요한 영향력을 발휘할 수 있었다.

그러다 진晉나라가 셋으로 나뉘게 되는 '삼가분진三家分晉' 사건이 시발점이 되어 춘추시대는 전국시대로 넘어가게 된다. 한때 막강한 세력을 자랑했던 진나라는 한韓 씨, 조趙 씨, 위魏 씨 세 가문이 나누어 가지게 되었고, 그중 위나라가 가장 먼저 법가 사상가를 등용해 개혁을 실시했다.

그때부터 사람들은 난폭해지고, 무자비하게 살육하고, 인내심이 없어졌다. '군주가 어질면 민심이 저절로 따라온다'고 주장하는 유가의 '인정仁政 사상'은 당시 사람들이 느끼기에 너무 느리고, 너무 이상주의적이었으며, 또 너무 안일한 생각이었다. 위나라와 진秦나라는 이미 전쟁을 시작했는데, 이 와중에 토지제도와 세수 제도 정비를 논하고 있으니 시대착오적인 발상으로 보일 수밖에 없었다.

이 험한 시대의 한복판에 맹자가 있었다. 한마디로 맹자는 최악의 업무 환경에서 일했던 셈이다. 맹자가 당시 사람들에게 설파한 주장들은 마치 첨단 기술 시대를 사는 우리에게 이럴수록 천천히, 느리게 행동하라고 권유하는 것과 비슷했다. 시대를 역행하는 가르침이지만 맹자는 두려워하기는커녕 당당하고 자신만만했다. 그에게는 우리가 상상할 수조차 없는 '저력'이 있었다.

『맹자孟子』 첫 장에서 맹자가 만난 사람은 전쟁광이었던 위나라 혜왕惠王이다. 당시 위나라의 수도가 대량大梁에 있었기 때문에 사람들은 그를 양혜왕梁惠王이라고 불렀다. 혜왕의 성격 역시 거침이 없었다. 맹자를 보자마자 당연하다는 듯이 이렇게 질문한다.

"선생께서 천 리를 멀다 않고 와주신 것을 보면 장차 우리나라에 이로움이 될만한 방안을 가지고 오신 것이겠지요?"

당시 혜왕은 법가와 종횡가縱橫家(전국시대 때 진秦에 대항하기 위해 연합해야 한다고 주장했던 책략가들_역주)들의 사상과 전략을 익히고 활용하는 데 능숙한 왕이었다. 따라서 그는 맹자가 분명 다양한 전략과 전쟁에 관한 조언을 해줄 것이라 생각했다. 혜왕이 맹자에게 한 질문을 현대 사람들이 이해하기 쉽게 비유하자면, 어떤 한 대기업의 간부가 컨설팅 업체 관계자를 만나자마자 제일 먼저 "회사 이익률을 높일 수 있는 방안을 분명히 갖고 계실 것이라 믿습니다. 시장 점유율을 더 많이 확보할 방법도 알고 계실 것 같습니다."라고 말하는 것과 같다.

혜왕의 당돌한 물음에 맹자는 이렇게 대답했다. "왕께서는 어찌 이익을 말씀하십니까?" 이를 쉽게 설명하자면 "매번 수익에 대해서만 물어보시는 것은 너무 수준 낮은 질문이 아닙니까? 저는 당신과 기업의 가치관에 대해 논의하러 온 것입니다."라고 말하는 것이다.

이런 맹자의 당당한 모습은 위나라 혜왕, 제齊나라 선왕宣王, 등滕나라 문공文公 등 크고 작은 나라의 군주들을 놀라게 만들었다. 물론 그렇다고 이들이 꼭 맹자의 조언대로 처신했던 것은 아니다. 하지만 이들 모두 적어도 맹자의 조언에 대한 대가는 지불했다.

人生底力

시야가 좁은 사람들은 맹자의 생각이 비현실적이라고 말한다. 맹자는 "천하는 결국 하나가 될 것이며, 그 '하나'를 이룰 사람은 살생하지 않는 군주입니다."라고 말했지만, 결과적으로 가장 살육을 많이 했던 진나라가 천하를 통일했기 때문이다. 하지만 만일 맹자가 아직까지 존재했다면 우리에게 이렇게 말했을 것이다.

"강국이었지만 잔인했던 진나라는 역사라는 거대한 물결 속의 작은 파동에 지나지 않소. 법가의 통치 사상이야말로 이상주의이기 때문이오. 진나라는 백성을 멍청하고 약한 존재, 노예로 여겼지만 유가에서는 백성을 사람으로 여겼소. 백성은 묵자墨子처럼 사사로운 욕심을 버리지는 못하지만, 양주(楊朱, 위나라의 사상가_역주)의 말처럼 이기적이지 않고, 더욱이 법가에서 말하는 것처럼 나약하지도 않소. 백성에게 필요한 것은 땅과 먹을 것, 그리고 입을 것이오. 또한 백성이 필요로 하는 것은 왕의 보호와 군자의 가르침이오."

후대에 맹자를 이해한 사람들은 맹자의 말이 공자보다 더 분명하고, 구체적이고, 확고하다고 말한다. 결국 중국은 유가 사상과 법가 사상이 결합된 '유법국가儒法國家'로 발전하게 되었고, 어떤 측면에서 보면 나름 중용을 이룬 셈이다.

사람 본연의 인성을 믿는 맹자의 저력

그렇다면 이렇게 당차고도 맹랑한 맹자의 저력은 어디서 나오는 것일까? 첫 번째는 그가 가진 '일관성'이다. 공자의 철학에 공감한 맹자는 자신의 사명, 목표, 가치관을 깨달은 뒤 자신이 해야 할 일에 모든 것을 쏟았다. 그는 전국을 돌아다니며 자신의 견해를 설파했고, 묵가, 양주, 종횡가, 법가 사상가들과 논쟁을 펼치며 유가의 사회적 영향력을 넓혀나갔다. 그뿐만 아니라 맹자는 제자 양성에도 힘을 썼으며, 귀족 및 제후들과 벗이 되어 유가 사상을 천하에 뿌리내릴 기회를 모색했다.

또한 맹자는 우화, 고사 등 각종 사례를 들며 토론을 펼쳤으며, 유가 사상을 일상 곳곳에서 실천할 수 있는 방법을 제시하는 등 자신이 할 수 있는 모든 것에 열정을 쏟았다. 그리하여 맹자는 자격을 따지고 서열을 중시하는 중국 전통 사회에서 안회顔回, 증삼曾參을 뛰어넘는 성인이 될 수 있었다. 맹자의 당당한 포부와 굳센 기개가 없었다면 유가는 아마도 춘추전국시대에 활약한 수많은 학파 중 지극히 평범한 사상에 지나지 않았을지도 모른다.

맹자가 가진 저력의 또 다른 원천은 바로 사람의 본성에 대한 확고한 '믿음'이다. 이 세상에 좋은 사람이 많을까 아니면 나쁜 사람이 많을까? 사람의 본성은 본래부터 선할까 아니면 악할까? 이것은 명확하게 대답할 수 없는 문제다. 하지만 당신은 어느 쪽을 믿을 것인지 선택할 수는 있다.

순자荀子는 '인간의 본성은 본래 악하다. 그 본성이 선해지는 것은 인위적으로 노력한 결과다人性惡, 其善者僞也.'라는 쪽을 선택했다. 이 선택은 냉정하고 지혜롭기는 하나, 어떤 희망도 힘도 갖기 어렵다. 반대로 맹자는 '인간의 본성은 선하다人性善.'라는 쪽을 선택했다. 이 선택으로 어쩌면 살면서 겪은 갖가지 상황에 배신의 기분을 느낄 수도 있지만, 마음속에는 사랑이 가득 차게 된다. 만일 당신이 순자와 같은 선택을 한다면 누군가를 믿지도 못할 것이고, 속임이나 배신을 당할 일도 거의 없을 것이다. 하지만 당신의 내면의 힘은 계속 약해질 것이다. 본성이 악한 사람들을 위해 애써 노력할 생각조차 하기 싫기 때문이다.

반대로 당신이 맹자처럼 사람의 본성에 기대를 가득 품는다면 당신이 하는 모든 노력에 불현듯 가치가 생길 것이다. 설령 잘못을 범한 나쁜 사람이라 할지라도 당신의 눈에는 그 사람이 길 잃은 어린 양처럼 보일 것이다. 이처럼 '사람의 본성은 선하다'라는 전제는 인간의 내면에 사랑과 긍정적인 힘을 계속 만들어낸다.

마지막으로 맹자의 저력은 자기 자신에 대한 '책임감'에서 나온다. 비록 그는 매일 세상을 바꾸기 위해 돌아다녔지만, 그가 유일하게 바꿀 수 있었던 것은 자기 자신뿐이었다. 맹자는 이렇게 말했다.

> "뜻하지 않게 칭찬을 받을 때도 있고, 완전하기를 바라다가
> 비방을 받을 때도 있다有不虞之譽, 有求全之毀."

이처럼 맹자는 사회로부터 받는 평가에 대해서도 이미 깨달음을 얻은 상태였다. 그래서 맹자는 오직 자기 자신을 갈고닦고, 끊임없이 반성하며 변화해야 한다고 말했다. 또한 맹자는 "스스로 생각했을 때 문제가 없는데 여전히 자신을 비방하고 비난하는 목소리가 있다면 그것은 짐승의 짖는 소리일 텐데, 구태여 짐승들과 옥신각신할 필요가 있는가?"라고 말했다. 아울러 자신이 하고 있는 일이

도의에 맞는 것이라면 천만 명의 사람이 가로막아도 나아가야 한다고 주장했다.

『맹자』와 『논어論語』를 읽어보면 느낌이 완전히 다르다. 논어를 읽고 나면 '사람이 이렇게 말을 잘할 수 있구나!' 하고 공자에 대한 감탄이 절로 나온다. 반면 맹자는 사람에게 파도처럼 거대한 힘을 준다. 그 힘은 적, 권력, 실패 그리고 실수를 두려워하지 않는 힘이다.

노력의 임계점을 넘어 호연지기를 배우다

요즘 직장 내에서 화두에 오르는 주제들을 보면 사람들의 고충이 무엇인지 짐작할 수 있다. 예를 들면 탕평족躺平族(현실에서 경제적 박탈감을 느껴 소극적으로 일하거나 자포자기하는 젊은이들을 가리키는 중국 신조어, 우리나라의 '3포 세대'와 비슷한 의미_역주)처럼 사느냐 아니면 치열하게 계속 소모적으로 사느냐, 이상을 좇을 것인가 아니면 현실과 타협할 것인가, 창업을 할 것인가 아니면 지금의 일을 계속 유지할 것인가 등이 그러하다.

사실 우리는 늘 얻으려고 안달하고 잃을까 봐 걱정한다. 그렇다고 맹자가 우리 대신 결정을 해줄 수도 없다. 하지만 『맹자』를 읽으면 우리는 호연지기를 기를 수 있고 자신의 인생을 한 단계 더 높은 경지로 이끌어 올릴 수 있다. 현재의 상태에서는 문제가 해결되지 않을지 몰라도, 삶의 경지가 올라가고 세상을 바라보는 시각이 한 차원 높아지면 이전에 문제라고 생각되었던 것들이 더 이상 문제가 되지 않는다. 예를 들어 젊은 친구들은 이런 질문을 자주 한다.

"열심히 책을 읽는데도 제 인생은 왜 나아지지 않는 걸까요?"

이는 물 한 잔으로 장작더미에 붙은 불을 끄려는 생각과 다르지 않다. 물로 불을 끌 수 있다는 것쯤은 누구나 다 아는 사실이다. 하지만 물 한잔으로 산더미처럼 쌓여 있는 장작의 불을 끄는 것은 불가능하다. 그렇기 때문에 우리는 우리의 노력이 임계점을 돌파하는 그 순간까지 기다려야 한다. 맹자가 이처럼 이치를 잘 설명하고 그의 책이 고전 중의 명작이 될 수 있었던 것은 대대손손을 거쳐 많은 이들이 그의 가르침으로부터 깨달음을 얻고 성장했기 때문이다.

이 책은 '판덩, 『맹자』에 대해 이야기하다攀登講<孟子>'라는 강의 내용을 기반으로 만들어졌다. 당시 나는 『맹자』에 나온 내용을 한 구절 한 글자씩 풀이했었는데, 그 내용이 너무 방대해서 사람들이 읽는 데 시간이 많이 소모될 것 같다는 생각이 들었다. 그래서 『맹자』의 내용 중 우리 일상과 가장 밀접한 내용들을 골라 소개하게 되었다. 이 책을 통해 독자들이 맹자의 저력, 힘과 용기, 지혜를 얻어가기를 바란다.

저자 판덩

상대를 사랑하는데도 친해지지 않는다면
자신이 어진 마음으로 상대를 대했는지 돌아보라.
남을 다스리는데도 다스려지지 않으면
자신의 지혜를 돌아보라.
남에게 예를 다했는데 답례가 없다면
남을 공경하는 자신의 마음을 돌아보라.

맹자

1장

초심의 힘

나만의 고결함이 있다면
거칠 것이 없다

귀해지고 싶은 마음은 사람 누구나 다 똑같다.

欲貴者, 人之同心也.

사람은 누구나 각자 귀한 것을 가지고 있지만 그것을 잘 생각하지 못
한다.

人人有貴於己者, 弗思耳也.

『맹자·고자 상孟子·告子上 편』

사람들은 남에게 인정받고 대접받고 싶어 하는 마음이 강하다.
그래서 명예와 이익, 높은 직급과 고액 연봉을 얻고자 애쓴다. 이러
한 것들을 타인을 통해 얻거나 혹은 외부 환경에서 쟁취했을 때 우
리는 타인에게 인정받고 대접받았다고 생각한다. 이처럼 외부 환경

에서 얻어지는 명예, 직급, 재물 등을 맹자는 '인작人爵'이라 불렀다. 이와 상대적인 개념이 바로 '천작天爵'이다. 여기서 '작'이라는 한자는 '벼슬과 녹봉'을 의미한다.

'인작'이란 물질적인 것, 외적인 것에 치중된 작위다. 인작은 타인으로부터 위임받거나 계승을 통해서만 얻을 수 있다. 예를 들어 대학교수에게 심사를 받고 그 심사에서 통과하면 학교는 학생에게 학위를 수여한다. 여기서 학위는 '인작'에 속한다.

반면 '천작'이란 정신적인 것, 내적인 것으로부터 얻어지는 작위다. 천작은 누군가로부터 위임을 받거나 하사를 받을 필요가 없으며, 대대손손 물려줄 수도 없다. 가령 우리가 시인이 되고 싶다면 시를 잘 쓰면 되고, 선한 사람이 되고 싶다면 선한 행동을 많이 하면 된다. 이러한 것들은 우리가 언제 어디서든 나의 의지로 행할 수 있다. 그로 인해 얻게 되는 존경과 명예 역시 우리의 행동으로 생긴 자연스러운 결과이다.

물론 '인작'과 '천작' 모두 얻고 난 뒤에는 타인으로부터 존경을 받게 된다. 하지만 본질적으로 이 둘은 아주 분명한 차이가 있다. 어느 것을 얻고자 하느냐에 따라 전혀 다른 선택을 하게 되기 때문이다.

안영晏嬰(안자의 본명)은 제나라를 대표하는 사신으로 초楚나라를 방문했을 때 온갖 모욕과 모함을 당했다. 초나라 왕이 어떻게든 안영을 억누르려고 한 이유는 그런 방식으로라도 자신의 존재가 얼마나 대단한지를 보여주기 위함이었다. 아마도 보통의 사람이라면 이런 군왕과 마주했을 때 두려움을 느끼거나 혹은 유혹에 넘어가 상대의 말에 순종하고 따르는 선택을 했을지도 모른다. 하지만 안영은 결코 굴복하지 않았다. 심지어 그는 초나라에서 모욕에 가까운 접대를 받고도 분노하거나 떠나지 않았다. 안영은 오히려 "모자란 임금에게는 모자란 사신을 보내는데 제가 가장 어리석고 모자란 사람이므로 초나라에 사신으로 온 것입니다嬰最不肖, 故宜使楚矣."라는 재치있는 말로 상황을 역전시켰다.

표면상으로는 안영이 자신을 비하하고 있는 것처럼 보이나, 실제로는 이 말 한마디로 안영은 더 우위에 설 수 있었다. 안영은 자신의 확고한 소신 덕분에 결국 초나라 왕의 존경을 받게 된다. 안영의 이러한 처사는 자신의 존엄은 물론이고 자국의 존엄까지 지켜냈다.

안영은 제나라에서 왕의 두터운 신임을 받는 인물이었다. 그는 높은 관직을 맡고 있음에도 단 한 번도 권세를 과시하지 않았으며, 사치와 낭비를 일삼지 않았다. 또한 안영의 생활은 한결같이 검소해 당시 제나라 왕이었던 경공이 친히 하사하는 것조차 마다했다.

한번은 안영이 다른 나라에 사신으로 간 사이, 경공은 자기 임의 대로 안영의 오래된 집을 개조하고 화려한 마차까지 가져다 놓았다. 경공은 안영의 지위에 걸맞은 재물을 하사하고자 그리한 것이다. 하지만 안영은 제나라로 돌아온 뒤 한사코 개조된 집에 들어가려 하지 않았다. 안영은 그 이유에 대해 이렇게 설명했다.

"제가 검소하게 사는 것은 백성들에게 본보기를 보여 사치 풍조가 만연해지는 것을 막기 위함입니다. 만약 임금과 신하가 모두 향락에 젖게 되면 백성들도 너 나 할 것 없이 이를 보고 배우고 따라 할 것입니다. 그리되면 결국 백성들의 품행이 나빠지게 될 테고, 나중에는 이를 바로잡고 싶어도 힘들어집니다."

경공은 결국 어쩔 수 없이 안영의 집을 원래의 상태로 되돌려 놓았고, 안영은 그제야 자기 집으로 돌아갔다.

이와 관련해서 맹자 또한 자신의 생각을 피력한 적이 있다.

"귀해지고 싶은 마음은 사람 누구나 다 똑같다.
사람은 누구나 각자 귀한 것을 가지고 있지만, 그것을 잘 생각하지 못한다."

이 구절의 의미를 좀 더 구체적으로 해석해 보자. 존경받고 귀한 대접을 받고 싶어 하는 마음은 누구에게나 존재한다. 그리고 누구나 존경받고 귀한 대접을 받을 만한 점을 갖고 있다. 다만 우리가 미처 그것을 생각하지 못하고 있을 뿐이다. 아울러 타인에게 받는 인정, 존경, 동경 같은 것은 결코 진정한 고귀함이 아니다.

화신和珅(중국 청나라 정치가_역주)은 일평생 명예와 이익을 좇으며 어마어마한 부를 축적했으나, 최후에는 아주 비참한 말로를 맞이한 인물이다. 그는 젊었을 때부터 총명하고 민첩하여 건륭제의 신임과 총애를 한몸에 받았다. 또한, 후에는 그의 장자가 황실과 혼인 관계를 맺음으로써 황실의 인척이 되었다. 높은 벼슬과 막대한 부를 거머쥐며 승승장구하던 화신은 거기서 만족하지 못하고 여전히 권세와 이익을 좇았다. 이후로도 화신의 탐욕은 나날이 커졌다. 그는 자신의 권력을 이용해 온갖 부정한 방법으로 사리사욕을 챙겼다.

화신이 좇던 관직과 재물이 바로 앞서 말했던 '인작'이다. 관직은 그의 손에 권위를 쥐여주었고, 그의 재물은 사람들이 그를 떠받들게 만들어줬다. 후에 가경제嘉慶帝는 화신의 죄상을 낱낱이 밝힌 뒤 관직을 박탈하고 그를 하옥시켰다. 화신은 결국 자결형에 처해지고 모든 재산을 몰수당했다. 한동안 민간에서는 '화신이 무너지니 가경이 배부르다和珅跌倒, 嘉慶吃飽'라는 민요가 유행처럼 돌았는데, 이는 화신이 생전에 착복한 재물이 막대했음을 시사한다.

오늘날까지도 화신의 사례는 여전히 현대인들이 반면교사로 삼아야 할 사건이다.

 잠재된 고귀함을 발굴하는 '자존'의 저력

외물外物, 즉 외부의 환경이나 사물이 우리에게 주는 명예와 영광은 너무나도 쉽게 사라진다. 『자존自尊』이라는 책에서는 "만약 내 안에서 자존감을 찾지 못하면 매번 타인이 부여해주는 것들로 자신의 가치를 증명하려 할 것이다."라고 말한다.

그런 것들로는 진정한 존경을 받을 수 없다. 그러니 맹자가 말했던 것처럼 자신의 몸과 마음을 수양하여 자신에 대한 자부심과 자아 존중감을 키우는 것이 진정으로 나 자신에게 더 득이 되는 선택이다. 나 자신을 존중하고 사랑할 수 있게 되면, 타인의 존중과 존경심은 저절로 얻게 될 것이다.

고민하라,
무엇을 '낙(樂)'으로 삼을 것인가?

군주가 백성의 즐거움을 기뻐하면 백성도 군주의 즐거움을 기뻐하고,
樂民之樂者, 民亦樂其樂,
군주가 백성의 근심을 걱정하면 백성도 군주의 근심을 걱정한다.
憂民之憂者, 民亦憂其憂.

『맹자·양혜왕 하孟子·梁惠王下 편』

춘추시대 때 제나라 왕 경공景公과 재상 안자晏子가 나눈 대화다.

경공이 민심을 살피러 순시를 가려고 하는데, 혹여 누군가 자신이 순시를 핑계로 여기저기 놀러 다닌다고 여길까 걱정했다. 그리하여 경공은 안자에게 "어찌해야 백성들이 나의 순시를 부담스러워하지 않고 그들을 위해 일하는 것이라 생각하겠소?"라고 물었다.

여기서 안자가 내놓은 대답은 꽤나 흥미롭다. 안자가 말했다.

"대왕께서 참으로 훌륭한 질문을 하셨습니다. 군왕이 제후
가 관리하는 지방에 순시를 가는 것을 '순수巡狩'라고 말하
고, 제후가 군왕을 알현하여 직무를 보고하는 것을 '술직述
職'이라 부릅니다. 무엇이 되었건, 둘 다 '일'을 위해 움직이
는 것입니다. 고대의 군왕들은 순시를 나갔다가 종자나 가
축이 부족한 것을 발견하면 백성의 농업 생산에 지장이 생
기지 않도록 곧바로 국고에서 부족한 것을 보급해 줬습니
다. 또 가을에 흉작을 겪은 지역에는 백성들이 배를 곯지 않
도록 부족한 식량을 배급해 줬습니다.

그렇다 보니 고대의 백성들은 군왕의 순시 행차가 오기만
을 기다렸지요. 그러나 지금은 그렇지 않습니다. 군왕이 행
차에 나서는 순간 도적 떼가 출몰한 것으로 착각할 만큼 많
은 인력이 행차에 동원됩니다. 백성의 생사 따위는 전혀 안
중에도 없고 그저 행렬이 얼마나 근사해 보일까에만 관심
이 있으니 백성의 원성이 터져 나오는 것입니다. 군왕이 하
늘의 뜻을 거스르고 유흥과 주색을 즐기면 제후들도 근심
이 깊어질 것입니다."

여기서 안자가 경공에게 전달하려는 요점은 이렇다. 진정 민심을 알아보고 싶다면 백성과 그 지역의 관료들에게 너무 많은 부담을 주면 안 된다는 뜻이다. 또 군왕은 자신의 본분을 다하며 군왕으로서 마땅히 해야 할 일을 해야지, 자신의 사욕을 채우고 향락을 즐기는 데 신경 쓰느라 백성의 생사를 뒷전으로 여기면 안 된다는 말이다.

후에 맹자는 제나라 선왕과의 대화에서 이 일화를 인용했는데, 그 대화를 '설궁에서 낙을 묻는다'라는 뜻의 '설궁문락雪宮問樂'이라 부른다. 여기서 '설궁'이란 아마도 궁전의 색이 하얀색이라 붙여진 이름이 아닐까 싶다. 설궁은 평소 왕이 휴식을 취하러 오는 별궁이다.

다시 맹자와 선왕의 대화로 돌아가 보자. 선왕이 맹자에게 물었다. "현자도 이러한 것이 즐겁다고 여기십니까?賢者亦有此樂乎" 이 말은 '그대와 같이 덕망이 높고 지혜로운 성인도 설궁에서 휴식을 즐기기를 좋아하는지'를 묻는 것이다.

이에 맹자가 답했다. "당연히 좋아하지요. 그러나 백성들이 이러한 즐거움을 얻지 못한다면 그들은 군주를 원망할 것입니다. 물론 이러한 즐거움을 얻지 못했다고 군주를 원망하는 것은 분명 잘못된 행동입니다. 하지만 군주가 자신의 즐거움만 생각하느라 백성과 즐거움을 함께 누리지 못한다면 이 또한 잘못입니다."

누군가가 좋은 것을 누리지 못했다고 지도자를 원망하는 것은 당연히 잘못된 생각이나, 지도자로서 자신이 누릴 것만을 생각하고 백성은 안중에도 없다면 그 역시 잘못된 행동이라는 것이 맹자의 지론이다. 이처럼 맹자는 항상 여러 가지 시각으로 문제를 고민했다. 그는 지도자와 구성원 모두 자신의 행동에 적절히 제약을 두어야 마땅하다고 생각했다.

그렇다면 군주는 어떻게 행동해야 마땅할까? 그 답은 이 구절에 있다.

"군주가 백성의 즐거움을 기뻐하면 백성도 군주의 즐거움을 기뻐하고, 군주가 백성의 근심을 걱정하면 백성도 군주의 근심을 걱정한다."

이 말은 '군주가 백성의 즐거움을 자신의 즐거움이라 여기면 백성은 군주의 즐거움을 자신들의 즐거움으로 생각할 것이고, 군주가 백성의 근심을 자신의 근심으로 여기면 백성은 군주의 근심을 자신들의 근심으로 생각할 것'이란 뜻이다. 지도자가 구성원을 염두에 두고 진심으로 그들이 잘 되길 바란다면 구성원도 한마음이 되어 지도자가 잘 되길 바랄 것이며, 즐거움도 괴로움도 기꺼이 함께하고자 할 것이다.

이 일화와 함께 자연스럽게 언급되는 구절이 있다. 중국 송宋나라의 정치가 범중엄範仲淹이 남긴 명언으로, '천하의 근심을 남보다 먼저 걱정하고, 천하의 즐거움은 남보다 나중에 즐긴다先天下之憂而憂, 後天下之樂而樂'이다. 이 말처럼 머릿속이 온통 세상 사람들에 대한 생각으로 가득 차 있어 그들의 근심과 즐거움이 삶의 목표인 사람, 그런 사람을 왕이라 부르지 않는다면 이 세상에 왕이라 부를 수 있는 사람은 단 한 사람도 없을 것이다.

결국 맹자가 선왕에게 한 말과 안자가 경공에게 한 말은 궁극적으로 일맥상통한 메시지를 품고 있다. 그들은 군왕이 무엇을 '낙樂'으로 삼아야 할지 깨닫기를 바란 것이다. 여기서 군왕이 삼아야 할 '낙'이란 향락과 주색을 멀리하고 어떤 일이든 정확한 목표를 갖고 임하는 것을 뜻한다. 또한 '정확한 목표'란 군왕이 주력해야 하는 자신의 소임, 군왕의 책임과 의무를 의미한다. 즉, 군왕이 본분을 이행할 때 가져야 할 초심을 말하는 것이다.

나를 단단하게 붙잡아주는 힘, 초심

나는 예전에 『건륭제乾隆帝』라는 책을 소개한 적이 있다. 아마도 건륭 황제는 중국 역사상 놀러 다니는 것을 가장 좋아했던 군주가 아닐까 싶다. '건륭제의 강남 순행乾隆下江南' 일화 역시 중국의 여러 드라마에서 재현될 만큼 아주 유명하다. 과거 누군가가 건륭제의 남순 횟수를 통계 낸 적이 있는데, 무려 일 년의 절반 이상을 강남 지역을 돌아다닌 것으로 나타났다. 이러한 건륭제의 강남 순행은 강남 지역의 관료와 백성들에게 과중한 부담을 주었다.

사실 많은 경우 우리가 하려는 어떤 일이 절대적으로 맞거나 틀렸다고 규정할 수 없다. 하지만 어떤 일을 하기에 앞서 반드시 알아야 할 것이 있다. **바로 나의 '초심'이 무엇인지 알아야 한다. '나는 대체 이 일을 왜 하려는 것인지', '나는 이 일을 맡을 준비가 충분히 되어 있는지'를 생각해야 한다.** 이 과정에서 우리는 다양한 유혹에 노출될 수 있고, 여러 가지 욕망에 휩싸일 수도 있다. 그때가 바로 우리의 초심이 아주 중요한 힘을 발휘하는 순간이다. 우리가 욕망을 절제할 수 있도록 도와주고, 목표에서 빗나가지 않도록 붙잡아주는 힘은 오직 초심뿐이기 때문이다.

예전에 이런 일화를 본 적이 있다. 한 노교수가 학생들에게 물었다. "산에서 나무를 베려고 하는데, 거칠고 투박해 보이는 나무와 가늘고 연약해 보이는 나무가 있습니다. 여러분이라면 어떤 나무를 베겠습니까?" 그러자 학생들은 망설임 없이 거칠고 투박한 나무를 선택했다. 노교수는 한 마디 더 덧붙여 "그런데 거칠고 투박한 나무는 평범한 사시나무이고, 가늘고 연약한 나무는 홍목紅木입니다."
라고 말했다. 학생들은 잠시 고민하더니 이번에는 또 홍목을 선택
했다. 노교수가 다시 "사시나무는 곧게 뻗어 자란 반면, 홍목은 구
불구불하게 자랐다."라고 말하니, 학생들은 금세 또 목표를 바꿨다.
마지막에는 결국 어떤 학생이 노교수에게 반문했다.

"그런데 저희가 나무를 베려는 목적이 무엇이죠?"

보다시피 이들은 처음에 자신이 나무를 베려고 한 목적부터가 불
분명했기 때문에 현명한 선택을 할 수도, 확신을 두고 행동할 수도
없는 것이다. 우리는 살면서 다양한 선택을 해야 한다. 우리가 한
선택이 어떤 결과를 만들어낼지는 우리의 초심에 달려 있다.

'판덩독서攀登讀書(전자책 애플리케이션_역주)'는 지금까지 성장해오
면서 비교적 탄탄한 사업 구조를 구축했다. 라이브 방송을 시작하
고부터는 매년 매출액도 상당하다. 혹자는 내게 "라이브 방송에 소
개될 책들을 심사하는 제도를 만들어서 사람들의 적극성을 부추기
면 매출이 늘어나지 않겠냐"라며 조언하기도 했다. 하지만 나는 지
금껏 '판매할 수 있는 만큼 판매하자'라는 생각이었기에 심사 제도
를 만들지 않았다. 책의 품질만 좋다면 매출엔 그리 신경 쓰지 않아
도 된다고 생각했기 때문이다. 나는 라이브 방송의 취지가 내가 처
음 회사를 창립했을 때 세웠던 비전과 반드시 부합해야 한다고 생

각했다. 나의 바람은 '좋은 책을 더 많은 사람이 읽도록 만드는 것'이기 때문이다. 그래서 라이브 방송을 할 때 우리는 늘 이러한 초심을 지키려고 노력했고, 그간의 여러 변수 속에서도 동요하지 않았다.

 목표를 달성하는 '초심'의 저력

사람은 누구나 욕망을 갖고 있다. 모든 사람이 그렇다. 욕망은 삶 전체의 방향을 직접 결정하기도 한다. 하지만 삶의 방향을 잃지 않고 걸어가고자 한다면 반드시 자신의 초심을 기억해야 한다. 지금 무엇을 하고 있든, 욕망에 이리저리 휘둘리지 않고 자신이 노력해야 하는 방향을 정확히 찾아야 한다. 주변 환경에 끌려다니면서 계속 자신을 바꾸게 되면 결국 아무것도 얻지 못할 수도 있다.

행동을 변화시키는
'내면의 힘'

순임금은 깊은 산 속에서 돌과 나무와 같이 지내고

노루와 멧돼지랑 함께 노닐다 보니,

舜之居深山之中, 與木石居, 與鹿豕遊,

그야말로 산속의 야인과도 같았다.

其所以異於深山之野人者幾希.

순임금은 선한 말을 듣고 선한 행동을 보면 마치 물길을 터놓아

세차게 흐르는 강물처럼 그 무엇도 그를 막을 수 없었다.

及其聞一善言, 見一善行, 若決江河, 沛然莫之能禦也.

『맹자·진심 상孟子·盡心上 편』

『1만 시간의 재발견PEAK』과 『아주 작은 습관의 힘Atomic Habits』,
이 두 책에서 공통으로 언급하는 실험이 하나 있다. 실험에서는 교

사가 학생들을 두 개 조로 나누어 사진 촬영 방법을 가르쳐 주었다. 교사는 촬영 과제에 대한 평가 기준을 다음과 같이 일러주었다.

첫 번째 조 학생들에게는 한 학기 동안 사진을 많이 찍을수록 높은 성적을 받을 수 있다고 말했고, 두 번째 조 학생들에게는 사진을 많이 찍을 필요 없이 가장 잘 찍은 사진 한 장으로 점수를 주겠다고 말했다.

그 결과 첫 번째 조 학생들은 과제를 전달받자마자 곧장 행동에 나섰다. 그들은 평가에서 불합격을 받을까 봐 매일 많은 사진을 찍었다. 반면 두 번째 조 학생들은 매일 이론과 기술을 연구하느라 사진을 찍을 시간이 없어 촬영한 작품 수도 많지 않았다. 결국 그들은 제출 마감일을 바로 앞두고 촬영을 한 뒤 가장 잘 찍었다고 생각하는 사진 한 장을 골라 초조한 마음으로 제출했다.

교사는 두 개 조 학생들의 작품을 모두 모아 섞어놓은 뒤 평가를 진행했다. 그 결과 우수한 성적을 받은 작품의 대부분은 첫 번째 조 학생들의 것이었다. 왜 이런 결과가 나왔을까? 그 이유는 연습을 많이 해 볼수록 그만큼 실력도 빠르게 성장하기 때문이다.

이 일화에서 전달하려는 요점은 바로 '백 마디 말보다 한 번의 행동이 더 낫다'는 것이다. 온종일 앉아서 한 가지 일에 대해 토론하면 이론 지식이 풍부해지고 일에 대한 관점도 발전하겠지만, 직접 실천하고 경험하여 얻는 수확은 그보다 훨씬 크다.

누군가가 내게 이런 말을 한 적이 있다. "판^빤 선생님. 책을 많이 읽고 지식을 많이 쌓아서 내면의 성장을 이뤄야 한다는 것은 저도 압니다. 그런데 막상 행동으로 옮기기는 쉽지 않아요. 책을 펼치고 몇 줄 읽고 나면 금세 책 읽기가 싫어지거든요. 그래서 너무 궁금합니다. 선생님은 어떻게 매년 그리 많은 책을 읽을 수 있는지요?"

나는 이렇게 대답했다. "당신은 책을 읽어야겠다는 생각, 더 나은 내가 되어야겠다는 생각을 전혀 해 보지 않았으니까요. 내면에 책을 읽고자 하는 힘이 부족하니 애써 책을 펼친들 책 내용이 눈에 들어올 리 없겠죠."

과거 맹자는 순^舜임금에 관한 여러 일화를 이야기한 적이 있다. 순임금은 맹자의 우상과도 같은 존재였다.

맹자가 말하길, "순임금은 깊은 산속에서 돌과 나무와 같이 지내고 노루와 멧돼지랑 함께 노닐다 보니 그야말로 산속의 야인과도 같았다."고 했다.

순임금은 한때 깊은 산속에서 살았는데 주변은 온통 풀, 나무, 돌뿐이었다. 또 매일 노루, 멧돼지 등 산속 동물들과 함께 생활하다 보니 오지에서 생활하는 야인과 다를 바가 없었다. 그랬던 순임금이 훗날 어떻게 사람들에게 존경받는 성군으로 변할 수 있었을까?

그 답은 이 구절에 있다.

"순임금은 선한 말을 듣고 선한 행동을 보면, 마치 물길을 터놓아 세차게 흐르는 강물처럼 그 무엇도 그를 막을 수 없었다."

다시 말해, 순임금은 선한 말을 듣거나 선한 행동을 보면 주저 없이 그것들을 배우고 행동했는데, 그 모습이 마치 제방이 터져 사람의 힘으로는 막을 수 없을 만큼 세차게 흐르는 강물과도 같았다.

순임금이 이처럼 행동할 수 있었던 것은 '내면의 힘'이 그를 움직이게 만들었기 때문이다. 이런 힘은 나라의 흥망성쇠를 자신의 책임으로 생각하고, 만백성을 도탄에서 구해내고자 하는 마음도 먹게 한다. 마음속에 이러한 신념이 생긴 순임금은 열악한 생존 환경 속에서도 타인의 충고와 비판은 겸허히 수용하되 자신의 목표를 포기하거나 자신의 의지를 꺾지 않았다. 그렇게 고난과 어려움 속에서 자신을 단련한 순임금은 결국 모두가 존경하는 성군이 되었다.

인생의 성패를 구분 짓는 내 안의 힘

어떤 일을 하고자 하는 힘이 우리의 내면에 충만하게 차올랐을 때, 순임금이 그러했듯이 우리도 망설임 없이 행동으로 실천하게 될 것이다. 배움에 대한 내적 동기가 강할 때는 배움의 환경이 아무리 열악해도 자발적으로 행동하게 된다. 이때는 외부의 자극이나 타인의 강요를 통해 동기 부여를 할 필요가 없다.

내가 '판덩독서'를 창업했을 당시에도 이런 느낌을 받았었다. 나는 사람들이 매년 50권의 책을 같이 읽음으로써, 그 행동이 더 많은 사람에게 좋은 귀감이 되고, 나아가 더 많은 이들이 독서 행렬에 참여하기를 바랐다. 그때 나는 그토록 많은 사람이 열정적으로 호응해 주리라고는 꿈에도 생각지 못했다. 결과적으로 많은 이들이 우리의 독서 행렬에 참여해 주었고, 나아가 자기 주변 사람들에게까지 참여를 독려했다. 그들은 내게 이렇게 말해주었다.

"저희가 원해서 하는 일인걸요. 설령 이 일이 돈이 되지 않는다 해도 더 많은 사람이 책을 읽도록 만들 수만 있다면 기꺼이 할 겁니다."

누군가가 나를 채근하거나 등 떠밀지 않아도 내면에 어떤 일을 행하고자 하는 힘과 그 일에 대한 강렬한 기대가 있다면 그것은 우리의 행동을 이끄는 동력이 되어 줄 것이다.

우리는 자녀를 키울 때도 늘 좋은 학교에 입학하기 위해, 좋은 학군에 위치한 집을 사기 위해, 양질의 교육 환경을 얻기 위해 애를 쓴다. 그러나 같은 학교 출신이라도 아이들마다 가지고 있는 내면의 힘의 크기는 천차만별이다. 어떤 아이들은 꿈과 목표를 갖고 있어서 학습이 주도적으로 이뤄진다. 이들은 부모님의 잔소리 없이도 자신의 생각을 행동으로 옮길 수 있는 '힘'을 갖고 있다.

반면 목표 의식과 기대하는 바가 없는 아이들의 경우, 부모가 아무리 매일같이 타일러도 스스로 행동하는 힘을 갖기가 어렵다. 설령 부모가 어떻게든 노력해서 자녀를 좋은 대학에 보냈다 해도, 자신의 인생에서 무언가를 이뤄냈다고 보기는 어렵다.

따라서 어떤 일을 시작하거나 어떤 목표를 이루고자 할 때 외적 조건만 모두 갖추면 그걸로 충분하다고 생각해서는 절대 안 된다. 내면의 힘이야말로 우리의 행동을 끌어내는 원동력이기 때문이다. 아울러 거침없이 흐르는 강물과 같은 행동력을 끌어내는 내면의 힘이 있느냐가 곧 인생의 성패를 구분 짓는 제일 중요한 기준점이다.

 행동을 이끄는 '내면'의 저력

지금 우리는 순임금이 살았던 시대보다 몇 배는 더 편리하고 윤택한 환경에서 살고 있다. 변하고자 마음만 먹는다면 순임금보다도 훨씬 더 쉽고 다양한 방법으로 목표한 바를 이룰 수 있다. 하지만 그 변화는 우리 자신의 마음속에서 행동하고자 하는 힘을 찾아낼 수 있느냐, 더 나아가 그 힘을 끄집어내어 실제로 행동하고, 더 의미 있고 가치 있는 일을 수행해 나갈 수 있느냐에 달려 있다.

악취의 지름길이 아닌
강직한 꽃길을 걸어라

'한 자를 굽혀 여덟 자를 곧게 편다'는 것은 '이득'만을 생각하여 한 말
일 것이다.

且夫枉尺而直尋者, 以利言也.

이득만을 가지고 생각했을 때 여덟 자를 굽혀서 한 자를 펴는 것도 이
익이 된다면 이 또한 하겠는가?

如以利, 則枉尋直尺而利, 亦可為與?

『맹자·등문공 하孟子·藤文公下 편』

나는 예전에 『당신의 인생을 어떻게 평가할 것인가?How will you
measure your life?』라는 책으로 강의를 한 적이 있다. 이 책의 저자 클
레이튼 크리스텐슨Clayton M. Christensen은 미국 하버드 경영 대학원

의 교수이자 비즈니스 경영 관리 분야의 권위자다. 이 책은 크리스텐슨 교수가 하버드 경영 대학원 졸업생을 대상으로 진행했던 강연 내용을 담고 있다. 이후 크리스텐슨 교수의 강연은 하버드 경영 대학원을 졸업하기 전 들어봐야 하는 중요한 강연으로 유명해졌다. 하지만 강연 당시 그는 이미 암 투병 중이었다. 크리스텐슨 교수는 강연을 통해 학생들에게 **"자신의 인생이 성공했는지 실패했는지 평가하려면 한 가지 아주 중요한 원칙을 지켰는지를 보면 된다."**라고 말했다. 그 중요한 원칙이란 바로 **'어떤 범법 행위와 규율에도 어긋나는 행동을 하지 않는 것'**이다. **아주 사소한 범죄 행위라 할지라도 그것으로 인해 우리가 쌓아온 모든 노력이 물거품이 될 수 있기 때문이다.**

부모님과 선생님은 우리가 어릴 때부터 '세상을 살아갈 때 원칙과 규칙을 지키고, 법과 규율을 준수해야 한다. 그래야 타인에게 존중과 인정을 받을 수 있고, 초심을 지키며 나답게 살아갈 수 있다'라고 가르치셨다. 하지만 우리가 성인이 된 후 마주하는 현실은 이와 정반대인 경우가 많다. 많은 이들이 규율을 지키며 살기를 귀찮아한다. 그보다는 지름길로 가는 방법이나 각종 편법과 꼼수를 찾으려 한다.

물론 어떤 면에서는 이렇게 사는 것이 반드시 잘못됐다고만 할 수는 없다. 지름길을 선택하면 확실히 좀 더 수월하게 일을 처리할 수 있고, 혹은 더 많은 이익을 얻을 수도 있기 때문이다. 하지만 매번 이익을 위해서 자신이 정한 최소한의 기준과 원칙을 버리거나 지켜야 할 규칙을 위반해서는 안 된다. 교통 규칙을 지키지 않는 차량이 한두 번은 운 좋게 무사할 수는 있어도 머지않아 결국엔 사고를 당하지 않겠는가.

맹자 역시 수차례 이와 같은 이치를 강조했다. 맹자가 제자인 진대陳代와 나눈 대화를 예로 들어보자. 진대가 물었다.

"스승님께서는 종일 집에만 머무시며 제후들을 먼저 찾아가지 않으시는데, 이는 사소한 것에 얽매여 대의를 생각하지 못하는 행동이 아닙니까? 스승님께서는 인의仁義로 세상을 다스리는 왕도王道를 펼치고 싶어 하십니다. 스승님께서 먼저 제후들을 찾아가 보시지요. 반기는 이들이 있다면 그들에게 왕도의 길을 가르쳐 주고, 달가워하지 않는다면 그들에게 패도霸道의 길을 알려 주면 되지 않습니까? 왕도를 이루지 못한다면 패도라도 선택해야지요. 무엇을 하든 이렇게 집에만 있는 것보다는 낫지 않겠습니까!"

진대는 『지志』에 나오는 내용 중 '한 자를 굽혀 여덟 자를 편다枉尺而直尋'라는 구절까지 예로 들며 맹자를 설득했다. 이 말은 '당장 한 자尺 물러서는 것이 조금은 비굴하게 느껴질 수 있으나, 오히려 그 덕분에 여덟 자 앞으로 나아갈 수 있다'는 뜻이다. 요즘 식으로 풀어 말하자면 이렇다. "이 보 전진을 위해 일 보 후퇴하자는 말입니다. 이 또한 괜찮지 않습니까?"

맹자는 진대의 물음에 직접 답하지 않았다. 대신 한 가지 일화를 예로 들었다.

옛날에 제나라 경공이 사냥을 나서면서 사람을 불러 "사대부를 소환할 때 사용하는 깃발을 가지고 사냥터를 관리하는 우인虞人(숙달된 사냥꾼_역주)을 찾아가 그에게 활과 화살을 가져오도록 하라."고 명령했다. 그러나 우인은 오지 않았다. 경공이 규칙과 제도를 위반했다고 생각했기 때문이다. 우인은 경공이 잘못된 신호로 자신을 소환했기 때문에 그 명령은 무효라고 본 것이다. 자신을 무시했다는 생각에 격분한 경공은 우인을 죽이려 했으나 우인은 끝까지 굴복하지 않았다.

공자孔子는 이 사건을 알게 된 후 그 우인을 칭찬하며 이렇게 말했다.

"절개를 지닌 선비는 도랑이나 골짜기에 버려질 수 있음을
잊지 않고, 용감한 군사는 자신의 머리가 베어질 수 있음을
잊지 않는다.
誌士不忘在溝壑, 勇士不忘喪其元."

이 말은 '뜻을 품고 있는 사람은 설령 죽어서 관에 묻히지 못하고 도랑이나 골짜기에 버려진다 해도 원통해하지 않으며, 용감한 사람은 전장에서 싸우다 머리가 잘려나가 죽는다 해도 두려워하지 않는다'라는 뜻이다. 어떠한 상황이든 자신만의 포부와 절개를 굳게 지켜야 한다고 말하는 것이다.

다시 맹자의 이야기로 돌아가 보자. 맹자는 또 이렇게 말했다.

> "한 자를 굽혀 여덟 자를 곧게 편다는 것은 '이득'만을 생각
> 하고 한 말일 것이다.
> 이득만을 생각했을 때, 여덟 자를 굽혀서 한 자를 펴는 것도
> 이익이 된다면 이 또한 하겠는가?"

이 구절은 '스승님께서 먼저 제후들을 찾아가시라'는 진대의 조언에 대한 맹자의 생각을 잘 나타낸 대목이다. '지금 그대는 이익을 위해 한 자 물러서고 여덟 자 앞으로 나아가는 것이라 했는가? 그렇다면 이다음에 만약 이익을 위해 여덟 자 물러서고 한 자 전진해야 한다고 하면 그때도 기꺼이 그렇게 하겠는가?'라고 묻는 것이다.

참으로 구구절절 이치에 맞는 말이 아닌가! 지금 우리가 사는 이시대에도 '한 자를 구부려 여덟 자를 펴려는 사람'이 얼마나 많은

가. 나는 주변 친구들이 술 접대를 위해 거의 매일 밤 간이 망가질 정도로 술을 마시는 것을 자주 봤다. 나는 "그렇게 술 마시다간 몸이 남아나지 않을 거야. 죽으려고 작정한 거야?"라고 말하며 그들을 말렸다. 그러면 그들은 "별수 없잖아. 술 접대를 안 하면 계약 성사가 안 되는 걸 어쩌겠어. 계약을 못 따내면 돈을 못 벌잖아!"라고 한탄했다.

매번 이런 대답이 돌아올 때마다 나는 안타까워서 할 말을 잃게 된다. **그런데 그들은 자신의 몸이 어찌 되든 상관없이 건강과 돈을 맞바꿨다. 이는 곧 '여덟 자를 굽혀서라도 한 자를 펴겠다'고 작정한 것이나 다름없는 결과를 초래하게 되는 것이다.** 맹자의 말처럼 이익만을 생각한다면 이익을 위해 번번이 물러서고 타협해야 한다. 그리고 언젠가는 그들 역시 이익을 위해 자신이 세운 원칙과 최소한의 기준을 저버리게 될 것이고, 심지어 사회 규칙을 위반하는 일까지 서슴지 않게 될 것이다.

진대는 맹자가 원칙에 대한 고집을 조금 내려놓고 타협하기를 바랐다. 그는 '원칙이 뭐 그리 중요합니까. 결과만 생각하십시오. 결과만 좋으면 수단은 그게 무엇이든 별 차이가 없지 않습니까?'라고 생각했다. 진대와의 대화에서 맹자는 마지막에 이렇게 말했다.

"자신을 굽히는 사람은 남을 곧게 세울 수 없다.

枉己者, 未有能直人者也."

이 말은 '남'을 '곧게' 세우고 싶은데, 다시 말해 남이 내 방법을 따르기를 원하는데 정작 자신은 스스로 굽히는 방법을 취하고 있으니 어찌 남에게 곧게 서라고 가르칠 수 있겠냐'는 의미다.

앞서 술 접대 자리에서 계약을 따내려던 친구들도 마찬가지다. 그들은 다른 회사들과 공평한 위치에서 경쟁하는 것이 옳다는 것을 알고 그렇게 하는 것이 당연하다는 듯이 말한다. 하지만 정작 그들의 행동은 그렇지 않다. 계약 성사를 위해 술을 접대하거나 몰래 뇌물을 찔러주는 방식으로 상대를 포섭하려고 한다.

다른 예를 들어보자. 요즘 일부 교사들은 입만 열면 학생들에게 '좋은 성적을 받아서 좋은 대학에 입학하는 것만이 성공을 위한 길'이라고 말한다. 그러면서 학생들의 고민과 고통은 안중에도 없이 학생들에게 무거운 압박감으로 성적 향상만을 위해 채찍질한다. 학생이 선생님의 가르침을 따르는 것은 결코 단순히 '좋은 성적을 받아야 해서'가 아니다. 선생님으로부터 바른 인격과 가치관을 기르는 방법, 올바르게 문제를 해결하는 방법을 배우기 위해서다. 그런데 교사가 학생들에게 '수단과 방법은 상관없이 목적만 이루면 된다'라고 가르치면 어떻게 될까? 그 학생들은 나중에 사회에 나가서도 여전히 '모로 가도 서울만 가면 된다'는 식으로 살면서 사회 질

서를 어지럽히는 일도 서슴지 않게 될 것이다. 너무나 끔찍한 일이
아닐 수 없다.

 세상을 바로 잡는 '원칙과 지조'의 저력

'자신을 굽히는 사람은 남을 곧게 세울 수 없다'라는 맹자의 관점
과 '올바르지 않은 사람은 남을 올바르게 만들 수 없다己不正, 焉能正人'
라는 공자의 말 모두 결국 같은 이치를 말하고 있다.

인생을 살아가면서 자신의 원칙과 지조만큼은 반드시 지켜야
한다. 명예와 이익을 위해 자신을 비굴하게 만들면서까지 남에게
아첨한다 해도, 그런 방법으로는 절대 상대를 바꿀 수 없다. 자신이
올바르지 않은데 남을 바로잡겠다는 생각은 결코 통하지 않는다.

인간관계라는 물결의
가장 중심은 '사심私心'이다

이자는 정말 사람들이 제 형의 아들을 사랑하는 것과

남의 아이를 사랑하는 것과 같다고 생각하는가?

夫夷子, 信以爲人之親其兄之子, 爲若親其鄰之赤子乎?

이자는 『서경』에 나온 말을 잘못 인용한 것이다.

彼有取爾也.

어린아이가 우물에 기어들어갈 때 누구의 아이인지도 모르고 구해주

는 것은, 아이가 아무것도 모르기에 구해주는 것이다. 그것은 아이의

죄가 아니기 때문이다.

赤子匍匐將入井, 非赤子之罪也.

하늘은 만물이 하나의 근본을 따르도록 만들었는데, 이자가 생각하는

근본은 둘이구나.

且天之生物也, 使之一本, 而夷子二本故也.

『맹자·등문공 상孟子·藤文公上 편』

'누군가를 사랑하려면 나 자신을 먼저 사랑해야 한다'라는 말은 평소 자주 들어봤을 것이다. 결혼 생활에서든 회사 생활에서든 나를 먼저 사랑하고, 내가 먼저 더 나은 사람이 돼야 한다. 그래야 누군가를 사랑하거나 누군가를 도와줄 정신적인 힘과 육체적인 에너지가 생기는 법이다. 나를 우선으로 생각하는 마음, 이것을 '사심私心'이라고 이해해도 좋다. 일단 나 자신의 사심이 충족되어야 타인의 입장이 되어 생각해 보게 되고, 또 상대방의 마음을 헤아릴 수 있게 된다. 한마디로 우리가 행하는 행위 중 이성적으로 보이는 행위는 대부분이 '사심'에 의해 발동되는 것이다. 만일 그렇지 않다면 우리가 하는 선택 또는 행위는 충동적으로 혹은 무심결에 이뤄질 가능성이 크다.

이쯤 되면 혹자는 이 말에 동의하지 않으며 "그럼 부모님이 우리에게 주시는 사랑도 사심에서 시작된 것이란 말인가요? 부모가 자녀에게 주는 사랑은 무조건적인 것이 아닌가요?"라고 반문할 것이다.

그렇다. 부모는 자녀에게 조건 없는 사랑을 아낌없이 준다. 자녀를 위해서라면 자신의 모든 것을 기꺼이 내어준다. 하지만 부모가 이렇게 행동하는 데는 한 가지 필수 전제 조건이 깔려 있다. 그것은 바로 우리가 그들의 자녀라는 점이다. '자녀'라는 존재가 곧 부모의 아낌없는 사랑과 헌신을 가능하게 만드는 시작점인 셈이다.

이로 미루어 보면 사람은 누구나 사심을 갖고 있고, 한 사람의 사랑과 무조건적인 헌신은 필시 자신과 가까운 사람에게 먼저 향한다는 것을 알 수 있다. 그리고 이것은 인간의 천성이다.

맹자는 이렇게 말했다.

"지혜로운 사람은 모르는 것이 없겠지만, 마땅히 해야 할 일을 급한 일로 여기고, 마음이 어진 사람은 사랑하지 않는 것이 없겠지만, 현명한 사람과 가까이 지내는 것을 우선으로 생각한다.

知者無不知也, 當務之為急, 仁者無不愛也, 急親賢之為務.

요 임금, 순임금의 지혜로도 모든 사물을 다 알지 못했던 것은 먼저 힘써야 할 일에 신경 썼기 때문이며, 요임금과 순임금의 인자함으로도 모든 사람을 다 사랑하지 못한 것은 현자를 우선으로 사랑했기 때문이다.

堯舜之知而不遍物, 急先務也, 堯舜之仁不遍愛人, 急親賢也."

첫 번째 구절의 의미는 이렇다. '지혜로운 사람은 모든 것을 다 알아야 하지만, 마땅히 급히 먼저 알아야 할 것이 있다. 또한 인자한 사람은 모든 사람을 다 사랑해야 하지만, 그 사랑에도 마땅히 순

서가 있기 마련이니, 자신의 가족과 현명한 사람을 가장 먼저 사랑해야 한다.'

이어지는 구절의 의미는 다음과 같다. '요임금과 순임금과 같은 성인들도 그들이 가진 지혜로 모든 사물을 두루 알지 못할지언정 눈앞에 닥친 급한 일을 먼저 해결하려고 했다. 또한, 그들이 지닌 자비와 사랑이 모든 사람에게 닿지 못할지언정 가장 먼저 자신의 가족과 현자를 사랑하려고 했다.'라는 뜻이다.

맹자는 유가儒家 학파를 대표하는 인물이다. 유가에서는 '내 부모를 섬기는 마음이 이웃 어른에게도 닿도록 하고, 내 자식을 사랑하는 마음이 이웃 아이에게도 닿도록 하라老吾老, 以及人之老, 幼吾幼, 以及人之幼'는 이치를 강조한다. 누구에게나 나의 부모 또는 나의 자식이 있다. 그렇기에 사람의 마음이 가장 먼저 향하는 곳은 마땅히 나의 부모와 나의 자식일 테고, 주변 사람은 그다음이다. 즉, 사람은 자신과 가까이 있는 사람부터 신경을 쓰게 된다. 따라서 나와 타인, 나와 거리가 가까운 사람과 나와 거리가 먼 사람으로 구분하는 것은 지극히 자연스러운 이치다.

나를 사랑하는 마음을 채워야 타인의 사랑도 채워진다

과거 맹자는 앞서 말한 관점에 대해 어떤 이와 논쟁을 벌인 적이 있다. 『맹자·등문공 상孟子·藤文公上』에 기록된 바에 의하면, 맹자는 묵가墨家의 사상을 따르는 이자夷子에게 다음과 같이 물었다.

"묵가에서는 여태껏 누구나 장례를 검소하게 치러야 한다고 강조하지 않았습니까? 그런데 정작 이자께서는 자신의 부모가 돌아가신 뒤 부모의 장례를 후하게 치렀습니다. 이는 스스로가 부정하는 원칙으로 부모를 섬긴 것이 아닙니까?"

유가의 윤리 사상 중 묵가가 가장 많이 비난했던 부분이 바로 '화려한 장례'였다. 묵가는 겸애兼愛, 즉 나와 세상의 모든 사람을 똑같이 사랑해야 한다고 주장했다. 맹자의 물음에 이자는 이렇게 답했다.

"묵자墨子께서 주장하시는 겸애란 나의 부모와 남의 부모를 똑같이 생각하는 것입니다. 누구에게 더 후하거나 박함이 없어야 하지요. 따라서 나의 부모에게 후한 장례를 치러 드린 이 방식을 세상 사람들도 그리하도록 알릴 생각입니다. 그리하면 누구에게나 공평하지 않겠습니까?"

하지만 유가는 묵가의 이런 방법이 비현실적일 뿐 아니라 인간의 윤리와 도덕을 어지럽히는 행위라고 여겼다. 사랑의 근원과 방식 모두 부모로부터 시작되기 때문에 사람은 필연코 자신의 가족을 먼저 사랑하고, 그다음에 타인을 사랑하게 된다고 생각했기 때문이다. 즉, '자신과 가족을 사랑하는 마음과 타인을 사랑하는 마음이 완전히 같은 사람'은 존재할 수 없다는 것이 유가의 주장이다. 당연히 맹자는 이자의 대답이 만족스럽지 않았다. 결국 맹자는 이렇게 반문했다. "자신의 아이와 조카를 사랑하는 마음이랑 이웃집 아이와 모르는 아이를 대하는 마음이 정녕 같다고 생각하십니까? 이들은 애초부터 가족과 남으로 구분이 되는 존재입니다. 세상에 존재하는 만물의 근본은 오직 하나, 자신의 부모, 자신의 가정뿐입니다." 그런데 이자는 '나의 부모'와 '남의 부모'를 똑같이 여긴다고 말하니, 그것은 곧 모든 사람이 두 개의 근본을 가지고 있다는 말이나 다름없었다. 맹자는 이자의 말과 행동이 다르다고 생각했기에 이처럼 반문한 것이다.

우리는 평소에도 이와 비슷한 사례를 종종 보게 된다. 어떤 사람들은 자신의 가족은 돌보지 않으면서 남을 돕고 보살피는 일에는 정성을 다한다. 이런 행위는 널리 알려져야 마땅하다 생각할 수도 있다. 하지만 가슴에 손을 얹고 자신에게 물어보길 바란다. 누구나 그렇게 행동할 수 있을까? 우리도 그 사람들처럼 그렇게 하고 싶은 마음이 생길까? 나는 대부분이 그렇게 할 수 없다고 생각한다.

나와 내 가족을 사랑하는 것이 우선이고, 남을 사랑하는 것은 그다음에 생각할 일이다. 이것이 바로 유가의 주장이다. 『왕양명 철학王陽明哲學』이란 책에서도 이와 관련된 내용이 나온다. 여기서 왕양명

(명나라 유학자_역주)은 "부모, 자식, 형제에 대한 사랑은 사람의 마음이 움트는 시작점이다父子兄弟之愛, 便是人心生意發端處."라고 말했다.

그렇다면 그 시작의 근원은 무엇일까? 그것은 바로 '자기애'다. 일단 내가 잘살아야 내 가족을 잘살게 만들 수 있고, 그래야 타인을 사랑할 능력과 여력이 생기는 것이다.

중국의 전통 사회 구조, 권력, 도덕 체계 등을 다룬 책인 『향토 중국鄕土中國』에서는 '차서격국差序格局'이라는 아주 중요한 키워드가 등장한다. '차서격국'은 중국인의 인간관계를 수면 위의 '물결'이 점점 멀리 퍼져나가는 것에 비유했다. 우리의 인간관계는 나와 가까운 사람들, 즉 내 가족의 핵심 구성원인 아내 혹은 남편, 부모, 자녀에서 시작되어 다시 고종사촌, 이종사촌 등으로 이어진다. 그리고 여기서 더 나아가 좀 더 먼 친척, 이웃, 동료, 지인으로 확장되고 마지막에는 모르는 사람으로까지 퍼져나간다.

인간관계라는 '물결'이 퍼져나가는 과정에서 우리가 각각의 사람들을 대하는 태도에는 차별이 있을 수밖에 없다. 그 차별을 사심이라 봐도 무방하다. 만약 이 관점에 동의하지 못하겠다면 이렇게도 생각해 볼 수 있다. 가령 나와 가장 가까운 사람과 나의 적이 동시에 생명의 위협을 받고 있는데, 나의 적이 "사심을 가지면 안 돼요. 당신의 가족만 생각하지 마세요. 당신은 나도 도와줘야 해요."라고 말했다고 가정해 보자. 내 대답은 이미 정해져 있으니 굳이 말하지 않겠다. 당신이라면 어떻게 대답했을 것 같은가?

나는 두말할 것 없이 맹자의 관점이 인간의 본성을 더 정확하게 통찰했다고 생각한다. 또한 더 현실적인 생각이라고 본다.

 타인과의 차이를 이해하는 '분별심'의 저력

사람은 사심과 이기심을 가진 존재다. 그래서 모든 사람의 행위는 자신과 가족의 이익에서부터 출발해 그 주변으로 확산되고, 더 나아가 타인, 집단, 사회로 퍼진다. 그러나 사람에게 바로 이런 '분별심'이 있기 때문에 저마다 다른 가치관을 갖고 살아가는 것이다. 또 그 덕분에 인류가 더 나은 제도와 규칙을 만들어 나갈 수 있는 것이고, 이 사회가 더 나은 방향으로 발전해 나갈 수 있는 것이다.

잃어버린
'본심本心'을 찾아서

> '삶'도 내가 원하는 것이고, '의' 또한 내가 원하는 바이다.
>
> 生, 亦我所欲也, 義, 亦我所欲也.
>
> 만약 이 둘을 함께 얻을 수 없다면, 나는 '삶'을 버리고 '의'를 택할 것이다.
>
> 二者不可得兼, 舍生而取義者也.
>
> **『맹자·고자 상孟子·告子上 편』**

　빈센트 반 고흐, 이 이름을 모르는 이는 없을 것이다. 반 고흐는 시대를 잘못 타고난 위대한 화가다. 27살에 정식으로 화가의 길을 걸었던 반 고흐는 인생 최후의 10년 동안 2,000여 점이 넘는 작품을 그렸다. 그중에는 우리에게도 익숙한 '자화상' 시리즈, '별이 빛나는 밤' 시리즈, '해바라기' 시리즈 등이 포함돼 있다. 현재 반 고흐가 남긴 수많은 작품은 전 세계적으로 가장 유명하고 귀한 예술품 반열에 올라 있다. 하지만 안타깝게도 그는 생전에 사회의 인정을 받지 못했다. 그러나 세상 사람들로부터 냉대를 받고 궁핍한 생활을 보내면서도 반 고흐는 화가로서의 꿈을 단 한 번도 포기하지 않았다.

예술에 대한 반 고흐의 집착은 거의 광적이었다. 그는 정신 분열 상태에서 제 손으로 자신의 한쪽 귀를 잘라냈는데, 그 이유는 다름 아닌 자화상을 그리기 위해서였다. 어쩌면 단순히 고갱과의 다툼으로 홧김에 잘랐을 수도 있고, 그게 아니면 자신의 감정 기복을 억누르려다 그렇게 된 것일 수도 있다. 어쨌든 반 고흐에게 대체 어떤 사정이 있었던 것인지 우리는 정확히 알지 못한다. 하지만 막상 반 고흐의 〈귀를 자른 자화상〉을 접했을 때 귀를 잘라낸 고통보다는 마치 끔찍한 참상을 겪은 자의 눈빛, 그 눈빛에 서려 있는 비통함과 절망감을 보는 듯한 느낌이 든다. 이 작품 자체가 한 예술가의 필사적인 외침인 셈이다.

이게 바로 반 고흐 그 자신이다. 그는 시장에서 잘 팔릴만한 상품을 그리려고 하지 않았다. 그는 철저히 자신의 '본심'을 들여다보는 데 집중하며 자신이 그리고 싶은 그림을 그렸다.

반 고흐는 생전에 명예와 이익을 얻기는커녕 젊은 나이에 요절했다. 하지만 그렇다고 그의 삶이 실패한 인생인 걸까? 어쩌면 전혀 그렇지 않을지도 모른다.

맹자는 「고자 상」에서 이렇게 말했다.

> "'삶'도 내가 원하는 것이고 '의' 또한 내가 원하는 바이다.
> 만약 이 둘을 함께 얻을 수 없다면 나는 삶을 버리고 의를
> 택할 것이다."

이 말은 '삶과 의로움 모두 내가 원하는 것이나, 두 가지를 모두 얻을 수 없다면 목숨을 버리고 의로움을 선택하겠다'는 의미를 담고 있다. 그다음 이어지는 구절에서 맹자는 좀 더 설명을 덧붙였다. "물론 삶도 분명 내가 원하는 것이다. 그러나 사는 것보다 더 중요한 것이 있으므로 구차하게 살아갈 수는 없다."

앞선 구절에서 '의'란 우리가 흔히 말하는 '의리'가 아니다. 바로 개개인의 내면 깊은 곳에서 원하는 것, 우리가 마음속에 품고 있는 도의, 즉 '본심本心'을 말하는 것이다.

변법자강운동(혹은 무술변법이라고 부른다. 청나라 광서제의 주도 아래 이뤄진 개혁 운동_역주)이 일어났던 해, 개혁 운동에 가담했던 담사동 譚嗣同은 밀정을 통해 개혁이 실패했다는 소식을 미리 전달받았기 때문에 그에게는 사전에 피신할 기회가 있었다. 게다가 그를 돕는 이

들이 이미 도주 경로까지 다 마련해둔 상태였다. 하지만 그는 도망치지 않았다. 담사동은 역사상 개혁 중에 피를 흘리지 않고 이룬 개혁은 없다고 생각했다. 결국 그는 스스로가 이번 개혁을 위해 첫 번째로 피를 흘리겠다고 자처하며 죽기 전 이런 말을 남겼다.

> "죽는 순간까지도 호탕하게 웃겠노라. 곤륜산과 같은 우리들의 호연지기는 영원히 남을 것이다 我自橫刀向天笑, 去留肝膽兩昆侖."

담사동 같은 인물이 바로 맹자가 말한 '삶보다 의를 더 중요하게 생각하고, 죽음보다 불의를 더 끔찍하게 생각하는 사람'이다.

맹자는 "사람은 누구나 이러한 마음을 갖고 있다. 다만 현명함과 덕이 높은 사람은 이러한 생각과 신념을 쉽사리 상실하지 않을 뿐이다."라고 말했다. 이 말처럼 사람은 누구나 자신의 '본심'을 갖고 있다. 단지 대부분의 사람은 결국 그 본심을 잃을 뿐이다.

「고자 상」에 기록된 맹자의 말씀 중 위의 내용과 이어지는 구절이 있다.

> "예나 의를 따지지 않고 만 가지의 재물을 얻는다 한들, 그것이 나 자신에게 무슨 보램이 되겠는가?

萬鍾則不辨禮義而受之, 萬鍾於我何加焉?

그저 화려한 집, 처와 첩이 나를 떠받들어주는 흡족함, 내가

알고 지내는 궁핍한 이들이 나를 고맙게 여기도록 하기 위

함이 아니겠는가?

爲宮室之美, 妻妾之奉, 所識窮乏者得我與?"

　이 말은 즉, '높은 작위와 후한 녹봉을 준다 해서 예와 의를 무시

하고 모두 챙긴다면 그것들이 내게 무슨 보탬이 되겠는가? 그저 화

려한 집에서 살기 위해, 처와 첩으로부터 대접을 받기 위해, 주변의

가난한 이들이 나의 베풂을 고맙게 여기도록 하기 위함이 아니겠는

가?'라는 뜻이다. 이처럼 맹자는 사람이 외부의 유혹에 휩싸이게 되

면 본심을 잃게 된다고 생각했다.

 사라진 본심을 되찾는 '학문'의 저력

　인생의 길과 학문의 길 모두 궁극적으로 향하는 바는 같다. 이

를 두고 맹자는 "학문의 길이라 하여 다를 것이 없다. 잃어버린 마

음을 찾는 것일 뿐이다學問之道無他, 求其放心而已矣."라고 말했다. 다시

말해 학문의 길이란 별것이 아니다. 잃어버린 '본심'을 되찾아 오

는 과정일 뿐이다. 학문의 길도, 인생의 길도 모두 그러하다.

있는 그대로의 나를
인정하라

제 마음을 다하면 자신의 본성을 알 수 있고, 자신의 본성을 알면 하늘의 뜻을 깨닫게 된다.

盡其心者, 知其性也, 知其性, 則知天矣.

그러므로 본심을 잘 간직하고 본성을 키우는 것은 곧 하늘을 섬기는 것이다.

存其心, 養其性, 所以事天也.

수명이 길고 짧음을 의식하지 않고, 자신을 수양하면서 기다리는 것이 곧 하늘의 뜻이다.

妖壽不貳, 修身以俟之, 所以立命也.

『맹자·진심 상孟子·盡心上 **편』**

불교 용어 중에 '본자구족本自具足'이라는 말이 있다. 이 말은 '나 자신에게 부족한 것이 없다고 생각하면 외부 환경으로부터 힘을 얻지 않아도 스스로 빛이 나는 특별한 존재가 될 수 있다'라는 의미다. '본자구족'을 현실과 결부 지어 해석하면 '자신의 마음을 잘 돌보는 사람은 내면이 밝은 빛으로 충만하고, 스스로 기쁨과 만족을 느낀다'라는 뜻도 된다.

나는 일본인 기업가 이나모리 가즈오稻盛和夫(교세라 그룹 창업주_역주)가 쓴 『왜 리더인가(心_원제_역주)』라는 책에서 이와 관련된 내용을 읽고 깊은 감명을 받았다. 이나모리 가즈오는 성격이 매우 소심하고 고등학교도 채 졸업하지 못한 아주 평범한 사람이었지만, 나중에는 세계적으로 유명한 경영의 신이 되었다. 그가 성공할 수 있었던 이유는 단순히 그가 천부적인 경영 감각을 갖추었거나 비즈니스 세계의 발전 법칙을 통달하고 있어서가 아니었다. 바로 사람의 천성과 본성을 꿰뚫어 보는 통찰력을 갖추었기 때문이다.

그는 자신의 저서에서 이렇게 말했다.

"사람으로 산다는 것, 무엇이 맞는 것일까?" 이 말은 곧 '사람은 어떻게 살아야 의미가 있을까?'라고 묻는 것이다. 이 질문에 대해 이나모리 가즈오는 이렇게 생각했다.

'삶의 의미는 끊임없이 나 자신에게 다가가는 것이다. 있는 그대로의 나를 인정하고 꾸준히 자신을 수련해 나감으로써 아름답고 순

수한 마음을 유지하는 것, 그것이야말로 사람이 해야 할 가장 중요한 일이다.'

이나모리 가즈오의 이 같은 관점은 맹자의 관점과도 일맥상통한다. 과거 맹자는 이렇게 말했다.

> "제 마음을 다하면盡心 자신의 본성을 알 수 있고知性, 자신의 본성을 알면 하늘의 뜻을 깨닫게 된다知天. 본심을 잘 간직하고存心 본성을 키우는 것養性이 곧 하늘을 섬기는 것事天이다."

이 구절을 해석해 보자. '사람은 선량한 본심(하늘이 준 선량한 마음_역주)을 충분히 발휘해야 사람이 가진 본성(하늘이 준 천성_역주)을 알 수 있다. 사람의 본성을 이해했다는 것은 하늘의 뜻을 깨달았다는 말과 같다. 동시에 자신의 본심을 잘 간직하고 타고난 본성을 키우는 것은 하늘의 이치를 따르는 것이다. 쉽게 말해서 진정으로 즐거움과 만족감을 얻고 싶다면 외부 환경에서 찾으려 하지 말고 반드시 자신의 본심에서 찾아야 한다는 뜻이다.

이쯤 되면 누군가는 이렇게 물을 것이다.

"저는 큰 집에도 살고 싶고, 멋진 차도 사고 싶고, 승진해서 높은 자리에도 올라가고 싶어요. 이게 제 본심이라면, 저는 어떻게 해야 하죠?"

맹자는 그 물음에 이렇게 충고했을 것이다.

"한번 잘 생각해 보면 알 수 있어요. 당신이 이 세상을 살면서 좇는 명예, 이익, 권력, 인정 등과 같은 것들은 절대 당신의 내면에 안정감을 줄 수 없어요. 그것들은 모두 내 안의 것이 아니기 때문이에요. 만약 당신이 본심을 간직하고 본성을 키우려고 노력하지 않는다면 외적인 것들에 쉽게 끌려다니게 될 겁니다. 당신이 큰 집에 살고 싶은 이유는 남들이 사는 집이 내 집보다 크기 때문이죠. 당신이 좋은 차를 사고 싶은 이유는 남들이 타는 차가 내 차보다 좋기 때문이에요. 마찬가지로 당신이 높은 직급에 오르고 싶은 이유는 남들이 당신보다 직급이 높기 때문이에요. 하지만 이러한 것들 모두 나의 본심이 원하는 것이 아니라 겉으로 보이는 것에 대한 걱정이 당신을 좌지우지하고 있는 것입니다."

내면이 풍요롭고 편안한 상태, 그것이 본심이다

미국 철학가 헨리 데이비드 소로Henry David Thoreau는 저서 『월든 Walden』에서 이렇게 말했다.

"이 세상에는 수많은 유형 및 무형의 족쇄가 있다. 우리는 언제나 그 족쇄 때문에 초심을 저버리고 만다. 하지만 곰곰이 생각해 보면 우리를 가로막는 것은 어떤 누구도, 어떤 일도 아닌 바로 우리 자신이다."

소로가 인생을 살아온 방식은 앞서 맹자의 충고를 온전히 이해하고 실천한 삶에 아주 가까웠다.

소로는 하버드 대학을 졸업한 후에 그의 주변 사람들처럼 고액 연봉의 일자리를 찾거나 호사스러운 생활을 누리지 않았다. 그는 지극히 평범한 일을 선택했으며, 나중에는 아예 고향으로 돌아가 중학교 선생님이 되었다. 하지만 학교의 교육 이념이 자신과 맞지 않아 금방 사직했고, 그 뒤로 또 아버지의 연필 공장에서 근무하며 연필 제조법을 배웠다.

그러나 소로는 금세 고향에서의 단조로운 생활에 싫증을 느꼈다. 게다가 당시는 경제 발전이 비약적으로 발전할 때여서 어딜 가나 공장을 볼 수 있었고, 시도 때도 없이 울리는 공장 소음은 일상의 평화를 깨뜨렸다. 결국 소로는 큰 결심을 했다. 그는 안락한 생활을 포기하고 월든 호숫가로 옮겨가 그곳에서 해가 뜰 때 일을 시작하고 해가 질 때 일을 멈췄다. 그는 대자연과 하나가 된 삶을 살았다. 자연이 자신에게 주는 무한한 생명의 활력을 느끼며 자신의 마음을 다 잡았다. 소로는 이렇게 생각했다.

'사람은 세상을 살아가는 동안 생존에 필요한 약간의 에너지만 얻을 수 있으면 그걸로 족하다. 그럼 나머지 시간은 무엇을 하며 보내야 할까? 바로 타고난 선량한 마음인 '본심'을 잘 지키고, 태어날 때 주어진 '본성'을 옳은 방향으로 길러내어 자기 내면이 풍요롭고 편안한 상태에 이르도록 만들어야 한다.'

맹자의 주장은 물론이고 소로가 선택한 삶의 방식은 대다수 사람의 인생관과는 완전히 상반된다. 현재 많은 이들은 겉으로 보이는 것에 온 신경을 쏟고, 외부 환경의 변화를 좇기 바쁘다. 이를테면 남이 무언가를 좋아하면 자신도 그것을 좋아하고, 남이 무언가를 좇으면 자신도 그것을 좇는다. 하지만 그 순간 자기 뜻대로 움직일 수 있는 것은 나의 육신에 불과함을 깨닫게 될 것이다. 아울러 본심을 잃고 본성을 키울 수 없게 되니 순리대로 살아가는 것 역시 불가능함을 느끼게 될 것이다.

혹자는 이해가 되지 않아 이렇게 물을 것이다.

"하늘의 뜻을 따르면 나한테 어떤 좋은 점이 있죠? 더 오래 살 수 있게 되나요?"

이 질문에 대한 맹자의 생각은 이렇다. 인생의 기회는 삶과 죽음, 화禍와 복福에 지나지 않는다. 화와 복을 초월하는 것, 그리고 생사의 문제를 통찰하는 것 모두 일종의 어떤 경지에 이르는 것이다. 우리는 자신에게 주어진 수명이 짧건 길건 항상 본심을 잘 간직하고, 그 본심을 바탕으로 본성을 키우려는 태도, 즉 존심양성存心養性 하는 자세로 살아야 한다. 진정으로 근심 없는 삶을 살고 싶다면 자신이 일찍 죽을까 오래 살까를 염려하기보다는 몸과 마음을 다스리는 등 나의 능력으로 할 수 있는 일에 몰두해야 한다. 결과에 연연하지 않고 오직 과정에만 신경 써야 진정한 화경化境(부처가 교화할 만한 세계라는 뜻_역주)에 이를 수 있고, 나아가 내면의 평화와 안정감을 얻게 될 것이다.

만약 그렇지 않을 경우, 매일 자신이 얼마나 오래 살아야 더 많은 것을 얻을 수 있을까를 고민하게 될 테고, 심지어는 인생을 운에 맡기려는 생각까지 하게 될 것이다. 하지만 결국에는 깨닫게 된다. 요행을 바라면 결과적으로 더 많은 것을 잃게 되고, 무엇보다 당신의 본심은 더는 남아있지 않게 될 것이다. 본심을 잃은 당신의 삶은 외부의 것들에 좌지우지될 것이고, 마음속은 우울감과 두려움으로 가득 차서 걱정이 끊이질 않으니 어찌 고통스럽지 않겠는가?

이나모리 가즈오 역시 이렇게 말했다.

"인생의 모든 것은 마음에서 시작하여 마음으로 끝난다."

 ### 삶을 결정짓는 '내면의 풍족함'이라는 저력

　오직 내 안에서 내가 원하는 것을 찾으려고 노력하고 내면에 충실하려고 노력해야만 매사 득실을 따지는 일로부터 자유로워질 수 있다. 내 몸 이외의 것들은 남들이 관심을 보일 때만 비로소 가치가 생긴다. 하지만 내면의 풍족함은 인생의 질과 앞으로의 삶의 방향, 그리고 인생의 행복을 결정하는 분수령임을 잊지 말자.

2장

순리에 따르는 인생의 법칙

人生底力

씨앗을 뿌려 싹을 틔우듯
인생의 순리를 따르라

왕께서는 저 곡식의 싹을 아십니까? 칠팔월에 가뭄이 들면 싹은 마르
게 됩니다.
王知夫苗乎? 七八月之間旱, 則苗槁矣.
하지만 하늘에서 구름을 일으켜 비를 한껏 내려주면 싹은 다시 자라
게 됩니다.
天油然作雲, 沛然下雨, 則苗浡然興之矣.
이 같은 이치를 누가 막을 수 있겠습니까?
其如是, 孰能禦之?

『맹자·양혜왕 상孟子·梁惠王上 **편』**

모든 일의 발생과 발전 과정에는 필연적인 원인과 규칙이 존재한
다. 그렇기에 사물의 발전 법칙을 모르면 그 과정에서 일어나는 '막

을 수 없는 흐름'을 이해할 수가 없다.

옛사람들은 "하늘의 뜻을 중히 여기고, 자연을 경외하라."는 말을 자주 했다. 이 말의 본뜻은 섭리를 따라야 한다는 말이다. 개인은 물론이고 국가, 사회까지도 섭리를 거스르면 좋은 결과가 뒤따르지 않는다.

농부와 농작물을 예로 들어보자. 농부는 하늘을 속일 수 없다. 농부가 씨앗을 땅에 뿌리는 척하며 "저는 씨를 뿌렸으니 어서 농작물이 자라게 해주세요."라고 말해도 농부는 가을에 농작물을 수확할 수 없다. 그것은 절대 불가능한 일이다. 농부가 자연의 섭리를 거슬렀기 때문이다.

고대 사람들은 일찌감치 이러한 이치를 깨달았다. 『한비자·양권 韓非子·揚勸篇』에서는 이런 구절이 나온다.

"군주는 맡은 직무를 조심스럽게 행하고, 하늘의 뜻을 기다리며, 치국의 원칙을 잃지 않아야 성인이 될 수 있다.
謹脩所事, 待命於天, 毋失其要, 乃爲聖人.
성인이 되는 길은 지혜와 기교를 버리는 과정이다. 지혜와 기교를 버리지 않고서는 영원불변의 도를 이루기 어렵다.
聖人之道, 去智與巧, 智巧不去, 難以爲常."

이 구절의 의미를 살펴보자. '군주는 나라를 다스리는 방책을 신중히 시행하고, 자연의 섭리를 따르며, 나라를 다스리는 원칙을 잃으면 안 된다. 그래야만 진정한 성인이 될 수 있다. 또한 성인이 나라를 다스릴 때는 지혜와 기교를 버려야만 나라의 정상적인 질서를 유지할 수 있다.'라는 뜻이다.

유가 사상의 대표적인 인물인 맹자도 이러한 이치에 깊게 공감했다. 그래서 위나라 양왕襄王이 천하 통일의 근본에 대한 가르침을 구할 때 맹자는 이렇게 답했다.

"살인을 멀리하는 자가 천하를 통일할 수 있습니다."

맹자는 왜 이렇게 말했을까? 사실 맹자의 이 말은 당시 군주들이 이해하고 있는 상식에 반하는 발언이나 다름없었다. 알다시피 춘추전국시대는 각각의 제후국들이 자국의 병력을 키우기에 여념이 없었던 시기다. 닥치는 대로 징병이 이뤄졌고 침략과 전쟁이 끊이지 않았다. 다른 나라의 사람을 최대한 많이 죽여야만 자신의 나라가 설 자리를 얻을 수 있는 그런 시기였다. 그러니 '살인을 멀리하는 자가 천하를 통일할 수 있다'는 맹자의 말은 당시 각국이 내세우던 기조와는 완전히 상반된 발언임이 틀림없었다. 어쨌거나 분명한 건 당시에는 내가 상대를 죽이지 않으면 이는 곧 내게 상대를 제압할 힘이 없음을 뜻했다. 이런 상황에서 어느 누가 힘없는 군주를 따르며 혁명을 도모하려 했겠는가?

그러나 맹자가 하려는 말은 자연의 섭리와 인생의 섭리에 대한 것이다. 만일 우리가 땅에 벼를 심었는데 여름 내내 비가 오지 않았다면 벼의 싹은 바짝 마르게 될 것이다. 하지만 이때 많은 양의 빗물이 쏟아져 내린다면 벼의 싹은 금세 생명의 활력을 되찾게 될 것이다. 이때는 누구도 싹이 자라나는 것을 막을 수 없다. 이는 자연의 섭리를 따른 것이기 때문이다.

당시 천하를 호령하던 군주 중 살인을 싫어하는 군주는 없었다. 만약 불현듯 어디선가 살인을 하지 않는 군주가 나타나게 되면, 천하의 백성들은 분명 그가 자신들을 구원해 주기를 기대할 것이다. 게다가 백성은 한 번 누군가를 따르기 시작하면 폭포수처럼 맹렬한 기세로 힘을 결집시킨다. 과연 이 어마어마한 힘을 막아낼 수 있는 자가 있을까? 이것이 바로 맹자가 '살인을 멀리하는 자가 천하를 통일할 수 있다'고 말한 이유다.

물 흐르듯 자연법칙을 따르는 인생

"역사 발전의 수레바퀴는 멈추지 않고 달려가고 있으며, 그 누구도 그것을 막을 수는 없다. 역사가 발전하는 것은 자연의 섭리를 따르는 것이기 때문이다."라는 말이 있다. 나는 책 소개를 할 때 이 이야기를 여러 번 했다.

"이 세상에는 두 가지 법칙이 존재한다. 하나는 자연법칙이고, 다른 하나는 사회 법칙이다. 예를 들어 내가 당신과 싸워서 이기면 당신의 영토는 내 차지가 된다. 단기적으로 보면 이것은 사회 법칙이 작용한 결과다. 하지만 길게 보면 이것은 분명 자연법칙에 따라 생겨난 결과다."

진시황秦始皇이 여섯 나라를 통일한 것을 예로 들어보자. 진시황은 학살자였다. 그는 많은 사람을 죽이고 여섯 나라를 멸망시켜 중국 땅을 하나의 나라로 통일했다. 표면적으로는 무력과 학살로 천하가 하나로 통일되었으니, 이는 맹자의 관점에서 벗어난 결과처럼 보일 수 있다. 하지만 그렇게 대단했던 진나라도 불과 15년 만에 멸망했고, 결국 한漢나라가 천하를 안정시켰다. 한나라도 개국 초기에는 얼마간 전쟁이 있었으나 문제文帝와 경제景帝가 나라를 다스리게 된 시기부터는 백성의 생활이 안정되었고 더 이상 전쟁도 하지 않았다. 짐작했겠지만, 문제와 경제의 치세 이후 한나라 안에서 벌어지는 모든 싸움은 기본적으로 조정 안에서만 일어났고, 그것이 백성들에게 미치는 영향은 극히 미미했다. 이것이 바로 '하나로 통일된 나라'의 진정한 모습이다.

그렇다면 한나라의 호시절은 언제 끝났을까? 한나라의 태평성대는 무제武帝 이후로 끝났다. 무제는 일단 자신의 업적을 크게 남기기 위해 많은 일을 벌였다. 또한 그에게는 치명적인 단점이 하나 있었는데, 그것은 바로 습관적인 살인이었다. 한무제는 신하가 사소한 잘못을 저질러도 가차 없이 사형에 처했다. 당시의 이런 단편적인 상황만 보아도 한 왕조가 결국 멸망에 이르게 된 것은 지극히 자연스러운 결과다.

인간의 삶은 언제나 자연법칙과 사회 법칙이 함께 작용하여 만들어진 결과물이다. 물론 단기적으로는 인간의 삶이 사회 법칙에 따라 흘러간다고 봐도 무방하다. 하지만 시간을 길게 두고 보면 결국 사람의 인생은 처음부터 끝까지 자연법칙을 따른다.

그러나 대다수 사람은 사회 법칙만 알고 자연법칙은 모른다. 내가 일상에서 만난 수많은 이들은 한번에 안정된 직업을 찾길 원하거나, 어떤 일을 맡으면 그저 변함없이 그 일만 계속 하기를 원한다. 이때는 사회 법칙이 작용한다. 안정된 직장에 들어가면 우리는 그에 상응하는 사회적 위치를 얻게 되고 타인의 부러움도 받게 되기 때문이다. 하지만 직장을 여러 해 다니는 동안 아무것도 배우지 못하고 그로 인해 날마다 공허한 마음이 든다면, 언젠가는 분명 직장에서 도태될 것이다. 이것은 곧 자연법칙에 따른 결과다.

내게는 한 친구가 있는데, 그는 많은 돈을 들여 자기 아들을 명문 고등학교에 입학시켰다. 당시에는 아들이 명문 고등학교에 다니는 학생이 되었다는 사실에 매우 기뻐했다.

친구가 그렇게 느끼는 것도 이해는 간다. 그도 그럴 것이 명문 고등학교는 수업이나 교사의 수준이 우수한 편이다. 뿐만 아니라 아이가 사귀게 될 친구들의 수준도 높기에 확실히 아이의 학습과 성장에는 도움이 될 수 있다.

하지만 그는 서서히 현실을 깨닫게 됐다. 그의 아들은 명문 고등학교에 입학하기 전까지 성적이 보통 수준이었다. 그러나 우수한 아이들만 모이는 명문 고등학교에 진학한 뒤로는 학습 진도를 전혀 따라가지 못했고, 성적은 언제나 하위권에 머물렀다. 이로 인해 아들은 불안감과 자기 비하감이 심해졌으며, 심지어 퇴학을 하겠다고 고집을 부렸다.

이는 사회 법칙과 자연법칙의 관계를 또렷하게 보여주는 일화라고 할 수 있다.

『세계관World Views』이라는 책에는 이런 말이 나온다. 기존의 낡은 세계관이 진보적인 세계관으로 교체되는 과정은 언제나 무서울 정도로 빠르게 이뤄진다. 뉴턴의 시대 이전에는 종교적 세계관이 미치는 영향력이 매우 강했다. 그래서 사람들은 별의별 해괴한 술법에 집착했다. 하지만 뉴턴이 등장하고 과학이 세상으로 퍼져나가기 시작하면서 새로운 변화를 일으킬 강렬한 힘이 생겨났다. 혁신적인 생산 능력, 혁신적인 사고방식은 매우 빠른 속도로 부패한 세계관을 바꿔나갔다. 이때부터는 이전의 세계관이 얼마나 큰 영향력을 갖고 있었는지는 중요하지 않게 된다. 이러한 변화는 모두 자연법칙에 따라 발전한 결과다.

맹자가 양왕에게 했던 조언은 바로 맹자가 이루고자 한 새로운 세상이었다. 그는 단비가 가뭄에 말라버린 벼의 싹을 적시듯 백성들이 편안하게 살 수 있는 세상을 만들고자 했다. 민심을 얻은 자는 그 누구도 막을 수 없다고 생각했기 때문이다.

 자연의 섭리를 따르는 저력

사람은 자연의 섭리를 따르고, 자연적 법칙에 따라 일을 처리해야 만사가 순조롭게 된다. 그렇지 않으면 그에 상응하는 대가를 일상 곳곳에서 치르게 될 것이다. 자연재해처럼 보였는데 실상은 사람이 만든 재난이었던 것처럼 말이다.

어떤 일이든
일의 '가치'를 빛나게 하라

올바른 도가 아니라면 남에게 밥 한 그릇도 받아서는 안 되고,

非其道, 則一簞食不可受於人.

올바른 도라면 순임금이 요임금에게 천하를 받았어도 지나친 것이 아니다.

如其道, 則舜受堯之天下, 不以爲泰.

그대는 그것이 지나치다고 생각하는가?

子以爲泰乎?

『맹자·등문공 하孟子·藤文公下 편』

춘추전국시대 때에는 지식인에게 편견을 가진 사람이 많았다. 당시 사람들은 지식인이 사회의 발전과 문명의 진화 과정에서 어떤

중요한 역할을 하는지 잘 몰랐다. 또한 문제를 바라보는 시각이 아주 단조로웠다. 그래서 지식인들이 내세우는 방법들은 그저 끼니 해결과는 무관해, 현실적으로는 아무 가치도 만들어내지 못한다고 생각했다. 심지어 어떤 이들은 지식인이 육체노동자보다 못하다고 생각했다. 육체노동자는 자신의 노동으로 밥벌이하지만, 지식인은 집에서 책이나 읽고 고리타분한 말만 읊고 있으니 그게 다 현실적으로 무슨 소용이냐는 것이다.

맹자의 제자 팽경彭更도 맹자에게 지식인의 도리에 관해 비슷한 질문을 했다. 당시 최고의 유학자였던 맹자는 여러 제후국으로부터 초청을 자주 받았다. 그런데 맹자가 유세를 다닐 때마다 많은 인원이 동원되고, 제후국 왕들로부터 많은 돈을 받자, 팽경은 맹자의 이런 처신을 도무지 이해하지 못해 이렇게 물었다.

"스승님, 저희는 학문을 공부하는 사람이 아닙니까? 매번 유세를 다닐 때마다 뒤따르는 수레만 수십 대고, 수백 명의 추종자를 거느린 채 제후국들을 돌아다니며 밥을 얻어먹고 다닙니다. 이는 너무 지나친 처사가 아닙니까?"

그러자 맹자가 답했다.

"만약 도의에 어긋나는 일이라면 나는 밥 한 그릇도 얻어먹지 않았을 것이네. 또한 도의에 맞는 일이라면 순임금이 요임금에게 천하를 받아도 지나친 것이 아니네. 그럼 자네는 나의 처신이 지나치다고 생각하는가?"

결국 이 말은 "그럼 자네 말은 내 처신이 올바르지 않다는 것인가?"라고 묻는 것이다.

팽경은 맹자의 대답을 듣자마자 황급히 부인하면서도 한마디 더 덧붙였다. "그렇지만 선비가 무위도식하는 것은 옳지 않습니다士無事而食, 不可也." 이 말은 곧 "우리와 같이 학문을 배우는 사람이 어찌 하는 일 없이 천지 사방을 돌아다니며 공으로 먹고 마실 수 있다는 말입니까!"라고 묻는 것이다.

맹자는 팽경의 말을 듣고 한술 더 떠 이렇게 말했다.

> "자네는 학문을 공부하는 사람이 무위도식한다고만 생각하고, 그들의 공로가 얼마나 큰지는 잘 모르고 있는 것 같네. 사회는 구성원이 더불어 분업하여 일을 이루고, 각자에게 있는 것과 없는 것을 서로 융통함으로써 넘치는 것으로 모자란 것을 채워가며 성장하는 것이네. 만약 그렇지 않다면 농부는 곡식을 팔지 못해서 집안에만 쌓아두어야 하고, 아녀자가 만든 삼베는 다른 이에게 입혀보지도 못하고 집안에만 모셔두어야 하는 신세가 될 것이네. 일을 나누어 서로 돕고 협력해야만 목수와 수레공 같은 이들이 농부에게 곡식을 사고, 아녀자에게 삼베를 살 수 있지 않겠는가. 마찬

가지로 학식이 있고 도의를 깨우친 사람이 군주가 나라를 다스리는 것을 도와 인과 의를 세상에 널리 알린다면, 응당 군주로부터 그에 상응하는 보수를 받아야 마땅하지 않겠는가? 자네는 목공과 수레공은 존경하면서 인과 의를 실천하는 사람은 어찌 경시하는 것인가?”

맹자의 이 말에 나는 깊은 감명을 받았다. 요즘 어떤 이들은 온라인상에 이런 글을 자주 쓴다. '판덩독서가 요즘 지식을 팔아 돈을 버는데 이게 가당키나 한 일인가? 지식을 이야기해 주는 대가로 돈을 벌다니, 세상에 이런 경우가 어디 있는가!'

이들의 시각은 팽경의 관점과 완전히 똑같다. 육체노동자가 돈을 버는 것은 당연한 일이고, 지식노동자인 우리가 돈을 버는 것은 왜 잘못됐다고 말하는가?

나는 현재 한 해에 50권의 책을 사람들에게 소개한다. 분야는 경제학, 심리학, 국학, 관리학, 철학 등 다방면으로 다루려고 한다. 나는 매번 어떤 책을 소개하기 전에 먼저 그 책을 열심히 읽고 책 속의 핵심이 되는 내용을 찾는다. 물론 학자들처럼 아주 심오한 수준으로 탐구할 필요까지는 없지만, 최소한 어떻게 지식을 이야기하고 논의해야 할지는 알아야 한다고 생각한다. 그래야 청중에게 내가 소개하는 책의 주제가 낯설게 들리지 않을 테니 말이다. 나는 이 과정에서 많은 분야를 섭렵하고 많은 에너지를 소모한다. 일종의 정신적인 에너지 소모라 할 수 있다. 우리가 나누는 지식이 청중의 생활에 변화를 가져다주었다면, 혹은 이를 계기로 청중이 지식을 습득했다면, 청중이 지식을 듣는 비용을 지급하는 것은 너무나 당연한 일이 아닌가? 맹자는 수천 년 전에 이미 이러한 이치를 깨달았다. 나는 요즘 사람들도 반드시 이 같은 이치를 깨달아야 한다고 생각한다.

사실상 맹자가 강조하고 싶었던 말은 '지식인과 육체노동자는 완전히 다르다'이다. 지식인은 지식이나 기술로 밥벌이를 한다. 육체노동자와 수공예인들이 힘든 노동을 하고 각종 공예품을 만드는 목적 역시 먹고살기 위해서다. 하지만 맹자는 **지식인의 핵심 가치를 따질 때는 '타인의 삶에 변화를 줄 수 있느냐, 국가와 사회에 가치를 만들어낼 수 있느냐'를 기준으로 삼아야 한다고 생각했다.** 물론 자신이 배운 지식으로 남을 속이고, 타인의 감정을 선동하고, 재물을 편취하는 것으로도 밥은 먹고 살 수 있다. 하지만 이것은 지식의 진정한 가치가 아니다.

따라서 고대 맹자와 같은 지식인뿐 아니라 지금 우리 시대의 지식인도 지식을 배우는 것을 '먹고살기 위한 일'로 치부하거나, '수십 대의 수레와 수백 명의 추종자를 거느린 채 제후국에서 밥을 얻어먹고 다니는 일'로 착각해, 지식인에 걸맞지 않다고 생각하면 안 된다. 만일 이렇게 생각한다면 팽경과 같은 큰 오류를 범하게 되는 것이다.

우리는 반드시 자신의 가치가 무엇인지를 똑똑히 알아야 하고, 우리 자신이 지식으로 사회에 공헌할 수 있다는 점도 알아야 한다.

 '지식의 가치'를 만들어내는 저력

맹자만 '지식은 돈을 내고 배워야 한다'라고 생각한 것은 아니다. 공자 역시 맹자와 같은 생각이었고 실제로도 그렇게 행동했다. 단지 공자가 받았던 대가는 말린 고기 몇 줄 정도로 아주 적었다. 이 두 사람의 '지식 사업'을 비교해 보면, 공자는 보통의 사람을 대상으로 한 'B2C' 사업을 한 것이고, 맹자는 기업을 상대로 하는 'B2B' 사업을 한 셈이다. 공자가 가르침을 설파하고 받았던 비용은 모두 그의 제자들이 직접 거뒀기 때문에 공자 자체는 돈이 거의 없었다. 하지만 맹자는 가진 돈이 많았다. 맹자는 매번 위나라 혜왕, 제나라 선왕과 같은 대국의 군주들로부터 재물을 받았으며, 이들 왕은 맹자를 귀빈으로 대접했다. 이 정도면 맹자를 가히 '지식에 돈을 쓰게 만든 시조'라고 부를만하지 않을까?

우물의 깊이를 파악한 뒤
우물질을 하라

제나라에 흉년이 들자 진진이 말하길,

"나라의 백성들이 모두 스승님께서 군왕에게 청하여 당읍棠른의 창고를
열어주실 것이라 기대하고 있는데, 다시는 그렇게 하시면 안 됩니다."

齊饑. 陳臻曰: "國人皆以夫子將復爲發棠殆不可復?"

맹자가 말하길, "다시 그렇게 하면 풍부가 되는 것과 다름없다."

孟子曰: "是爲馮婦也."

『맹자·진심 하孟子·盡心下 편』

유가 사상에서는 '불능不能'을 중도에 그만두는 것으로 해석한다.
다만 마지못해 그만두거나 억지로 그만두는 상태를 의미하지는 않
는다. 유가 사상을 따르는 학자들은 왕에게 충언을 올렸는데 왕이

그 말을 수용하지 않을 경우, 죽음을 각오하면서까지 간언하지는 않았다. 대신 서로 뜻이 맞지 않아 함께 할 수 없다면 떠나면 그만이라고 생각했다. 군주가 제 말의 이치를 이해하지 못하고, 또 문제를 보고도 문제의 진상과 본질을 파악하지 못한다면 그 상황에서 할 수 있는 최선의 선택은 '각자의 길을 가는 것'이라 여긴 것이다. 여러 번 간언해도 받아들여지지 않고, 냉대받을 일밖에 없다면 굳이 스스로 망신을 자초할 필요가 없지 않겠는가? 그 때문에 유가 사상에서는 '안된다는 것을 알면서 하는 것'을 '무지한 행동'이라고 보았다.

어느 날 제자 진진陳臻이 맹자에게 물었다. "제나라의 땅이 또 기근으로 황폐해졌습니다. 모두가 스승님께서 지난번처럼 군왕을 찾아가 구휼 식량을 풀어달라고 간청해 주시리라 생각하고 있습니다. 그러나 제 생각에는 스승님께서 그렇게 하지 않으실 것 같습니다."

진진의 말에 맹자는 이렇게 답했다. "그렇게 한다면 풍부馮婦와 같은 사람이 되는 꼴이 아니겠는가." 여기서 '풍부'를 성이 풍씨인 여인으로 오해하면 안 된다. 풍부와 관련해서 전해져오는 일화가 하나 있다.

옛날에 진晉나라에 '풍부'라는 사람이 있었다. 풍부는 맨손으로 호랑이를 잡는 대단한 재주를 갖고 있었다. 하지만 시간이 흐름에 따라 풍부는 자신의 행동이 너무 위험하고 또 야만적이라 생각하여 행동거지가 단정한 사람이 되겠다고 다짐했다.

그러던 어느 날 풍부는 산을 오르다 사람들이 호랑이를 잡으려는 광경을 목격했다. 하지만 사람들은 호랑이를 에워싼 채 잡지는 못하고 있었다. 호랑이를 산 채로 잡을 능력과 용기를 가진 사람이 없었기 때문이다. 그 순간 사람들은 풍부가 온 것을 보고 그가 나서서 호랑이를 잡아줄 것을 간청했다. 그 순간 풍부는 자신이 한 맹세를 새까맣게 잊어버리고 두 팔을 걷어붙인 채 호랑이에게 달려들었다. 그 자리에 있던 사람들은 하나같이 환호하며 좋아했으나, 그 일을 전해 들은 다른 이들은 오히려 풍부를 '맹세를 쉽게 저버리는 사람', '적절한 선에서 멈추는 법을 모르는 사람'이라고 비웃었다.

후에 이 일화에서 유래된 성어가 바로 '재작풍부再作馮婦'이다. '재작풍부'는 '두 번 다시 하지 않겠다고 다짐한 일이나 행동을 다시 반복하는 사람, 스스로 절제하지 못하는 사람'을 비유할 때 쓰인다.

여기서 한 가지 짚고 넘어가야 할 사실이 있다. 이 시기쯤 맹자와 제나라 왕의 관계는 이미 소원해진 상태로, 제나라 왕은 더는 맹자의 말을 귀담아듣지 않았다. 사실 맹자가 청을 했다 해도 제나라 왕이 맹자의 청을 들어줄지는 미지수였다. 맹자로서도 안 될 걸 알면서 굳이 망신을 자초하고 싶지 않았을 것이다. 그러니 '내가 그렇게 하면 풍부와 똑같은 사람이 되지 않겠느냐'라고 말한 것이다.

잠시 『삼국연의三國演義』에 등장하는 한 인물에 대해 이야기해 보자. 익주益州에서 유장劉璋의 종사관이었던 왕루王累는 유비劉備의 속셈을 간파하고 죽을 각오로 유장에게 간언을 올렸다. 유비가 유장을 도와 장로張魯를 막아주는 척하며 익주를 차지하려는 생각이라는 것이 왕루의 주장이었다. 그런데 유장은 왕루의 말을 듣지 않았다. 그러자 왕루는 자신을 밧줄로 묶어 성문에 매단 뒤 유장이 보는 앞에서 스스로 밧줄을 끊고 떨어져 죽었다(『삼국지三國志』에서는 왕루가 스스로 목을 베고 죽은 것으로 기록돼 있다._역주).

결론적으로 왕루의 판단은 맞았다. 하지만 그는 옳다고 생각하는 것에 너무 병적으로 집착한 나머지 자신에게 다음을 기약할 기회도 주지 않았다. 그의 이런 선택은 바람직하다고 볼 수 없다. 왕루는 유장이 어떤 사람인지 제대로 이해하지도 못한 채 자기 자신을 사지로 모는 어리석은 방식을 선택했고, 끝내는 목숨을 잃었다. 사실상 자기애가 너무 없는 사람이었던 셈이다.

사람은 언제든 자신을 잘 지킬 수 있는 상태를 유지해야 한다. 그래야 진퇴양난의 상황에 빠지는 것을 피해갈 수 있고, 나와 타인에게도 상황을 만회할 여지를 남겨 줄 수 있다.

지금부터는 잠깐 창업과 관련된 이야기를 해 보겠다.

오프라인 독서 모임 때 나를 찾아와 창업에 관한 문제를 논의하는 회원들이 종종 있다. 그들과 대화를 나누면서 나는 한 가지 사실을 발견했다. 몇몇 이들은 자신이 창업에 실패한 이유가 최선을 다하지 않았기 때문이 아니라 오히려 너무 많은 것을 쏟아 냈기 때문이라고 생각했다. 이처럼 자신의 역량을 넘어서는 일을 했다면 그 결과는 실패로 끝날 수밖에 없다.

창업은 본래 예측 불가능한 것이다. 노력한다고 해서 반드시 성공하는 것도 아니다. 창업한 뒤에는 매번 예상치 못한 여러 가지 문제가 생길 수 있다. 게다가 시간이 흐를수록 더 많은 문제에 봉착하게 될 수도 있다. 만일 창업 목표를 너무 높게 세우면 창업자의 에너지와 자원의 대부분을 창업하는 과정에서 생기는 문제들을 해결하는 데 써버릴 수 있다. 어쨌거나 사람의 자본과 에너지는 유한하니 창업자는 결국 요원한 목표를 달성하기도 전에 여러 가지 현실적인 문제들에 매몰되고 말 것이다.

나는 지금껏 창업자는 리스크가 낮은 창업을 해야 한다고 주장해왔다. 자신의 역량에 맞는 일을 하는 것 역시 리스크가 낮은 창업의 일환이다. 누구나 창업하기 전에는 저마다의 원대한 포부를 품고 있다. 그러나 현실은 잔혹하게도 자신이 처한 실제 상황이 자신의 이상에 훨씬 못 미치는 경우가 대부분이다. 그래서 지나치게 비현실적인 목표를 좇는 창업자는 결국 실패를 맞이할 수밖에 없다.

따라서 창업에 실패하는 상황을 최대한 피하려면 창업 전에 반드시 자신의 능력과 창업 목표를 객관적으로 평가해야 한다. 자신의 현재 능력으로 어느 수준의 목표를 이룰 수 있는지 분명히 파악하고, 그런 다음에 자신의 창업 목표를 단계적으로 나누어 접근해야 한다. 먼저 자신의 역량으로 달성할 수 있는 목표를 열심히 이뤄내보고, 내 역량을 벗어나지 않는 선에서 창업을 시작해야 한다. 그리고 앞서 목표를 성공적으로 이룬 경험을 기반으로 점진적으로 더 높은 목표를 향해 도전해 나가야 한다.

 내 안의 임계치를 간파하는 저력

무슨 일이든 합리적인 계획이 필요하다. 그리고 자기 능력을 정확히 파악한 상태에서 치열하게 노력해야 그에 상응하는 결과를 얻을 수 있다. 터무니없이 요원한 목표를 좇게 되면 아무리 최선을 다해도 노력에 대한 보상은커녕 본래 자신이 가진 유한한 에너지와 재물마저 헛되이 낭비하게 될 공산이 크다. 결국에는 다음에 다시 한번 도전해 봐야겠다는 생각조차 가지기 힘들어진다. 중요한 것은 내가 다다를 수 있는 임계치를 정확하게 파악하는 것이다.

선구자들이 가진 기본 원칙, '꾸준함'

인仁이 불인不仁을 이기는 것은 물이 불을 이기는 것과 비슷하다.

仁之勝不仁也, 猶水勝火.

지금 인을 행하는 사람들은 산더미 같이 쌓인 장작에 붙은 불을 물 한 잔으로 끄려고 한다.

그리고 불이 꺼지지 않으면 물이 불을 이기지 못한다고 말한다.

今之爲仁者, 猶以一杯水, 救一車薪之火也, 不熄, 則謂之水不勝火.

하나 이 또한 '불인'을 조장하는 것이니, 필시 끝내 '인'을 잃고 말 것이다.

亦終必亡而已矣.

『맹자·고자 상孟子·告子上 편』

우리는 '체력은 국력'이라는 말을 종종 한다. 요즘은 건강하고 멋진 몸을 갖는 것을 로망으로 생각하는 사람이 점점 많아지고 있다. 그래서인지 헬스장을 찾는 사람뿐 아니라 건강과 관련된 수업을 들으러 다니는 사람들도 갈수록 늘어나고 있다. 그러나 아이러니하게도 대부분 사람의 신체 조건은 좀처럼 나아지지 않고 있다. 다들 그저 타인의 완벽한 몸매를 보면서 부러워할 뿐이다. 곰곰이 생각해보면 그 이유는 간단하다. 대부분은 멋진 몸을 만들기 위한 노력을 꾸준히 이어가지 못했기 때문이다.

건강한 신체를 만들어 건강이라는 목적을 달성하려면 오랜 시간 동안 꾸준히 몸을 단련하는 일에 몰두해야 한다. 하지만 얼마나 많은 이들이 그렇게 할 수 있을까? 헬스장에 가보면 이런저런 회원 등록 이벤트를 심심치 않게 볼 수 있다. 월별 등록, 분기별 등록, 연간 등록 등 다양한데 등록 기간이 길수록 비용은 저렴해진다. 하지만 갈수록 많은 이들이 돈을 조금 더 내더라도 횟수당 비용을 내는 방식을 선택하고 있다. 그 이유는 바로 꾸준히 헬스장에 와서 운동할 수 있을지 확신하지 못하기 때문이다. 건강한 몸을 만드는 데 꾸준한 노력보다 더 나은 방법은 없다. 그뿐이 아니다. 평상시 일을 할 때도 꾸준한 노력은 일을 성공으로 이끄는 중요한 요소다.

과거 맹자는 이렇게 말했다.

"인仁이 불인不仁을 이기는 것은 물이 불을 이기는 것과 비슷하다.

헌데 지금 인을 행하는 사람들은 한 수레의 장작에 붙은 불을 물 한 잔으로 끄려고 한다.

그리고 불이 꺼지지 않으면 물이 불을 이기지 못한다고 말한다.

하나 이 또한 '불인'을 조장하는 것이니, 필시 끝내 '인'을 잃고 말 것이다."

이 구절의 뜻을 해석해 보자. 어짊이 어질지 못함을 이기는 것은 물로 불을 끌 수 있는 것과 같은 이치다. 하지만 지금 어짊을 행하는 사람들은 산더미같이 쌓인 장작에 붙은 불을 한 잔의 물로 끄려는 것과 같은 모양새다. 또한, 불이 꺼지지 않으면 물로는 불을 끌 수가 없다고 말한다. 이런 식의 행동과 사고방식은 어질지 못한 행동을 하는 이들이 날뛰도록 조장하는 것이다. 그리되면 결국 자신이 그나마 가지고 있던 어진 마음마저 잃게 될 것이다.

우리에게 익숙한 '계란으로 바위 치기'라는 속담이 여기에서 유래됐다. 산더미같이 쌓인 장작에 붙은 불을 한 잔의 물로 끄려고 한다면 불은 당연히 꺼지지 않을 것이다. 게다가 그렇게 함으로써 얻는 것보다 잃는 것이 더 많을 수도 있다. 고작 물 한 컵을 부은 것이 오히려 불 난데 기름을 끼얹는 꼴이 되어 불길이 더 거세질 수도 있다.

우리가 헬스장을 가는 목적은 건강한 몸을 만들기 위해서다. 하지만 우리는 그렇게 되기까지 필요한 시간을 투자하지도 그만큼의 땀을 흘리지도 않는다. 그러니 기대만큼 효과가 나타나지 않는 것은 지극히 당연하다. 게다가 잠시나마 육체를 단련한답시고 했던 운동은 식욕까지 돋우어 결과적으로는 우리의 몸은 더 볼품없게 변하고 만다. 물론 그 지경까지 가게 된 가장 중요한 원인은 우리에게 있다. 우리가 끈기를 가지고 꾸준히 충분한 노력을 하지 않았기 때문이다.

'판덩독서'가 책 읽기를 홍보하던 당시 여러 가지 우여곡절이 있었다. 심지어 우리의 행보에 의구심을 갖는 사람도 많았다. 주변 지인들도 "누가 오디오북을 들으러 오겠냐?"라며 우리 사업의 미래가 불투명하다고 우려했다. 하지만 우리는 흔들림 없이 꾸준히 사업을 이어나갔고, 그 결실은 이미 모두가 다 알고 있다. 이쯤 되니 처음에는 별 볼 일 없는 사업이라고 비웃었던 사람들도 180도 달라진 태도로 우리 사업의 가치를 인정했다.

사람들은 일상에서 혹은 일하는 과정에서 생기는 문제들을 빠르게 해결해 줄 비법을 알고 싶어 한다. 하지만 실제로 그런 비법 따위는 존재하지 않는다. 만약 정말 그런 비법이 존재한다면 그것은 두말할 것 없이 '꾸준한 노력'이다. 예전에 나는 『1만 시간의 재발견PEAK』이란 책을 소개한 적이 있는데, 이 책은 우리에게 "어떤 일이든 꾸준히 반복적으로 연습을 많이 해 봐야 성과를 거두고 성공을 이룰 수 있다."고 조언해준다.

중국 인터넷 동영상 사이트 'KU6酷6網'의 리산요李善友 대표는 "성공적인 창업에는 한 가지 원칙이 존재하는데, 그것은 바로 '임계점 critical point'을 뛰어넘는 것이다."라고 말했다. 간단히 예를 들어보자. 가령 지금 물을 한 솥 끓이고 있고, 그동안 땔감도 계속 추가하고 있다고 치자. 어느새 물의 온도는 99도까지 올라갔지만, 표면상으로는 물의 상태에 아무 변화가 없어 보인다. 하지만 물의 온도가 100도에 이르는 순간 물은 보글보글 끓기 시작하고, 어느새 수증기로 변한다. 여기서 100도라는 온도가 바로 '임계점'이다.

맹자도 이렇게 말했다.

> "오곡은 품종이 좋은 곡물이지만, 충분히 익지 않으면 개피풀만도 못하다.
>
> 五穀者, 種之美者也, 苟爲不熟, 不如荑稗.
>
> '인' 또한 그것이 몸에 익숙해질 정도로 실천해야 한다.
>
> 夫仁亦在乎熟之而已矣."

이 말은 오곡은 곡식 중에서 가장 좋은 종자이지만, 충분히 여물지 않으면 야생풀만도 못하게 된다는 뜻이다. 이러한 이치는 우리가 삶의 가치를 실현하는 과정에서도 적용된다.

마음속의 꿈을 이루고자 한다면 인내심을 갖고 꾸준히 노력하고, 점점 성숙한 모습으로 변화해야 한다. 하지만 이 모든 과정은 서서히 이뤄나가야지, 급하게 서둘러 끝내려고 하면 안 된다. 종자가 충분히 여물어야 좋은 곡식이 될 수 있듯이 사람의 생각도 성숙한 경지에 올라야 달라질 수 있기 때문이다.

 흔들리지 않는 '항심恒心'의 저력

하려는 것이 무엇이 되었든, 그게 건강한 몸을 만드는 일이든 학문을 연구하는 일이든 결실을 보기 전까지는 일관된 마음 '항심恒心'이 필요하다.

무언가를 하고자 하는 결심, 그것을 실천하는 동력, 여기에 흔들리지 않고 꾸준히 유지하려는 마음이 더해진다면 우리에게도 임계점을 넘어 새로운 경지로 도약할 기회가 생길 것이다.

사소한 관찰도
배움이 되는 삶의 깊이

군자가 올바른 방법으로 깊이 탐구하는 것은 스스로 체득하기 위함
이다.

君子深造之以道, 欲其自得之也.

스스로 얻고자 하면 사는 것이 평안해지고, 사는 것이 평안하면 삶의
깊이가 깊어지니, 삶의 깊이가 깊어지면 가까운 곳에서도 근본적인
진리를 만나게 된다.

自得之則居之安, 居之安則資之深, 資之深則取之左右逢其原.

그러므로 군자는 자기 삶의 깊이를 얻고자 한다.

故君子欲其自得之也.

『맹자·이루 하孟子·離婁下 편』

한 친구의 이야기다. 그 친구는 어떤 대학의 비즈니스 관리학 박사 과정을 등록했다. 이유는 해당 학교가 '체제적 수업Systematic Instruction(학습자의 요구를 분석하여 그에 따른 수업 목적을 세우고 목표와 내용을 구체화하는 수업 설계 방법을 뜻함_역주)'이라는 방식을 통해 모든 학생이 순조롭게 학업을 마칠 수 있게 보증해주기 때문이라고 말했다. 나는 그 말을 듣고 어떻게 그런 시스템이 있을 수 있는지 의아했다. 사실 이런 식의 마케팅에 미혹되는 사람이 꽤 많다. 하지만 학습은 스위치를 누르면 전류가 흐르는 것처럼 그렇게 간단한 구조를 가지고 있지 않다. 일단 이 친구의 경우 무엇을 위해 공부하며 어떤 방법으로 공부해야 하는지 갈피를 전혀 잡지 못했다. 이 물음에 대한 답은 학습에 임하기 전에 갖춰야 할 두 가지 선결 조건에 있다.

첫 번째 조건은 '학습에는 그 어떤 지름길도 없다'이며, 다른 하나는 '학습은 결코 책과 이론, 학력과 졸업장 같은 것에 국한되어 있지 않다'이다.

보기에는 누구나 이해하기 쉬운 이치다. 하지만 유감스럽게도 오늘날 사회에 만연해 있는 조급증으로 많은 이가 이 간단한 이치를 놓치고 있다.

『반전 학습(또는 '거꾸로 학습'_역주): 21세기 학습의 혁명Turning

Learning Right Side Up』이라는 책에는 어떻게 학습해야 하는지 고민하는 이들에게 도움이 될만한 유익한 내용이 실려 있다.

이 책의 저자 중 한 사람인 다니엘 그린버그Daniel Greenberg는 1968년 한 학교 창립에 힘을 보탰다. 그 학교의 이름은 '서드베리 밸리 스쿨Sudbury Valley School'이다. 이 학교는 미국 최초의 자기 주도 학습형 학교다. 일반 학교와 다른 점이 있다면, 서드베리 밸리 스쿨에는 강의 계획과 수업 시간표가 없다. 그러다 보니 당연히 수업하는 선생님도 없다. 한마디로 이 학교는 '자율 학습'이라는 이상적 교육과 '평생 학습'이라는 이상적 목표가 결합한 집합체다. 서드베리 밸리 스쿨은 자기 주도 교육을 앞장서는 기관으로써 모든 학생의 자기 주도 학습의 권리를 전적으로 존중한다.

서드베리 밸리 스쿨은 자유롭고, 개방적이고, 민주적인 학습 분위기를 조성하여 학생들이 스스로 문제를 고민해 보는 몰입식 학습 체험 기회를 제공한다. 개교 초기에는 많은 사람이 이런 방식으로 과연 학생들을 잘 가르칠 수 있을지 의구심을 품었다. 하지만 1968년 개교 이후 50여 년의 시간이 흐른 뒤 서드베리 밸리 스쿨에서 공부했던 이들은 결국 한 사람도 빠짐없이 자신이 꿈꿔왔던 대학의 학위를 취득했다. 그중에는 후에 저명한 학자나 성공한 사업가가 된 이들도 꽤 있다. 현재 전 세계 선진국에는 이미 서드베리 밸리 스쿨과 같은 학교와 교육기관이 50여 개가 있다.

세상을 보는 식견을 키우는 사회적 학습

서드베리 밸리 스쿨이 학생들에게 궁극적으로 가르치려 했던 것은 '어떻게 학습해야 하는지'이다. 이러한 학습의 방법에 대한 맹자의 가르침은 다음과 같다.

사람은 특정한 방법을 따르면서 지식과 경험의 깊이를 더해야 한다. 그렇게 함으로써 배움으로 얻는 바가 생겨야 한다. 자기 내면에 지식을 배우고자 하는 마음이 있어야 그 지식을 확실히 자신의 것으로 만들 수 있는 것이다. 또한 배운 지식을 확실하게 자신의 것으로 만들어야만 지식이 점점 쌓이게 되고, 알고 있는 지식의 깊이가 더 깊어져 주변의 모든 것이 배움의 원천이 된다. 그렇게 하루하루 배움의 깊이가 깊어지고, 그것이 한 해 두 해 쌓이게 되면, 문제에 직면했을 때 침착하고 능숙하게 대처할 수 있는 여유를 갖게 된다. '군자는 스스로 배우고 깨닫고 터득한다故君子欲其自得之也'는 말도 이러한 이치를 담고 있다.

여기서 맹자가 강조하고자 하는 바는 다음과 같다.

첫째, 학습은 개인의 본심에서 출발한다. 나 자신의 지적 욕구가 바로 학습의 본질이다. 둘째, 학습은 하나의 누적되는 과정이다. 누적되는 지식과 경험은 다양한 영역에서 얻을 수 있으며, 오랜 시간에 걸쳐 질적 변화가 수반된 양적 변화가 있어야 한다. 따라서 학습은 하루아침에 완성되거나 완벽해질 수 없다.

나는 러시아 소설가 막심 고리키Maskim Gorky의 작품 『나의 대학My Universities』 속에 등장하는 '알레샤'라는 인물을 정말 좋아한다. 그는 강인하고 용감하며, 정직하고 사랑스럽다. 무엇보다도 알레샤는 관찰력이 좋고 매사에 관심을 기울인다. 이것이 바로 학습에 필요한 잠재적 소질이다.

카잔Kazan(러시아 타타르스탄 공화국의 수도_역주)에서 분주한 시간을 보내는 동안 알레샤는 대학 진학의 꿈을 접을 수밖에 없었다. 하지만 알레샤에게 카잔은 하나의 '사회 대학'이었다. 그는 부두와 빈민촌을 배움의 교실로 삼고, 그곳에 사는 각양각색의 사람들을 학습 교재로 삼았다. 카잔이라는 사회 대학은 그의 사고의 폭을 크게 넓혀주었고, 그 덕분에 알레샤는 방대하고 귀중한 사회 지식과 깊은 식견을 갖게 되었다. 알레샤는 가난한 농민을 비롯한 러시아 사회 취약계층의 삶을 깊게 이해하게 되면서 혁명과 진보에 대한 사상을 키우기 시작했다. 결국 그는 격동의 혁명 흐름에 뛰어들어 자신을 구하는 동시에 새로운 삶을 맞이했다.

대학 졸업은 학습의 끝이 아니다. 책을 탐구하고 각종 자격증을 따내는 것 역시 학습이 아니다. 우리는 사람과 함께 어울려 소통하는 방법을 배워야 한다. 그리고 일과 일상에서 필요한 기술을 습득하고 분야별 지식과 경험을 축적해야 한다. 나아가 삶을 깊이 이해하고 더 많은 지식을 체득해야 한다. 그렇게 해야 건전한 자아를 가질 수 있고 온전한 인격과 올바른 세계관을 갖춘 사람으로 성장할 수 있다.

 ## 습관처럼 만드는 '학습'의 저력

단순히 책을 읽는 것만이 학습이 아니다. 타인과 이야기를 나누는 과정 역시 학습이 될 수 있다. 남을 돕고 남에게 도움을 받는 것에서도 학습할 것이 있고, 일상 친구나 직장 동료를 관찰하면서도 학습할 것이 있다. 그러니 주변을 관심 있게 관찰하고 온몸으로 느끼고 경험해야 한다.

이런 식의 학습 과정을 거치다 보면 부지불식간에 내가 다른 사람으로 변해있을 것이다. 그렇게 되면 타인의 인정을 받는 것은 물론, 스스로 자신을 인정하게 된다. 또한 자신에 대한 믿음이 강해지니 나중에는 어디를 가도 두렵지 않은 배짱을 갖게 될 것이다.

성장의 불꽃을 지피는
'네 가지 심성'

무릇 자신에게 있는 '네 가지 심성'을 넓히고 채워나갈 줄 안다면,
처음에는 불이 타오르기 시작할 때나 샘물이 솟아오를 때의 기세와
비슷할 것이다.
凡有四端於我者, 知皆擴而充之矣, 若火之始然, 泉之始達.
'네 가지 심성'을 넓히고 채워나간다면 천하를 지켜낼 만큼 강해질 것
이다.
반면 그렇지 못한다면 자신의 부모조차 섬기지 못하는 지경에 이를
것이다.
苟能充之, 足以保四海, 苟不充之 不足以事父母.

『맹자·공손추 상孟子·公孫丑上 편』

지금은 인플루언서가 새로운 경제적 기회를 만드는 시대다. 물론 인플루언서에 대한 논쟁도 많기는 하지만, 내가 본 수많은 인플루언서는 대부분 긍정적인 가치관을 전파하고 자신의 다양한 지식과 경험을 공유함으로써 사람들의 일상에 많은 편리를 주고 있다. 반면 '인기'를 위해 수단과 방법을 가리지 않는 인플루언서들도 있다. 그들은 카메라 앞에서 온갖 저속한 연기를 하거나 온갖 희한한 음식을 먹으면서도 이런 행위가 보는 이들에게 좋지 않은 영향을 끼칠지도 모른다는 생각은 전혀 하지 않는다. 그저 자신의 유명세와 인기가 높아질 수만 있다면 상관없다는 것처럼 행동한다.

나를 인플루언서라고 부르는 사람들도 많다. 하지만 나는 내가 인플루언서이든 아니든 '판덩독서'는 반드시 대중에게 올바르고, 긍정적이고, 선한 영향을 주어야 한다고 생각한다. 온갖 해괴한 방법을 동원해 대중의 이목을 끌고 인기몰이를 해도 그 행동으로 결국 다치게 되는 사람은 필시 자기 자신이다. 그렇게 행동함으로써 이미 자기 자신은 부끄러움을 아는 마음과 옳고 그름을 가리는 마음을 상실했기 때문이다.

맹자는 그 유명한 '사단四端', 즉 사람이 마땅히 갖추어야 할 네 가지 심성, '인의예지'를 제시했다. 여기서 '단'이란 새싹, 출발점, 토대를 뜻한다. 맹자는 '사단'을 다음과 같이 풀이했다.

"'측은지심'은 인仁의 시작이고, '수오지심'은 의義의 시작이다. 또한 '사양지심'은 예禮의 시작이고, '시비지심'은 지智의 시작이다. 좀 더 쉽게 풀이하자면, 측은하게 여기는 마음은 어짊의 출발점이고, 악을 부끄럽게 여기고 미워하는 마음은 의로움의 출발점이다. 또한 사양하는 마음은 예절의 출발점이고, 옳고 그름을 가리는 마음은 지혜의 출발점이다."

맹자는 "사람이 '인의예지'의 네 가지 덕목을 갖췄다는 것은 신체에 사지가 있는 것과 같으며, 사람은 인의예지를 갖고 있어야 비로소 완전한 사람이 된다. 그런데 이 네 가지 심성을 갖고 있음에도 '나는 뭘 해도 안 되는 사람이야'라고 생각한다면 이는 곧 자신의 본성을 스스로 해치고 버리는 것이나 다름없다."라고 말했다.

결국 맹자가 하려는 말을 정리하자면 이렇다. 사람은 두 팔과 두 다리를 갖고 태어난다. 측은지심, 수오지심, 사양지심, 시비지심 이 네 가지 심성도 사람의 사지와 마찬가지로 선천적으로 타고나는 것이다. 사람이 이 네 가지 심성을 꾸준히 키워나가면 처음에는 그 힘이 불이 막 타오르기 시작할 때나 혹은 샘물이 막 지하에서 솟아오를 때의 기세와 비슷하겠지만, 나중에는 천하도 족히 지켜낼 만큼 매우 강해질 것이다.

선의를 장악하는 악의는 결국 나를 향한다

요즘 텔레비전에서 가족을 소재로 한 드라마를 보면 부모, 형제 등 한 가족이 등장하고 재산 분할, 돈 문제 등으로 가족끼리 서로 언성을 높이며 싸운다. 형제자매 간에는 이유도 모르고 다투고, 그 다툼에 부모까지 끌어들여 결국 가족끼리 서로를 책망하고 힐난한다. 이처럼 가족 간에 불화가 생기는 이유는 마음속의 '네 가지 심성'을 잘 키우지 못했기 때문이다. 이처럼 사람이 '네 가지 심성'을 잘 기르지 못하면 내면에 호연지기 또한 길러낼 수 없으니, 부모와 원만한 관계를 유지하기 힘든 것은 물론이고, 부모를 섬기는 것 역시 어려워진다.

마찬가지로 부정적인 에너지를 퍼뜨리는 일부 인플루언서들 역시 '네 가지 심성'을 잘 기르지 못한 사람들이다. 그들은 어떤 일을 할 때, 혹은 어떤 말을 할 때 자신의 말과 행동이 남을 불편하게 만들지는 않았는지 아니면 규범에 어긋나지는 않았는지, 혹은 아이들의 인생에 영향을 주지는 않았는지 따위는 고민하지 않는 것 같다.

그 밖에 요즘 우리 사회에서도 온갖 섬뜩한 사건이 자주 발생하고 있다. 가령 실제로 살인을 해 보고 싶은 마음에 온라인으로 대상을 노려 범죄를 저지르는 사건, 승객이 택시 기사를 살해한 사건, 각종 폭력 사건 등이 그렇다. 맹자의 관점대로 보면 이러한 사회 현상도 사람이 '네 가지 심성'을 잘 기르지 못했기 때문에 생긴 일들이다. 악의가 선의를 잠식하게 되니 결국 남을 해치고 자신도 해하는 지경에 이른 것이다.

맹자가 강조한 '네 가지 심성'은 나중에 그가 제시한 '성선설性善說'의 기초가 된다. 맹자가 이렇게 많은 내용을 성선설의 밑바탕으로 삼은 이유는 '인정仁政', 즉 어진 정치를 펼치기 위함이었다. 만일 사람의 본성이 악하다면 세상 모든 사람이 나쁜 사람일 테니, 그렇게 되면 어진 정치를 천하에 펼치는 것은 불가능해진다. 하지만 어느 나라 사람이든 누구에게나 내면에 '네 가지 심성'이 있다고 생각하면, 누구든 이 '네 가지 심성'을 잘 갈고닦아 천하를 통일할 수도 있고, 또 그렇게 되면 널리 어진 정치를 펼칠 수 있으리라 생각한 것이다.

훗날 왕양명 선생은 '치양지致良知(선천적으로 타고난 내면의 참된 앎을 실천하는 모습_역주)'라는 개념으로 맹자의 '사단설'을 정리했다. 그는 진정으로 '양지良知'를 가진 사람은 항시 측은지심을 마음에 품고 있고, 선과 악을 분명하게 구분할 줄 알며, 또 적절히 물러나는 법을 알고, 옳고 그름을 가리어 사람 사이에서 중심을 잡는 사람이라고 말했다.

세상을 지배하는 '사단'의 저력

평범한 사람이 항시 맹자가 강조한 '네 가지 심성'을 갈고닦고 왕양명 선생이 말한 '치양지'를 실천하는 것은 결코 쉬운 일이 아니다. 설령 해냈다고 해도 그 사람은 분명 요임금과 순임금과 같은 성인처럼 이미 도덕적으로 흠이 없고 완벽한 인격을 갖춘 사람일 것이다. 그렇지만 '네 가지 심성'은 누구나 할 수 있는 수행법이기도 하다.

어떤 상황에서든 문제에 부딪혔을 때 의식적으로 '네 가지 심성'을 갈고닦으려고 노력해 보자. 이 네 가지 심성이 결국에는 우리 개인의 성장과 발전에 큰 도움이 될 것이다.

아이는 '사랑이 가득 찬 마음과 반짝이는 눈빛'이면 된다

맹자가 말하길, 상황상 그렇게 하기가 어렵다.

勢不行也.

가르치는 자는 필시 바르게 되도록 가르쳐야 하는데,

배우는 이가 바르게 행동하지 않으면 화를 내는 일이 뒤따르게 된다.

教者必以正, 以正不行.

분노가 잇따르면 도리어 자식의 마음을 다치게 만드는 꼴이 되고 만다.

繼之以怒. 繼之以怒, 則反夷矣.

옛사람들은 자녀를 서로 바꾸어 가르쳤다. 부모가 자식에게 선행을 강요하면 마음이 서로 떠나게 되고, 마음이 떠나면 이보다 더 큰 불행이 없기 때문이다.

古者易子而教之, 父子之間不責善, 責善則離, 離則不祥莫大焉.

『맹자·이루 상孟子·離婁上 편』

대다수 부모에게 인생에서 건강, 사업 외 가장 중요한 것을 꼽으라고 하면 그것은 아마도 '자녀교육'일 것이다. 부모에게 자녀의 성장과 미래는 아주 중요한 관심사이고, 부모의 말 한마디와 행동 하나하나가 모두 자녀에게 지대한 영향을 끼치기 때문이다. 『부모의 언어: 3천 만개 어휘로 튼튼한 공부 두뇌 만들기Thirty Million Words: Building a Child's Brain』의 저자는 "부모와의 긍정적인 상호작용과 교감은 자녀 평생의 학습, 행동, 건강 상태를 만드는 밑바탕"이라고 말했다.

매사추세츠 대학의 에드워드 트로닉Edward Tronick 심리학 교수는 온라인에서 '무표정 실험'이라는 실험을 공개해 사람들에게 깊은 인상을 남겼다. 이 실험은 자녀와의 교감의 필요성 실험으로 부모들에게 시사하는 바가 매우 크다.

영상에서는 한 젊은 엄마가 자신의 아이를 아주 높은 의자에 앉혀놓은 뒤 아이와 서로 장난을 쳤다. 잠시 후 그 엄마는 갑자기 아이와 몇 초 동안 등을 지고 서 있었다. 그리고 다시 뒤돌아섰을 때는 무표정으로 아이를 쳐다봤다. 아이는 순간 엄마 눈치를 살피기 시작했다. 그리고는 엄마의 반응을 끌어내기 위해 환한 미소를 짓기도 하고, 엄마를 향해 손을 휘젓기도 했다. 하지만 엄마의 얼굴은 여전히 무표정이었다. 몇 번을 그렇게 시도하다 엄마의 표정이 도무지 변화가 없자 결국 아이는 울상을 짓기 시작했다. 그리고 단 3

분 만에 아이는 감정이 무너져 대성통곡을 했다. 아이가 울기 시작하자 엄마는 다시 좀 전의 다정한 표정을 지으며 아이에게 장난을 걸었다. 그러자 아이는 다시 천천히 기분이 좋아지기 시작했다.

이 실험은 부모가 아이에게 미치는 영향이 얼마나 큰지를 보여준다. 아마도 지금 누군가는 자신이 무의식으로 표현하는 말 한마디, 표정 하나, 동작 하나가 자녀에게 어떤 영향을 끼칠지 가늠이 안 되거나, 아예 영향을 끼친다는 것조차 모르는 사람도 있을 것이다.

『맹자』에서도 부모와 자녀가 잘 지내는 법, 그리고 부모가 자녀에게 미치는 영향 등의 내용이 나온다. 일례로 맹자의 제자 공손추公孫丑는 맹자에게 이런 질문을 했다.

"예부터 지금까지 군왕은 자신의 아이를 직접 교육하지 않았습니다. 왜 그런 것입니까?"

이에 맹자가 답했다.

> "분위기상 가르치는 것이 진행되지 않기 때문이다.
> 가르치는 자는 필시 바르게 되도록 가르쳐야 하는데, 배우는 이가 바르게 행동하지 않으면 화를 내는 일이 뒤따르게 된다. 또한 분노가 잇따르면 도리어 자식의 마음을 다치게 만드는 꼴이 되고 만다."

자식을 가르칠 때 분노를 일으키는 사람은 결코 자기 자녀를 가르치면 안 된다는 뜻이 아니다. 다만 분위기상 가르치는 것이 잘되지 않는다는 말이다. 누구나 자신의 자녀에게 '바른길로 가는 법'을 가르친다. 그런데 만약 바른 이치로 자녀를 가르쳤는데 아무 효과도 나타나지 않는다면 아버지로서는 화가 치밀 것이다. 그리고 화를 내는 순간, 부자간의 감정이 상하는 것은 당연하고, 가정의 화목까지 깨지게 된다. 부자간 감정의 골이 깊고 가정도 화목하지 않다면 이러한 환경이 궁극적으로는 아이의 성장에 불리한 영향을 주게 된다. 이런 식의 교육은 사실상 교육의 의미를 상실한 것이나 다름없다.

맹자의 이 같은 관점은 오늘날에도 충분히 납득할 만한 이치다. 나는 지금 대다수가 이런 생각을 하고 있을 것이라 확신한다.

'집에서 아이를 가르치기가 너무 힘들어요. 아이가 제 말을 잘 안 들어요. 그런데 아이가 선생님이 하는 말씀은 들으려고 해요. 왜 그럴까요?'

원인은 바로 부모에게 있다. 부모가 자녀에게 가르치는 이치와 도리 중 정작 부모 자신도 실천하지 못하는 것들이 있기 때문이다. 예를 들어 부모는 자녀에게 '게임을 너무 오래 하면 안 돼', '할 일은 미루면 안 돼', '욕설을 쓰면 안 돼'라고 말하면서 정작 부모 자신도 집에서 게임에 몰입해 아이의 이야기를 못 들을 때가 있고, 일을 미루거나 거친 말을 내뱉기도 하기 때문이다. 부모의 그런 행동을 보았을 때 아이는 부모의 말에 수긍하지 않게 된다. 그리고 이렇게 반문할 것이다. "어른은 그렇게 행동하면서 나는 왜 안 돼요?" 이 말은 곧 엄마랑 아빠는 나한테 이래라저래라 말하면서 왜 정작 엄마랑 아빠는 그렇게 행동하지 않는지 묻는 것이다. 자녀가 이런 질문을 던지는 순간, 부모가 이전에 해왔던 교육은 더 이상 아이에게 통하지 않게 된다.

그렇다고 선생님이 아이에게 가르치는 도리와 이치가 부모가 가르치는 것과 큰 차이가 있는 것은 아니다. 그럼에도 아이가 선생님의 말씀을 더 잘 듣는 데는 이유가 있다. 선생님은 아이들을 가르치고 난 뒤 자신도 그렇게 행동함으로써 아이들에게 항상 '긍정 에너지'를 보여주기 때문이다. 당연히 선생님 역시 자신의 가르침대로 하지 못하는 일도 있다. 굳이 아이들이 보는 앞에서 자신이 실천하지 못했던 일을 공개적으로 드러내지 않을 뿐이다.

가르치지 않는 것이 진정한 가르침이다

옛사람들은 이러한 이치를 진작부터 깨우쳐 '서로 아이를 바꿔서 가르치기'를 행했다. 즉, 남의 아이는 내가 가르치고, 내 아이는 남이 가르치도록 했다. 이렇게 하면 아이는 선생님의 선한 모습을 접하며 선한 이치를 배우게 된다고 생각했다.

자녀교육과 관련해서 맹자가 남긴 중요한 말이 또 있다.

> "부모가 자식에게 선행을 강요하면 마음이 서로 떠나게 된
> 다. 마음이 떠나면 이보다 더 큰 불행은 없다."

이 말은 **'부모와 자녀가 서로에게 완벽을 강요하거나 너무 많은 요구를 해서는 안 된다. 그렇지 않으면 더 큰 불행을 자초하게 될 수도 있다.'**는 뜻이다.

나는 맹자의 이 말이 특히나 마음에 와닿는다. 돌이켜 생각해 보면 지금도 얼마나 많은 부모와 자녀가 서로에게 강요와 요구를 반복하고 있는가? 나는 일부 학부모들에게서 이런 이야기를 자주 듣곤 한다. "저는 아이가 현악기를 배웠으면 좋겠어요. 다른 건 다 괜찮은데, 현악기만큼은 꼭 꾸준히 배워서 멋지게 연주하길 바라요. 그래서 아이가 끈기없이 중도에 그만두려고 하면 엄하게 혼낼 생각이에요." 그런데 그들의 아이들은 정말로 현악기를 좋아할까? 설령 현악기를 잘 다룰 수 있게 됐다 치자. 그럼 이 아이들은 장래에 현악기를 다룰 줄 아는 능력으로 삶을 살아야 하나?

아이가 현악기를 꾸준히 배우면서 연주까지 잘하기를 기대하는 것은 아이에게 완전무결을 강요하는 것이나 다름없다. 결국 아이는

아이대로 현악기를 배우는 과정에서 더 많은 즐거움을 느끼지 못할 것이고, 부모와 아이 사이의 감정 역시 상하게 된다. 다시 말해 얻는 것보다 잃는 것이 더 많아질 수 있다.

그럼 우리는 자녀를 아예 가르칠 수 없는 것일까? 물론 가르칠 수 있다. 다만 한 가지 전제가 있다. 바로 부모 자신이 반드시 먼저 말과 행동, 생각과 표현에 일관성을 가져야 한다. 자녀가 어떠한 사람이 되기를 바란다면 부모가 먼저 그런 사람이 돼야 한다. 그렇게 했을 때 비로소 자녀는 부모로부터 솔직함과 진정성을 느끼게 될 것이다. 이와 동시에 부모와 함께 하는 것이 더욱 편하게 느껴질 것이고, 자연스럽게 부모의 모습을 보고 배우려고 할 것이다.

중국의 근대 사상가 량치차오梁啓超는 자녀교육에 성공한 인물로 유명하다. 그는 평생 아홉 명의 자녀를 양육했는데, 량치차오의 자녀들은 모두 다 크게 성공한 인물로 자랐다.

량치차오는 아이들과 함께 있는 것을 매우 좋아했다. 아이들과 떨어져 있을 때는 그들에게 편지를 썼는데, 편지에서도 자신의 마음을 매우 솔직하게 표현했다. 이를테면 그는 편지에서 자녀를 향한 자신의 진심 어린 사랑을 여러 번 강조했다. 그는 아이들에게 "꼭 알아두렴. 아빠는 정이 아주 많은 사람이란다. 너희들을 향한 아빠의 사랑은 무척이나 뜨겁단다."라고 말했다. 이뿐이 아니다. 량치차오는 자녀들 개개인의 선택을 매우 존중했다. 항상 자녀들에게 조언만 해줄 뿐 절대 강요하지 않았다. 역시나 량치차오의 자녀들은 모두 그를 무척이나 사랑했다. 하지만 무엇보다 중요한 것은 량치차오 본인 역시 행동거지와 배움에서 본보기를 보였다는 점이다. 그렇기에 아이들 역시 아빠를 존중하며 그의 행동을 본받고, 그의 가르침을 따르려 했던 것이다.

사실 우리 대부분은 량치차오가 했던 것만큼은 하지 못한다. 대다수의 경우 본인은 불만을 토로하고 남을 책망하고 느릿느릿 행동하면서 오히려 자녀에게는 '불평하지 마라', '지적하지 마라', '꾸물대지 마라'라고 강요한다. 정작 부모인 자신은 자녀에게 본보기도 못 보이면서 어떻게 자녀에게 잘할 것을 강요할 수 있겠는가?

예전에 나는 사람들에게 『인생을 살면서 해야 할 단 하나의 일生只有一件事』이라는 책을 소개한 적이 있다. 이 책의 저자는 타이완臺灣 출신의 진웨이춘金惟純 선생이다. 그는 이 책에서 이렇게 말했다.

> "인생을 살면서 해야 할 단 하나의 일은 바로 잘 사는 것이다. 내가 잘 살아야 남들도 당신을 좋아하고, 당신과 함께 있고 싶고, 당신과 같은 모습이 되고 싶어 할 것이다."

마찬가지로 내가 잘 살아야 자녀도 당신과 함께 있고 싶고, 당신과 함께 있는 것이 즐겁게 느껴질 것이며, 당신과 같은 모습이 되고 싶어 할 것이다. 그러면 부모는 자녀에게 아무것도 가르칠 필요가 없다. 자녀는 자연스럽게 당신의 모습을 본받고 그대로 행동할 것이다. 실질적으로도 이 방법이 매일 아이에게 명령하고 큰소리로 꾸짖는 것보다 훨씬 효과가 있다.

 ## 아이를 향한 '사랑'이라는 저력

'진정한 교육'이란 대체 무엇일까? 맹자는 몇천 년 전에 이미 우리에게 그 답을 알려주었다. '진정한 교육'이란 아이에게 많은 요구를 하지 않고, 아이와 좋은 관계를 만드는 것, 그리고 부모 자신의 삶을 잘 살아가면서 아이에게 좋은 본보기가 되는 것이다. 자기 삶을 잘 꾸려나가는 부모에게는 사랑으로 가득 차 있는 마음과 반짝이는 눈빛이 있다. 그런 부모를 보며 자라는 아이는 자연스럽게 부모의 긍정적인 면을 닮아가는 동시에 더 나은 자신을 만들어 나가게 될 것이다.

'훌륭한 부모'라는
최고의 교육 환경

그대는 설거주가 훌륭한 선비를 궁에 머물게 해서 왕을 보좌하게 했소.
子謂薛居州善士也, 使之居於王所.
나이, 지위와 상관없이 궁 안의 모든 사람이 설거주와 같다면,
왕이 누구와 함께 불선한 정치를 할 수 있겠소?
在於王所者, 長幼卑尊皆薛居州也, 王誰與爲不善?

『맹자·등문공 하孟子·藤文公下 편』

부모의 가장 큰 관심사는 뭐니 뭐니 해도 자녀의 교육 문제일 것
이다. 요즘은 다양한 학습 모델, 교육 이념 등이 여기저기서 쏟아져
나오고 있다. 게다가 어떤 부모든 '내 아이가 뒤처지면 안 된다'라
는 생각을 갖고 있기 때문에 아이 교육에 최선을 다한다. 그만큼 자

녀교육을 둘러싼 소모적인 경쟁도 갈수록 심해지고 있다.

당연히 교육은 자녀의 성장 과정에서 매우 중요하다. 좋은 교육은 자녀가 추구하는 목표의 수준, 미래를 바라보는 시야의 폭과 사고의 깊이를 결정한다. 또한, 자녀의 삶의 방향에도 영향을 줄 수 있다.

그렇다면 어떤 방식의 교육이 좋은 교육일까? 거액을 투자해서 아이를 명문 학교에 보내는 것일까, 아니면 아이에게 유명한 과외 선생님을 붙여주는 것일까, 혹은 다양한 취미 수업을 등록해서 아이를 만능 인재로 양육하는 것일까?

나는 앞서 언급한 것 모두 좋은 교육이 아니라고 생각한다. 스웨덴의 여성 사상가 엘렌 케이Ellen Key는 이렇게 말했다.

> "환경은 한 사람의 성장에 매우 중요한 역할을 한다. 또한,
> 좋은 환경은 아이의 올바른 사고와 훌륭한 인격 형성의 밑
> 바탕이 된다."

'맹모삼천지교' 일화는 많이 들어봤을 것이다. 맹자의 어머니는 맹자의 교육을 아주 중요하게 생각했다. 하지만 그렇다고 유명한 스승에게 맹자의 교육을 부탁하지도, 맹자를 최고의 학교에 보내지도 않았다. 대신 여러 차례 집을 옮기면서 좋은 주거 환경을 찾아다

녔다. 맹자가 무의식적으로 좋은 환경의 영향을 받도록 하기 위함이었다. 그렇게 성장한 맹자는 유가를 대표하는 인물이 되었고, 자신이 예전부터 받아왔던 교육 방식을 적극적으로 알리려고 했다.

한 일화를 예로 들어보자. 한번은 맹자가 송나라의 재상 대불승戴不勝을 만났다. 당시 송나라의 군주인 강왕康王은 어린 나이에 왕위에 올라 재상인 대불승이 그를 보좌했다. 대불승은 현명한 신하였다. 그는 강왕이 잘 배워서 훌륭한 군주가 되기를 바랐다. 그래서 어떤 이에게 강왕을 가르치는 일을 청해야 할지 물어보기 위해 맹자에게 만남을 청한 것이다.

맹자는 대불승의 교육에 관한 질문에 대답 대신 이렇게 물었다. "재상께서는 나이 어린 군왕께서 선정을 베풀기를 바라십니까? 그렇다면 확실한 방법을 알려드리겠습니다. 한 초나라 대부(大夫, 작위의 이름_역주)가 아들에게 제나라 말을 배우게 하려고 합니다. 그렇다면 재상이 생각하시기엔 제나라 사람과 초나라 사람 중 누구를 시켜서 가르치는 것이 낫겠습니까?" 대불승은 맹자의 질문을 듣고 이렇게 답했다. "당연히 제나라 사람을 시켜서 가르쳐야겠지요."

그러자 맹자가 이렇게 말했다. "설령 제나라 사람을 불러다 아들을 가르친다 해도 아들의 주변 사람은 모두 초나라 사람일 테니 그들은 매일 같이 아들에게 초나라 말을 할 것입니다. 그렇게 되면 매를 때려도 아들은 제나라 말을 배울 수 없게 되겠지요."

다들 이 부분에 대해 깊게 공감할 것이다. 우리는 자녀에게 외국어 공부를 시키려고 원어민 선생님을 부르거나 혹은 외국어 학원에 등록한다. 그런데 매일 단어를 암기하고, 원서 책을 열심히 읽는데도 아이의 외국어 실력은 좀처럼 나아지지를 않는다. 반면 만약 아이를 직접 해외로 보내면 아이는 몇 년도 채 안 돼 아주 유창하게 외국어로 말할 수 있게 된다. 이것이 바로 환경이 아이에게 미치는 영향이다.

부모의 방식 그대로 삶의 방식을 배우는 아이들

대불승은 강왕에게 가르침을 줄 선생으로 설거주薛居州라는 현인을 염두에 두고 있었다. 맹자가 말했다.

"재상께서는 설거주를 매일 궁에 머물게 하여 강왕 곁에 두려고 하십니다. 나이, 지위와 상관없이 궁 안에 머무는 모든 사람이 설거주와 같은 훌륭한 사람이라면, 강왕께서 나쁜 것을 배우려야 배울 수 없으실 것입니다. 하지만 만일 궁 안에 설거주를 제외한 모든 사람이 소인배와 같다면, 강왕께서 올바른 것을 배우고 싶어도 어느 누가 왕을 보좌하며 선정을 펼치려 하겠습니까?"

맹자의 생각은 아주 명확했다. 그는 '군주가 올바른 정치를 펼치기를 바란다면 군주의 주변에 아첨하는 소인배가 아닌 정직하고 지혜로운 신하들로 채워야 한다고 여겼다. 만일 군주의 주변에 어질고 현명한 신하보다 소인배가 더 많다면, 군주 역시 선정을 베푸는 법을 배울 수가 없다'고 생각했다.

자녀교육도 마찬가지다. 자녀 옆에 훌륭한 선생님을 두면 아이가 자라면서 부딪힐 모든 문제를 해결할 수 있으리라 생각한다면 그것은 잘못된 생각이다. 물론 훌륭한 선생님은 설거주처럼 아이를 옳은 방향으로 이끌어줄 수 있다. 하지만 만일 아이가 매일 싸움이 끊이질 않는 집에서 자란다면, 또 매일 핸드폰만 쳐다보며 나태하게 사는 부모의 모습을 보고 자란다면 제아무리 훌륭한 선생님인들 어떻게 아이를 바꿀 수 있겠는가?

가정, 학교, 주위 사람들 등 아이를 둘러싼 모든 환경이 아이에게 큰 영향을 미친다. 아이의 주변 사람들은 그대로인데 선생님 한 사람의 힘으로 어느 날 갑자기 아이를 변화시킨다는 것은 어려운 일이다. 아이는 성장하는 과정에서 부모나 교사가 가르치는 것만 배우는 것이 아니라 자신이 관찰하고, 사고하고 느끼는 것들로도 배우기 때문이다. 다시 말해 부모가 아이를 대하는 방식, 부모가 문제를 해결해 나가는 방식 그리고 삶을 대하는 부모의 태도는 알게 모르게 아이에게 영향을 준다.

예전에 알고 지내던 한 동료는 툭하면 불안해했다. 회사가 승승장구할 때도 불안해하고 회사가 어려운 상황에서는 더 불안해했다.

한번은 내가 그에게 물었다. "왜 그렇게 자주 불안해하는 거야?" 그러자 그가 대답했다. "넌 잘 모를 거야. 우리 엄마가 선생님이신데, 엄마는 내가 어렸을 적부터 엄청 엄하게 날 대하셨어. 시험을 봐서 2등을 하면 집에 가서 밥을 굶는 것은 물론이고 아빠와 엄마가 번갈아서 나를 나무라셨어. 엄마는 차가운 얼굴로 내게 '나는 2등짜리에게는 밥을 차려줄 수가 없어!'라고 말할 정도셨어. 그래서 매번 반드시 1등을 해야만 했어."

이런 가정환경에서 성장한 그는 성인이 되고 나서도 문제에 부딪히면 자신도 모르게 유년 시절에 느꼈던 불안감과 공포감에 휩싸이게 되었다.

평소 어떤 학부모들은 내게 자주 이런 질문을 한다. "판 선생님, 저희 아이들은 항상 이런 게 저런 게 문제인데요. 어떻게 해야 좋을까요?" 그럼 나는 그들에게 이렇게 말해준다.

"자녀를 가르치기 전에 먼저 나 자신을 고쳐야 합니다. 훌륭한 아이로 키우고 싶다면 부모 자신이 먼저 바뀌어야 합니다. 이것이 제일 중요합니다. 우선 나 자신이 더 나은 사람으로 변하려고 노력하고, 내 가정의 분위기를 더 화목하게 만들기 위해 노력해야 합니다. 그럼 가족 모두가 긍정 마인드를 갖고 열정적으로 배움에 임하게 될 것이고, 성장하기 위해 더 정진하고 노력할 것입니다. 그다음으로는 자신의 잘못한 점과 부족한 점은 기꺼이 인정하고 충분히 반성해야 합니다. 그리고 배움을 꾸준히 실천해서 내 성장을 먼저 이뤄내 보세요. 아이들은 부모의 그런 모습을 보고 배웁니다. 부모의 삶의 태도를 지켜보면서 무의식적으로 부모를 모방하고, 또 끊임없이 자기 자신을 더 나은 방향으로 바꿔나갑니다. 이것이 바로 교육의 과정입니다."

 자녀의 삶을 지배하는 '부모'라는 저력

"여러분의 자녀가 인생의 출발선에서 뒤처지지 않게 해주세요." 예전에 어떤 광고에 나온 문구인데, 이 말은 맞는 말이다. 물론 요즘 이 말에 반대하는 사람도 꽤 많다. 하지만 무엇보다 중요한 것은 '그 출발선을 무엇으로 생각하느냐'이다. 자녀 인생의 출발선은 바로 '부모'이다. 그리고 자녀의 성장은 부모가 아이에게 만들어주는 환경에 달려 있다.

먼 이상을 좇으면
마음의 괴로움도 그만큼 커진다

사람들은 도가 가까운 곳에 있음에도 먼 곳에서 찾으려 하고,

해야 할 일이 쉬운 곳에 있는데도 어려운 곳에서 찾으려고 한다.

道在爾而求諸遠, 事在易而求諸難.

만일 사람들 각자가 자신의 어버이를 사랑하고 섬기면 천하가 태평할

것이다.

人人親其親, 長其長, 而天下平.

『맹자·이루 상孟子·離婁上 **편』**

나는 『채근담菜根譚(명나라 말기 홍자성이 쓴 책_역주)』에서 나오는 어떤 한 구절이 뇌리에 박힐 만큼 이 책을 굉장히 인상 깊게 읽었다. 그 구절은 다음과 같다.

"마음에 맞는 것은 먼 곳에 있지 않고, 정취를 얻을 수 있는 곳은 멀리 있지 않다.

會心不在遠, 得趣不在多.

양동이만 한 연못과 주먹만 한 돌 사이에도 산과 강의 기세가 있을 수 있고,

盆池拳石間, 便居然有萬裏山川之勢,

한두 마디의 짧은 말속에도 성현의 마음이 드러날 수 있다.

片言只語內, 便宛然見千古聖賢之心."

이 구절을 해석해 보자. 대자연의 절경을 알고 싶거든 멀리 갈 필요가 없고, 진리를 깨닫고 싶거든 너무 많은 이치를 알 필요가 없다. 한 움큼의 꽃과 주먹만 한 돌들 사이에도 만 리에 이르는 산과 강의 기세가 응축되어 있을 수 있고, 짤막한 몇 마디 말속에도 먼 옛날 성인들이 깨우쳤던 이치가 내포돼 있을 수 있다는 뜻이다. 사실 이 말은 지금의 우리에게 하는 말이다. **'눈앞의 풍경에서 아름다움을 발견하는 법을 배우고, 간단한 사물에서 진리를 찾아내는 법을 배우라'**는 뜻이다.

하지만 주변을 둘러보면 가까운 곳을 두고 먼 곳을 찾으려는 사람들이 유독 많다. 그래서 아름다운 풍경을 보기 위해 먼 길도 마다하지 않고 달려가고, 사업을 한답시고 헛수고만 왕창 하기도 한다.

맹자는 이렇게 말했다.

> "사람들은 도道가 가까운 곳에 있음에도 먼 곳에서 찾으려
> 하고, 해야 할 일이 쉬운 곳에 있는데도 어려운 곳에서 찾으
> 려고 한다.
> 만일 사람들 각자가 자신의 어버이를 사랑하고 섬기면 천
> 하가 태평할 것이다."

이 말의 뜻은 '인간으로서 마땅히 해야 할 도리는 가까운 곳에 있
는데 사람들은 그 도리를 먼 곳에서 찾으려고 한다. 또한 해야 할
일 자체가 아주 간단한 것임에도 사람들은 어려운 것부터 시작하려
고 한다. 사실 사람들 각자가 자신의 부모를 잘 섬기고 집안의 어른
을 존중한다면, 하고자 하는 일을 성공적으로 해낼 수 있고, 천하도
이로 인해 평안해질 수 있다.'이다.

맹자의 이 말이 세상 사는 이치와는 아무 상관없는 것처럼 들릴
수도 있다. 하지만 여기에는 유가에서 강조하는 핵심 사상이 잘 드
러나 있다. 유가에서는 '주변 어른을 나의 부모를 섬기듯이 섬기고,
남의 집 아이를 내 자식을 사랑하듯이 사랑하라老吾老, 以及人之老, 幼吾
幼, 以及人之幼'라는 이치를 강조한다. 이 말은 즉, 어른을 공경하고 아
이를 사랑하는 일, 집에서는 부모에게 효도하고 밖에서는 어른을

공경하는 일, 가족 간 관계를 돈독히 만들어서 가족 전체가 행복해지는 일, 만약 이것들을 가능하게 만들 수 있다면 그 사람은 무슨 일을 해도 순조롭게 진행될 것이고, 갖은 애를 쓰며 복잡하게 문제를 해결할 일도 전혀 없을 것이라는 뜻이다.

아이도 스스로 생각하는 하나의 생명체이다

나는 오늘날 교육의 현 상태가 정확히 '가까운 곳을 두고 먼 곳에서 찾으려 한다'는 말과 들어맞는다고 생각한다. 만일 우리가 자녀를 하나의 독립된 인격체로 바라본다면, 우리가 자녀를 대하는 방법은 반드시 간단하고 단순한 방법이어야 한다. 그래야만 자녀가 스스로 자라도록 놔둘 수 있다.

하지만 현실은 그렇지 않다. 요즘 부모들은 자기 자녀가 남보다 뒤처질까 봐 걱정한다. 그래서 부모는 아이에게 인생 로드맵을 설계해 주고, 그에 따른 다양한 교육 계획을 세워주지만 아이는 그것 때문에 지친다. 부모 자신 역시 끊임없이 아이에게 요구하고, 방법을 제시하고, 아이 대신 여러 가지 문제를 해결하느라 지치기는 마찬가지다. 결국 아이는 즐거움을 잃게 되고, 부모는 괴로움만 더해 간다. 현실은 보지 않고 먼 앞날의 것만 찾기 때문에 힘든 것이다.

사실 교육은 절대 아이에게 요구하지 않는다. 교육에서 필요하다고 말하는 것들을 모두 부모와 교사에게 요구하는 것이다. 그러니 부모와 교사를 올바르게 잘 교육하면 아이는 자연스럽게 잘 성장할 것이다.

아이들은 생명력을 가진 존재다. 아이들도 어떻게 하는 것이 자신에게 좋을지 알고 있다. 그러나 부모와 교사는 늘 아이 스스로 그런 생각을 할 줄 모른다고 여긴다. 그래서 아이가 반드시 자신이 관리하는 대로 행동해야 하고, 그렇지 않으면 아이가 낙오되고 도태된다고 생각한다.

이러한 사고방식이야말로 자녀를 하나의 독립된 생명체로 생각하지 않고 소유물로 취급하는 것이다. 우리는 이 소유물을 구성하는 모든 부품을 하나하나 열심히 다듬어 최상의 상태로 만든 다음, 그것들을 하나로 다시 모았을 때 자신이 생각하는 가장 이상적인 아이가 떡하니 생겨나기를 바란다. 하지만 이런 교육 방식은 이치에도 맞지 않거니와, 아이가 더 나은 방향으로 성장할 수도 없다.

나는 저서 『아이와 함께 평생 성장陪孩子終身成長』을 소개하면서 이런 이야기를 한 적이 있다. 부모들은 내게 이런 질문을 자주 한다. "판 선생님은 평소에 자녀 숙제를 감시하시나요?" 나는 도무지 이해가 되지 않았다. 내가 "숙제는 아이 본인의 일이잖아요. 왜 부모가 아이 숙제하는 것을 감시해야 하죠?"라고 말하니 그들은 이렇게 대답했다. "아휴, 선생님은 모르시겠죠. 우리 집 아이는 제가 지켜보고 있지 않으면 언제까지 숙제를 붙들고 있을지 모른다고요!"

솔직히 말해서 나는 내 아들의 숙제를 감시한 적이 없다. 내가 사인해 주면 숙제는 그것으로 끝난다. 당연히 아이의 숙제를 도와주는 사람은 없고, 아무도 아이에게 반드시 이만큼의 성적을 받아와야 한다고 요구하지 않는다. 그렇게 해도 아이는 지금까지 우수한 성적을 받아왔고, 부모인 우리도 아이에게 별다른 신경을 쓰지 않고 있다.

내 생각은 이렇다. 부모가 아이의 내적 동기를 잘 건드려줘서 아이 본인이 능동적으로 성장해나갈 수 있다면, 아이는 자발적으로 훌륭한 사람이 되고 싶어 할 것이다. 교육은 그것으로 본연의 임무를 다한 것이다.

'Simple'이라는 문제 해결의 저력

예전에 한 심리학자가 했던 말이 있는데 나는 그 말에 너무나 동감한다. 그는 "사람이 한평생 맺는 관계는 딱 두 종류다. 그중 하나는 나와 부모의 관계이고, 나머지 하나는 나와 타인, 즉 배우자, 자녀, 동료, 협력 파트너 등과의 관계다. 만약 이 두 종류의 관계를 잘 만들어간다면 당신은 이 세상과 충분히 더불어 살아갈 수 있을 것이다."라고 말했다.

이 말은 예전에 내가 '판덩독서'를 통해 소개했던 『심오한 간결함Deep Simplicity』이라는 책에서 나온 내용과 비슷하다. 이 세계는 매우 복잡하고 아주 심오한 것처럼 보이지만 사실 본질은 아주 간단하다. 몇 가지의 간단한 수학 원리가 뿌리가 되어 거기서 확장 및 세분화되고 최후에는 결국 균형에 이르러 지금의 세상 모습이 된 것이다.

복잡한 문제를 해결해 내는 것은 언제나 간단한 이치다. 그러니 가까운 곳을 두고 먼 곳에서만 이치를 찾으려고 하면 계속 걱정할 일만 생기게 될 것이다.

3장

선택의 지혜

人生底力

정正과 반反의 틈새 속
합合을 찾아라

아무 이유 없이 재물을 준다면, 그것은 뇌물이다.

無處而餽之, 是貨之也.

군자로서 어찌 뇌물을 받겠는가?

焉有君子而可以貨取乎.

『맹자·공손추 하孟子·公孫丑下 편』

1990년대 중반, 구리 가격이 무섭게 떨어지자 미국의 한 구리 광산 회사는 경영난을 겪게 되었다. 결국 해당 구리 광산 회사의 본사는 구리 생산활동을 중지하기로 했다. 하지만 폐광을 하게 되면 그 광산에서 일하던 1,000여 명의 작업자가 한꺼번에 일자리를 잃는 것이나 다름없었다. 게다가 회사 입장에서 이런 대규모 실직은 의

사 결정의 실패를 의미했다. 따라서 광물 생산 구역을 관리하는 조직은 체면 때문에라도 폐광만은 막고 싶어 했다. 당시에는 폐광 말고도 두 가지 선택지가 있었다. 첫 번째 선택지는 현지에서 구리를 제련하지 않고, 광석을 본사가 있는 지역까지 가져가 그곳의 신식 용광로에서 제련하는 것이다. 두 번째는 이 광산에서 계속 구리를 채굴하는 동시에 발굴할 가능성이 있는 다른 광물도 찾는 것이다.

본사의 임원들은 아예 폐광을 원했으나, 광물 생산 구역을 관리하는 소장은 운영을 계속 이어가기를 원했다. 양측은 각자의 입장을 고수하며 첨예하게 대립했다. 몇 시간에 걸쳐 논쟁을 이어갔지만 결국 아무 진전도 없이 끝났다.

자, 어떠한가? 우리도 평소에 이런 비슷한 논쟁을 하지 않는가? 어떤 문제가 발생한 뒤 그 문제를 들여다보면 거기에는 여러 가지 요인이 복잡하게 얽혀 있다. **모든 선택에는 각자 나름의 이유가 존재하고, 모두가 각자 자신의 생각을 고수한다. 그 결과, 처음 논쟁의 시발점이 된 문제는 어느새 '내 편 아니면 네 편', '내 말은 맞고 네 말은 틀리다'의 문제로 변하게 된다.**

맹자 역시 제자와 이런 비슷한 문제로 대화를 나눈 적이 있다.

어느 날 맹자의 제자 진진이 물었다.

"스승님께서는 이전에 제나라에 가셨을 때 제나라 왕이 하사한 황금 100일鎰(고대에서 황금의 무게를 잴 때 사용한 단위_역주)을 거절하셨습니다. 그런데 송나라에 갔을 때 송나라 왕이 하사한 황금 70일은 받으셨습니다. 설읍薛邑에 갔을 때도 설후가 하사한 황금 50일을 받으셨습니다. 제나라에서 주는 황금을 거절하는 것이 옳다고 여기셨다면, 송나라와 설읍에서 주는 황금은 어째서 받으셨습니까? 또한 송나라와 설읍에서 주는 황금을 받는 것이 옳다고 여기셨다면, 제나라에서 주는 황금은 왜 마다하셨습니까?"

이것이 바로 '이것 아니면 저것', '모 아니면 도'식의 논리다. 진진은 전부 다 받든가 아니면 전부 다 안 받든가 해야지, 어느 것은 받고 어느 것은 안 받는 이유가 무엇인지 궁금해했다. 다시 말해 진진은 맹자의 선택 중 어느 하나는 잘못된 선택이라고 생각했다.

우리도 어떤 문제에 부딪혔을 때 이런 식으로 생각하기 쉽다. 예를 들면 "너는 A 전략과 B 전략 중 어느 것이 맞는 것 같아? 두 전략이 모두 맞을 수는 없어."라고 말이다. 특히 문제를 일차원적으로 사고하는 데 익숙한 사람들은 이와 같은 딜레마에 빠지기 십상이다.

하지만 현실에서 발생하는 수많은 문제를 '모 아니면 도', '이것 아니면 저것' 식의 사고방식으로는 해결할 수가 없다. 그럼 진진의 물음에 맹자가 내놓은 답을 들어보자.

"내가 내린 두 선택 모두 틀리지 않았다. 송나라에 있을 당시 나는 먼 길을 떠날 예정이었다. 상대가 길을 떠나는 내게 노잣돈을 건넨 것은 예부터 내려오는 예절을 따른 것이니 나 또한 받는 것이 마땅하다. 반면 제나라에서는 아무 이유 없이 내게 재물을 주려 한 것이니 이것은 뇌물이 아니겠나? 군자로서 어찌 재물에 매수될 수 있겠느냐? 그래서 받지 않은 것이다."

이것이 바로 맹자가 이 문제를 바라보는 인식의 차원이다. 반면 진진의 문제 인식 수준은 아직 맹자와 같은 수준에는 미치지 못했다. 진진은 이 문제를 단순히 돈 문제로 인식했기 때문에 전부 다 받는 것과 전부 다 안 받는 것 외 다른 선택지는 없다고 생각했다. 그렇기 때문에 맹자의 행위를 이해하지 못한 것이다.

나는 『의혹을 푸는 법A Guide for the Perplexed』이란 책을 소개하면서 다음과 같은 논리를 이야기한 적이 있다.

이 세상에서 발생하는 논리적 모순은 단순한 수준의 논리적 사고로는 해결할 수 없다. 단순한 수준의 논리적 사고란 '이것 아니면 저것'식의 이분법적인 사고를 말한다. 하지만 **더 높은 수준의 인식으로 문제를 바라본다면 이 세상은 결코 이분법적으로 나뉘어 있지 않으며, 수많은 상황 사이에 꼭 대립만 존재하는 것은 아님을 깨**

닫게 될 것이다. 그렇기에 우리는 꼭 모든 문제를 대립 구도로 놓고 볼 필요가 없다. 그 대신 반드시 실제 상황 혹은 서로의 입장 차이에 근거하여 변증법적인 관점으로 문제에 접근하고 아울러 가장 타당성 있는 해결책을 찾아야 한다.

 ## 이분법의 함정을 피하기 위한 '중도'의 저력

우리는 일상에서도 종종 이분법적인 사고에 빠진다. 예를 들어 자녀를 교육할 때 엄하게 교육할 것인지, 관대하게 교육할 것인지를 두고 고민에 빠진다. 만약 엄하게 교육하면 아이는 압박감을 느끼게 될 것이고, 자녀를 너무 관대하게 대하면 지켜야 할 선을 구분하지 못하게 될 수도 있다. 그러니 두 가지 방법은 반드시 대립할 수밖에 없다. 하지만 생각의 수준을 한 차원 높여 본능과 사랑으로 이 문제를 바라볼 수 있다면 엄격함과 관대함의 적절한 정도를 찾게 될 것이다. 그래서 사람은 끊임없이 공부하고, 자기 생각의 수준을 높이려고 노력해야 한다. 그래야만 살면서 부딪힐 수많은 이분법적 선택의 함정에 빠지지 않을 수 있다.

원칙과 유연성,
그 사이 어디쯤

백이는 생각이 편협하고, 유하혜는 신중하지 못하니,

어느 쪽이든 군자가 따를 바가 아니다.

伯夷隘, 柳下惠不恭. 隘與不恭, 君子不由也.

『맹자·공손추 상孟子·公孫丑上 편』

"그 사람은 참 원칙을 잘 지키더라."

이런 말을 종종 들어봤을 것이다. 우리는 그런 사람을 아주 훌륭하고 보기 드문 사람이라고 생각한다. 나 역시 원칙을 중요하게 생각하는 사람을 좋아한다. 하지만 우리는 원칙을 중요하게 생각하되, 원칙과 개인의 성장 사이의 균형도 생각해야 한다. 매번 이런저런 제약, 규정, 제도, 관념 등에 얽매이게 되면 고정된 행동이나 습관이 생기기 쉽고, 심지어 생각의 틀에 갇히게 될 수도 있기 때문이다. 그렇게 되면 사람은 사고의 유연성과 도전 정신을 상실하게 되어 끊임없이 발전하고 변화하는 사회에 적응하기가 어려워진다.

춘추시대에 미생尾生이라는 사람이 있었다. 어느 날 그는 한 여인과 다리 밑에서 만나기로 약속했다. 미생은 약속한 다리 밑에서 여인을 기다렸으나, 한참을 지나도 여인은 오지 않았다. 그때 강물이 불어나기 시작했다. 하지만 미생은 여인과의 약속을 지키기 위해 어떻게든 그곳을 벗어나려 하지 않았다. 그는 다리 기둥에 매달려 계속 여인을 기다렸으나 결국 익사하고 말았다.

이 일화 속 사내는 원칙을 중요하게 생각하는 사람일까? 그렇다. 그는 원칙을 지나치게 중요하게 생각하는 사람이다. 그럼 그의 이런 행동은 본받을만할 행동일까? 답은 '그렇지 않다'이다.

일상에서도 이런 사람은 아주 많다. 그들은 매우 정직하고 고결하기 때문에 살면서 누구보다도 자신의 원칙을 지키려고 노력한다. 만약 상대의 관점이 자신들과 다를 경우 그들은 매몰차게 돌아선다. 타인과 함께 어울리며 나쁜 물이 드는 것은 더더욱 한심하게 생각한다.

맹자도 이와 비슷한 어떤 사람에 대해 언급한 적이 있다. 그 사람은 바로 백이伯夷다. 백이는 성격이 매우 올곧은 사람이었다. 그는 자신이 생각하는 이상적인 군주가 아니면 섬기지 않았고, 제 마음에 들지 않는 사람과는 어울리지 않았다. 또한 자신이 형편없다고 생각하는 사람과는 함께 벼슬길에 오르지 않았다. 백이가 얼마나 강직한 사람인지 대충 짐작이 갈 것이다. 백이는 상대의 관모의 모양새가 흐트러진 것을 보면 상대의 그런 몸가짐이 자신에게 물들까 봐 자리를 떠났다. 또한 백이는 제후들과 어울리는 것도 싫어했다. 그래서 제후들이 사람을 보내 온갖 듣기 좋은 말로 만남을 청해도 응하지 않았다.

보다시피 백이와 같은 사람은 일종의 도덕적 결벽증이 있는 사람이다. 맹자는 백이를 '성인 중에서도 가장 청렴 고결한 사람'이라고 칭했다. 그렇지만 맹자는 백이의 처신 방법을 따르지는 않았다. 백이와 같은 사고방식은 이상적인 사회에서나 통하지, 현실 사회에서는 모든 것이 자신의 뜻대로 흘러가지 않기 때문이다. 따라서 백이처럼 생각이 경직돼 있고 자신의 원칙을 지나치게 고수하는 사람은 사회에서 생존하기 어려울뿐더러 자신의 재능과 포부를 펼칠 기회도 잡을 수가 없다.

백이의 이런 처신이 마치 자신의 원칙을 고수하는 모습처럼 보일 수 있으나, 사실 이는 도량이 좁고 너그럽지 못한 행동이다.

한편 백이와 뚜렷한 대비를 이루는 한 사람이 있다. 그 사람은 누구와도 잘 어울렸으며, 도덕적으로 결함이 있는 사람의 밑에서 일하는 것을 치욕스럽게 여기지 않았다. 또한 자신의 능력이 부족하다 해서 열등감을 느끼지도 않았다. 그는 상대가 나를 냉대하거나 욕보여도 원망하기는커녕 자신이 먼저 다가가 그 사람과 벗이 되었다. 이런 사람은 사회에서 누구하고도 잘 융화되고 사람들 사이에서도 인기가 많다.

이런 부류의 사람 중 맹자가 꼽은 대표적인 한 인물이 있다. 그 사람은 바로 유하혜柳下惠다. 유하혜는 꽤 흥미로운 인물로 『논어·미자論語·微子』에는 그와 관련된 한 가지 일화가 기록돼 있다.

유하혜는 노魯나라에서 형벌을 관리하는 관직을 맡고 있었다. 오늘날로 치자면 교도소장으로, 감옥 전반의 사무를 책임지는 역할이다. 그런데 그가 여러 차례 관직에서 파면되자 어떤 이가 이해가 되지 않아 그에게 물었다. "벌써 몇 번이나 관직에서 파면됐으면서 여태 노나라를 떠나지 않는 이유가 무엇인가?"

그러자 유하혜가 대답했다. "나처럼 이렇게 항상 정직한 방법으로 사람을 대하면, 어디를 간들 지금처럼 관직에서 파면되는 일이 또 생기지 않겠습니까? 또한 정직한 방법으로 사람을 대할 필요가 없다면 굳이 고국을 떠나야 할 이유도 없지 않겠습니까?"

결국 유하혜가 하려는 말의 요점은 이렇다. "이 세상의 까마귀가 대부분 까맣듯이, 나라의 체제도 마찬가지다. 그러니 내가 이곳에서 파면될 수 있다는 것은 다른 곳에 가서 일해도 마찬가지로 파면될 수 있다는 뜻이다."

얼핏 일리 있는 말처럼 들린다. 하지만 곰곰이 생각해 보면 그가 한 말에는 논리적 맹점이 존재한다. 그는 온 세상이 모두 똑같다고 생각하는 오류를 범했다. '나무는 옮겨 심으면 죽지만, 사람은 환경이 바뀌면 더 나아질 수 있다'라는 말처럼, 사람은 자신에게 맞는 환경으로 옮기면 더 많은 능력을 발휘할 수 있다. 하나 만약 이 세상에 나와 맞는 환경은 없고 어디든 다 똑같다고 생각한다면, 내가 어디를 가서 무엇을 해도 결과는 똑같지 않겠는가. 이것이 바로 유하혜가 범한 논리적 모순이다.

유하혜와 백이는 서로 완전히 상반된 방향으로 삶을 살았다. 유하혜의 경우 사람들과 잘 어울려 지냈지만, 처신에 있어서는 올바른 일과 나쁜 일을 분별하지 않고 행했다. 이 점 때문에 맹자는 '유하혜는 신중하지 못하다'라고 지적했으며, 그의 처신 또한 점잖지 못하고 경솔하며 원칙이 없다고 말했다. 물론 이런 사람들은 생각이 유연해서 사람들과 쉽게 친해지고 임기응변에도 능하지만, 권세에 빌붙어 이익을 꾀하거나 불한당을 도와 악행을 일삼을 가능성도 있다. 백이와 유하혜 같은 사람은 우리 사회에 아주 많다. 또 어떤 이들은 일부러 자신을 이런 부류의 사람으로 포장한다. 그래야 자신이 개성 있어 보이고 특별해 보일 것이라 생각하기 때문이다.

요즘 텔레비전에서 방영되는 몇몇 유행하는 프로그램을 보면 이런 부류의 사람을 심심치 않게 발견할 수 있다. 그들은 자신을 내세우기 위해 자기에게 어떤 꼬리표를 붙인다. 그 꼬리표는 단순하고 독특할수록 사람들의 입소문을 타기가 쉽다. 심지어 어떤 이들은 자신의 인지도를 높이려고 일부러 자기 결점을 부풀려 떠들기까지 한다.

분명한 것은 이 모두 올바른 처세가 아니며 본받을 가치도 없다는 것이다. 우리가 진정으로 본받아야 할 사람은 자기 처신의 원칙과 자신이 정한 최소한의 기준을 지키려고 노력하되, 사회 분위기나 흐름에 맞춰 그때그때 변화하고 적응하려고 노력하는 사람이다.

 나다움을 지키는 '원칙과 유연함'이라는 저력

자신의 원칙을 굳게 지켜낸다는 것은 자신의 신념과 가치관이 굳건하게 살아있음을 의미한다. 또한 유연하게 자신을 바꿀 수 있다는 것은 사회적 환경과 이 세상에 적응함을 의미한다. 그러므로 세상을 살아가는 우리에게 '원칙'과 '유연함' 이 둘 중 어느 것 하나도 없어서는 안 된다.

선택하라,
목숨만큼 진중한 선택을 하라!

가져도 되고 가지지 않아도 되는데, 가진다면 청렴함을 해치게 되고,

可以取, 可以無取, 取傷廉.

줘도 되지만 주지 않아도 되는데, 준다면 은혜의 깊이를 떨어뜨리게
된다.

可以與, 可以無與, 與傷惠.

죽어도 되고 죽지 않아도 되는데, 죽는다면 용맹함의 진정성을 떨어
뜨린다.

可以死, 可以無死, 死傷勇.

『맹자·이루 하孟子·離婁下 편』

우리는 살면서 수많은 갈림길 위에 서게 되고, 몇 차례의 큰 기회

를 만나기도 한다. 사실 우리는 인생의 갈림길에 설 때마다 '선택'이라는 문제에 부딪힌다. '선택'이란 취사取舍, 즉 취하거나 버리는 것을 의미한다. 자신의 의지로 얻는 것, 남이 내게 줘서 갖는 것, 심지어 타인을 위한 헌신까지도 선택으로 결정된다.

청나라 국정을 쥐락펴락했던 화신은 어렸을 적 무척 가난했고 일찍이 부모를 여의었다. 하지만 화신은 남달리 총명해서 금세 두각을 드러내 23살이라는 젊은 나이에 황제의 시종이 되었다. 그때부터 화신은 지위가 날로 상승하며 승승장구했다.

이후 화신은 운남雲南과 귀주貴州, 두 지역을 관리하던 이시요李侍堯의 재물 횡령 사건을 조사하던 중 선택의 기로에 선다. 본래대로라면 공정하게 사건을 처리했을 그였지만, 막상 이시요와 그를 따르던 무리가 횡령한 거액의 재산을 보고 나니 사사로운 욕심에 눈이 멀고 만다. 결국 화신은 그들의 재산을 개인적으로 빼돌려 착복하는 선택을 하게 된다. 여기에 건륭제가 하사한 재물까지 더해지니 화신은 막대한 재물이 가져다주는 쾌락과 권력에 취하고 만다. 그때의 선택으로 인해 화신의 야심은 나날이 커졌다. 그는 자신의 직위를 이용해 재물을 가로채고 불한당들과 작당하여 사리사욕을 채웠다. 또한 자신의 의견과 다른 사람들은 가차 없이 제거했다. 이후 막대한 권력을 손에 쥐게 된 화신은 황제를 기만하고 조정의 일을 제멋대로 좌지우지하는 등 점점 타락의 길로 빠졌다.

하지만 화신은 건륭제가 붕어한 뒤 빠르게 권력을 잃게 된다. 가경제는 화신이 저지른 중죄 열 가지를 열거한 뒤 화신의 재산을 몰수하고 그를 감옥에 가두었다. 그리고 최후에는 옥중에서 자결하라는 명령을 내렸는데, 그때 화신의 나이가 고작 49세였다. 황제의 총애를 받고 막대한 권력을 쥐었던 화신은 재물과 권력을 탐닉하는 잘못된 선택을 했다. 그로 인해 결국 목숨까지 잃게 되었다.

화신이 매 순간 내린 선택들이 결국 이 같은 비극을 초래한 것이다.

선택에 관해 맹자가 남긴 가르침이 있다.

"가져도 되고 가지지 않아도 되는데 가진다면 청렴함을 해치게 되고, 줘도 되고 주지 않아도 되는데 준다면 은혜의 깊이를 떨어뜨리게 된다.

또한 죽어도 되고 죽지 않아도 되는데, 죽는 것은 용맹함의 진정성을 떨어뜨리게 된다."

여기서 '줘도 되지만 주지 않아도 되는 것'이라는 대목이 잘 이해되지 않을 것이다. '기꺼이 타인과 나누려는 마음과 선행을 베푸는 행동은 나쁠 게 없지 않나?', '어차피 줘도 되고 안 줘도 되는 것이면 차라리 주는 것이 더 편하지 않을까?' 아마도 이런 생각이 들었을 것이다. 하지만 맹자는 타인에게 무언가를 주는 행위에도 신중함이 필요하다고 생각했다.

그 이유는 이렇다. **마음 내키는 대로 베푸는 행동은 본래의 의도가 변질하여 마치 상대를 동정해서 주는 행위, 또는 인정을 파는 행위로 보일 수 있다. 또한, 기회비용을 중요하게 따지는 이들의 경우 받는 것에 익숙해져 나중에는 상대에게 받을 생각만 하게 된다.**

따라서 베풂에도 지혜가 필요하다. 베푸는 목적을 생각해야 하고 베푸는 방법에도 신경을 써야 한다. '물고기를 주는 것보다 물고기 잡는 법을 알려주는 게 낫다'라는 말이 있지 않은가. 이 말 역시 받는 것에 익숙한 이에게는 무조건 베푸는 것만이 능사가 아니라는 이치를 담고 있다.

반면 남에게 신세 지는 것을 극도로 불편하게 여기는 사람들도 있다. 이런 사람들은 누군가의 베풂이 자신의 처지를 동정해서 주는 것이라 여길 수 있다. 가령 줘도 되고 안 줘도 되는 상황인데 이들에게 무언가를 주는 선택을 하게 되면, 오히려 서로 간의 감정을 상하게 할 수 있다. 따라서 반드시 누구에게나 다 베풀어야 한다는 생각을 가질 필요는 없다. 베풂으로 모두에게 좋은 사람이 되고 싶다는 생각 또한 버려야 한다. 이것이야말로 베푸는 자가 해야 할 올바른 선택이다.

한편 마지막 구절에서 맹자는 '생과 사'를 언급했는데, 이 구절은 앞의 두 구절보다 좀 더 깊은 의미를 담고 있다. 여기서 생과 사는 사람의 지조와 관련이 있다. 사람의 지조는 정의 또는 선과 악이 눈앞에 있을 때 내리는 선택에 영향을 준다. 정의롭게 죽음을 선택하는 경우는 예나 지금이나 누구나 쉽게 할 수 있는 선택이 아니다.

생사를 결심할 때는 용기가 필요하다. 하지만 한 가지 우리가 유념해야 할 점이 있다. 용감한 것과 미련한 것은 분명 다르다. '곤륜산과 같은 나의 호연지기는 영원히 남아있을 것'이란 말을 남기고 죽은 담사동은 나라가 망국의 길로 치닫고 있을 때 일말의 두려움 없이 정의를 위해 목숨을 희생했다. 죽음도 불사한 담사동의 희생은 절개를 굽히지 않겠다는 의지의 표현인 셈이다. 담사동은 자신의 강직한 기개를 후대 사람들에게 계승했으며, 자신이 구국 운동의 기폭제가 되기 위해 목숨을 희생했다. 이것이 바로 대의다.

 ## 생사를 결정짓는 '선택'이라는 저력

'선택'은 개인과 전체의 발전 방향에 영향을 준다. 따라서 우리는 올바른 선택을 해야 중요한 순간에 잘못을 범하지 않거나 잘못을 범할 가능성을 줄일 수 있다. 아울러 인생을 살아가는 동안 자기 생각과 신념대로 행동하고 또 자신이 정한 최소한의 기준을 지켜가며 살아갈 수 있게 된다.

적절히 조화를 이루는
갈대처럼 흔들려라

백이는 성인 중 가장 청렴한 사람이고, 이윤은 성인 중 가장 책임감이
강한 사람이며, 유하혜는 성인 중 가장 조화로운 사람이다.
伯夷, 聖之清者也 ; 伊尹, 聖之任者也; 柳下惠, 聖之和者也.
공자는 성인 중 가장 시의적절하게 행하는 사람으로,
이들 성인을 집대성한 것이 바로 공자다.
孔子, 聖之時者也. 孔子之謂集大成.

『맹자·만장 하孟子·萬章下 편』

시간은 물리량이다. 자연 과학의 각도에서 설명하면 시간은 영원
히 앞으로 나아가고, 시간의 법칙은 영원히 유지된다. 또한 시간은
영원히 외부 환경의 영향을 받지 않는다. 사람은 처음 두 눈을 뜨고

이 세상을 느끼기 시작하는 그 순간부터 운명적으로 시간과 평생을 함께하게 된다. 사람들은 시간이 소중하다는 말을 자주 하면서도 시간 때문에 괴로워하는 경우도 많다. 어떤 이들은 일할 때 시간이 부족하다는 불평을 자주 한다. 그런데 아무 일을 하지 않을 때는 또 시간이 너무 느리게 간다고 느낀다. 사실 시간 자체는 아무런 변화가 없다. 그저 사람들이 자신이 맞닥뜨린 상황 혹은 여러 가지 감정으로 시간을 다양한 색으로 물들이는 것뿐이다.

우리는 일상에서, 그리고 직장에서 독특한 개성을 가진 사람을 종종 만나게 된다. 성격이 뚜렷하고 독특한 사람은 일반적으로 특정 분야에서 어느 정도 성과를 이뤄낸다. 하지만 동시에 그들은 한가지에 너무 집착하는 성격 때문에 현실에서 상처를 입기도 한다.

예를 들어보자. 갓 대학을 졸업한 젊은이들은 장밋빛 미래를 꿈꾼다. 하지만 현실 사회에서는 그들이 꿈꾸는 대로 미래가 펼쳐지지 않으니 그들은 사회생활을 견디지 못하고 세상의 불합리한 것들에 분개한다. 그러다 시간이 흐르면 서서히 사회의 발전 법칙과 일의 규칙을 이해하게 되고, 점차 안정적으로 사회생활을 이어가게 된다.

사회에는 불합리한 것에 분개하는 이들도 있지만 성실하고 책임감이 강한 사람도 있다. 이런 사람은 일할 때 다른 일에는 관심을 두지 않기 때문에 자신이 맡은 일에만 최선을 다한다. 불합리한 것에 분개하는 이들과는 다르게 이들은 매우 안정감 있는 모습을 보여준다. 기업 오너들도 이런 부류의 사람을 선호한다. 오너의 눈에 보이는 이들은 무척 성실하고 업무 효율과 업무 능력도 뒤처지지 않는 데다, 지불해야 하는 비용 또한 높지 않기 때문이다. 이런 특징을 모두 갖춘 사람을 고대의 인물 중에서 찾으라 하면 이윤伊尹을 꼽을 수 있다.

이윤은 일에 대한 책임감이 매우 강한 사람으로 유명하다. 그는 상商나라의 탕湯임금을 도와 국가를 관리하는 방법을 제정했으며, 후세에 현명하고 책임감 있는 사람의 본보기가 되었다. 이에 맹자는 이윤을 '성인 중에 가장 책임감이 강한 사람'이라고 칭했다.

하지만 이런 성격을 가진 사람 역시 또 다른 극단적인 모습으로 변할 수 있다. 한 회사에서만 십여 년을 일한 사람들의 경우 맡은 직무만으로는 승진할 기회가 많지 않다. 가령 회사 내의 상품 관리 업무는 회사 운영에 필요한 일이자 해당 업무에만 특화된 전문성을 요하는 일이다. 이 말은 곧 승진 기회도 그다지 많지 않은 일이란 뜻이다. 따라서 상품 관리 직원으로 십여 년을 일해도 월급은 크게 변동되지 않는다. 십 년 전 월급이 3,000위안(약 53만 원)이었다면 십 년 후 월급은 6,000위안(약 107만 원)으로 임금 상승 속도가 물가 상승률보다도 느리다. 결국 일을 할수록 업무 숙련도는 늘겠지만 그만큼 가난해질 것이다. 당연히 생각의 전환도 쉽지 않게 될 것이다.

불합리한 것에 분개하는 사람이나 성실하고 책임감이 강한 사람, 이 두 부류의 사람 말고도 자주 눈에 띄는 부류의 사람이 있다. 바로 '중재자'다.

중국 전통문화에서는 '조화로움和'을 중요하게 생각한다. 대다수 사람이 원만한 직장 생활을 하고 싶어 하는 이유도 화목한 분위기가 만들어져야 회사와 각 조직의 역량이 하나로 뭉쳐질 수 있다고 생각하기 때문이다.

춘추시대의 유하혜의 경우 어떤 계급의 사람과 있어도 원만한 태도를 유지했다. 그래서 맹자는 그를 '성인 중에 가장 조화로운 사람'이라고 칭했다. **그렇다면 정말 '타인과 조화를 이루며 원만하게 지내는 사람'은 지금의 기업에도 적합한 인재일까? 그것은 확실하지 않다. 원만하게 잘 지내는 것도 필요하지만, 절대적으로 꼭 그래야만 하는 것은 아니다. 얼굴을 붉히고 싸워야 할 때 화합만을 고집한다면 그 기업은 틀림없이 서서히 망해갈 것이다.** 따뜻한 물속에 담긴 개구리가 겉보기에는 편안해 보일지 몰라도, 실제로는 무시무시한 고통이 서서히 개구리를 옥죄게 되는 것처럼 말이다. 따라서 논쟁해야 하는 상황에서는 반드시 논쟁해야 한다. 투자의 귀재 워런 버핏은 이렇게 말했다.

"좋은 아이디어는 항상 논쟁을 통해 얻어진다."

사실 논쟁의 본질은 싸움이 아니라 소통과 교류다. 회사가 이러지도 저러지도 못하는 곤란한 상황에 빠졌을 때 때로는 열띤 논쟁을 통해 완벽한 해결책이 도출되기도 한다.

적시適時를 아는 시대의 현인, 공자

어떤 성격이든 각각의 장단점이 있다. 백이와 이윤 그리고 유하혜까지 그들의 인성은 실제로 우리가 일할 때 본보기로 삼아 배워야 할 것들이다. 아울러 이 세 성인이 가진 지혜와 장점을 모두 합쳐놓은 사람이 바로 공자다. 다만 공자가 지향한 삶의 태도는 앞의 세 성인과 차이점이 있다. 공자는 이 세 사람의 장점을 인정하면서도 "사람은 어떤 성격에 속박되면 안 되고, 자기가 살고 있는 시대에 순응해야 한다."라고 말했다. 시대가 달라지면 그 시대 상황에 맞는 처신 방법을 선택해야 하기 때문이다. 그래서 맹자는 공자를 '성인 중에 때를 잘 아는 사람'이라고 칭했다.

앞서 언급한 세 가지 성격의 폐단을 유심히 본 사람이라면 충분히 눈치챘으리라 생각한다. 불합리한 것에 분개하는 성격, 책임감이 강한 성격, 원만하고 조화를 잘 이루는 성격의 폐단 모두, 때에 순응하지 않았기 때문에 초래된 것이다. 불합리한 것을 참지 못하는 사람이 안정적으로 일에 집중하기 힘든 만큼 사회에 큰 불만을 느끼는 이유는 그들이 사회에 잘 융화되지 못했기 때문이다. 그들은 시대와 시간을 자신의 적으로 생각한다. 하지만 그래 봐야 결국 상처를 받는 것은 언제나 자기 자신뿐이다.

책임감이 강한 사람의 경우 어떤 한 가지 일에 너무 매몰되어 시야가 좁아지기 쉽다. 그렇게 되면 결국 전체를 보지 못하고 부분만 보게 되는 우를 범하게 된다. 세상은 이미 많은 것이 달라졌는데 이들은 여전히 타성에 젖어 때에 맞춰 변화를 꾀하지 못한다.

마지막으로 '조화를 이루는 것'의 의미를 해석해 보자. 조화를 이루는 것과 싸우는 것 역시 각각의 시대와 각각의 상황에 맞춰 결정해야 한다. 맹자가 말하길 "벼슬을 하는 게 좋을 때는 벼슬을 하지만 그만둘 만할 때는 그만두고, 오래 머무를 만하면 오래 머무르지만 떠날만할 때는 떠나는 사람이 바로 공자이시다可以仕則仕, 可以止則止, 可以久則久, 可以速則速, 孔子也."라고 했다. 맹자의 이 말은 공자처럼 시간의 법칙을 통찰하는 법을 배워서 때에 맞게 해야 할 일을 하라는 뜻이다.

거친 바위 사이도 유연히 흐르는 '물' 같은 저력

복잡하게 변화하는 지금의 사회에서 지나치게 어떤 한 가지 방식을 고집한다면 그로 인해 동반되는 불가피한 폐단을 끊어낼 수 없다. 그러니 시대의 변화에 따라 끊임없이 발전하는 법을 배우고, 더 나아가 시간을 앞서 걸어가야 한다. 그래야만 더 많은 지식을 습득하고 더 풍부한 경험을 쌓을 수 있을 것이다. 그 어떤 굴곡진 바위 사이도 거침없이 흘러 바다로 향하는 유연한 물처럼 말이다.

비워야 채울 수 있는
인생이라는 상자

하지 않아야 하는 일이 있어야 이후에 해야 할 일을 할 수 있다.

人有不爲也，而後可以有爲.

『맹자·이루 하孟子·離婁下 편』

인생은 본래 끊임없이 선택하는 과정이다. 맹자는 선택의 의미에
대해 이렇게 말했다.

"하지 않아야 하는 일이 있어야 이후에 해야 할 일을 할 수
있다."

이 말은 '어떤 일은 포기하고 하지 않아야만 그 이후에 다른 어떤

일을 성취할 수 있다'는 뜻이다. 다시 말해 두 마리 토끼를 모두 잡을 수는 없으니, 어떤 일을 성취하고 싶다면 반드시 어떤 일은 포기해야 한다는 뜻이다. 여기서 '하지 않아야 하는 일'이란 말에는 세 가지 뜻이 내포되어 있다.

첫째, '기회의 함정'에 빠지지 말라는 의미다. 창업 과정에서 나는 식사 대접을 받을 일이 종종 있었다. 그리고 매번 식사 자리에 갈 때 유혹에 휩싸였다. 예컨대 술자리에서 어떤 이에게 괜찮은 땅이 하나 있으니 같이 부동산 투자를 해 보자는 제안을 받는 식이다. 일상에서 또는 일 때문에 사람을 만나고 사귀다 보면 누구나 기회를 만난 적이 있을 것이다. 그 기회가 돈을 벌 기회였을 수도 있고, 승진할 기회였을 수도 있다. 하지만 결코 모든 기회가 다 똑같은 기회는 아니다. 어떤 기회는 함정일 수 있다. 대개 기회와 함정은 한 끗 차이다. 함정에 빠지게 되면 모든 기회가 다 좋게만 보인다. 하지만 결과적으로 보면 자기 주위에 셀 수 없이 많은 덫을 파놓은 꼴이 되고 만다.

'우물 파는 사람'이라는 만화가 있다. 이야기는 이렇다. 우물을 파고 싶어 하는 어떤 한 사람이 있다. 그는 물이 있을 것 같은 느낌이 드는 곳부터 땅을 파기 시작했다. 한참을 땅을 파도 물이 보이지 않자 그는 위치를 바꿔 다시 땅을 파기 시작했다. 하지만 그곳에서도 물을 발견하지 못했다. 결국 그는 또 위치를 바꿔 계속 땅을 팠다. 그렇게 계속 반복하며 땅을 팠지만 단 하나의 우물도 파지 못했다. 주변에는 온통 물을 찾겠다고 파놓은 수많은 구덩이뿐이었다.

한편 또 다른 어떤 사람도 물을 찾기 위해 땅을 팠다. 하지만 그는 처음 앞의 사람처럼 여기저기 기웃거리며 땅을 파지 않았다. 그는 정확하게 어떤 한 위치를 찾은 뒤 물이 나올 때까지 계속 땅을 팠다.

이 이야기는 '모든 기회를 다 잡을 필요는 없다. 어떤 기회는 시간을 허비하게 만들고 집중력을 분산시킬 뿐이다.'라는 메시지를 우리에게 던진다.

둘째, 자신의 '원칙'과 자기가 정한 최소한의 '기준'을 잊지 않아야 한다는 의미다.

하면 안 되는 일은 결단코 하지 않아야 한다. 그렇지 않으면 결과적으로 아무것도 이루지 못할 수 있다. 예를 들어보자. 사업을 하다 보면 더 큰 이익을 얻기 위해 고객에게 리베이트를 지급할 때가 있다. 사업주가 눈앞의 이익 때문에 자신의 원칙과 자기가 정한 최소한의 기준을 저버리는 것이나 다름없다. 심지어 리베이트를 지급하는 행위는 법에 저촉될 수 있다. 진정으로 사업파트너에게 만족을 주는 방법은 리베이트를 지급하는 것이 아니라 고객에게 가치를 만들어주고 고객이 겪고 있는 실질적인 문제를 해결해 주는 것이다. 그래야만 고객과 건강한 관계를 맺을 수 있고 사업도 오랫동안 이어 나갈 수 있다.

셋째, 전략 때문에 신경이 분산되지 않도록 해야 한다는 의미다.

워런 버핏은 과거에 자신의 개인 비행기 조종사에게 25가지 목표를 종이에 적어보라고 했다. 그런 다음 그가 적은 목표들을 '어떤 대가를 치르더라도 피해야 할 것들'이라는 목록에서 하나씩 삭제하라고 했다. 워런 버핏은 이렇게 말했다. "어떤 경우에도 이 목록에 있는 일들이 당신의 주의를 끌어서는 안 돼요." 결국 그 조종사는 목표를 5개만 남겼다.

이것이 바로 워런 버핏의 시간 관리 법칙이다. 그는 20%의 중요한 일에만 집중하고, 나머지 80%에 해당하는 차순위 일은 결단코 하지 않았다. 전략에 집중한다는 것은 승리가 가장 유력한 작전지에 총탄을 배치하는 것과 같다. 그렇게 한다면 그보다 더 강한 적과 맞선다 해도 승리할 기회가 있다.

 삼천포로 빠지지 않는 우직한 '집중'의 저력

우리는 항시 맑은 상태의 두뇌를 유지해야 한다. 그래야만 욕망과 사소한 일에 좌지우지되지 않을 수 있다. 아울러 쓸데없는 욕망을 끊어내면 자연스럽게 가고자 하는 길이 정확하게 보일 것이고 목적한 바를 이룰 때까지 용감하게 앞으로 나아갈 수 있을 것이다.

시대의 흐름에 몸을 맡긴 뒤
때를 기다려라

> 뛰어난 지혜를 갖고 있어도 시대를 잘 만나는 것만 못하고,
> 농기구가 있다 해도 농사지을 때를 기다리는 것만 못하다.
> 雖有智慧, 不如乘勢, 雖有鎡基, 不如待時.
>
> **『맹자·공손추 상**孟子·公孫丑上 **편』**

나는 『저위험 창업低風險創業』이라는 책에서 위험성이 낮은 창업
기회를 찾는 법에 관해 이야기한 적이 있다. 그런데 당신이 하고 싶
은 것이 창업이든 아니면 어떤 일의 성공을 이루는 것이든 이 논리
만큼 분명히 알고 있어야 한다. 당신은 창업과 일의 성공의 관건이
무엇인지 찾아야 한다. 여기서 관건이란, 창업 또는 일을 착수하는
시기와 그 시점의 상황을 말한다.

나는 페이스북 창업자 마크 저커버그$^{Mark\ Zuckerberg}$가 인터뷰에서 했던 말이 기억에 남는다. 그는 인터뷰에서 "저는 학교에서 학생들이 다른 동창들의 연락처를 찾기가 너무 어렵다고 불만을 토로하는 모습을 자주 봤어요. 그래서 대학생 명부 같은 것이 있으면 좋을 것 같다고 생각했어요."라는 말을 했다. 저커버그는 자신이 더 빠르고 편리하게 동창의 연락처를 찾을 수 있는 명부를 학교 측에 만들어 줄 수 있겠다고 생각했다. 그리고 이 문제를 계기로 페이스북이 탄생하게 되었다.

예전에 광저우廣州에 위치한 한 쇼핑센터의 사장은 평소 정부에서 발표하는 각종 정책 및 결정 사항 등을 유심히 읽고 연구하기를 좋아했다. 어느 날 그는 광둥성廣東省 정부에서 공시한 문건을 보게 되었다. 문건에는 자금 회전이 빠르게 이뤄질 수 있게 각 사업체 및 공장별로 재고 물건을 처리하라는 내용이 담겨 있었다. 이 쇼핑센터 사장은 이런 생각이 들었다. '기업들이 오랫동안 묵혀둔 재고들을 처리하려면 분명 상업 관계 부처에 저렴한 가격으로 대량의 상품을 넘기려 할 거야. 만약 내가 대형 할인점을 오픈한다면 기업과 소비자에게 모두 큰 관심을 받게 되겠지.'

결국 그는 각 공장에 사람을 보내 저가로 대량의 재고 물품을 사들였고, 이와 동시에 대형 할인 매장을 오픈했다. 그 결과 값싼 물건을 사려는 수많은 고객이 할인 매장에 몰려왔다. 방치되어 있던 재고는 순식간에 인기 상품이 되었다. 쇼핑센터 사장은 수많은 공장이 재고를 처리하도록 도움을 주었을 뿐 아니라 본인 역시 큰돈을 벌 수 있었다.

이러한 것들이 바로 시기를 잘 포착하여 일을 성공으로 이끈 사례다. 맹자의 말을 빌리자면, 위 일화의 주인공은 '시기를 포착하는 것'과 '때를 기다리는 것'에 능한 사람인 셈이다.

『맹자·공손추』에서는 이와 관련하여 맹자와 그의 제자 공손추公孫丑가 나눈 대화가 있다. 공손추가 맹자에게 물었다. "만약 스승님께 제나라의 요직에 오를 기회가 생긴다면, 관중管仲과 안자가 이룬 업적을 다시 한번 실현하실 수 있으시겠습니까?" 알다시피 관중과 안자 모두 제나라에서 가장 뛰어난 인물로 유명하다. 실제로 관중은 제나라 왕 환공桓公을 보좌했고, 안자는 경공을 보좌했다. 두 사람 모두 상당한 정치적 업적을 남겼으며 제나라 사람들도 모두 이들을 존경했다.

하지만 맹자는 관중과 안자를 자신과 동일시하지 않았다. 두 사람 모두 인의를 무시하고 무력이나 권모술수를 쓴 '패도'로 천하를 다스렸지만, 맹자 본인은 왕도로 천하를 다스려야 한다고 주장했기 때문이다. 또한 맹자는 관중과 안자가 재상이었을 당시 제나라의 세력과 부의 규모 정도면 왕도 정치를 펼쳐 충분히 천하를 통일할 수 있었으리라 생각했다. 이에 공손추는 이해가 되지 않아 다시 물었다.

"스승님께서는 왕도 정치로 천하를 다스릴 수 있다고 생각하시지만, 인자하고 덕망 높은 주周나라의 문왕文王은 어째서 아흔이 넘는 나이까지 수십 년 나라를 다스렸음에도 천하를 통일하지 못한 것입니까? 결국 주나라 3대 왕인 성왕成王에 이르러 주공周公의 도움을 받아 천하가 통일되지 않았습니까?"

이때 맹자가 내놓은 답은 오늘날까지도 여전히 명언으로 회자되고 있다.

> "제나라 사람 말에 이르길, 뛰어난 지혜를 갖고 있어도 시
> 대를 잘 만나는 것만 못하고, 농기구를 갖고 있다 해도 농사
> 지을 때를 기다리는 것만 못하다."

이 말을 해석해 보면 다음과 같다. 제나라 사람이 말하길, 아무리 훌륭한 지혜를 갖고 있다 해도 그 지혜를 발휘하기 유리한 때를 만나야 지혜를 제대로 발휘할 수 있다. 마찬가지로 큰 호미나 괭이를 가지고 있으면 당장 땅을 일구는 것은 가능하나 적합한 때를 기다려야만 농사를 지을 수 있다. 추운 한겨울에 농기구를 들고 나가 땅을 일군들 무엇을 수확할 수 있겠는가?

좀 더 구체적으로 풀이하자면 이렇다. 주나라의 문왕은 인자하고 덕망이 높고 지혜로운 인물이었으나, 당시 문왕이 통치하던 때는 나라 형세가 좋지 못했다. 땅도 좁고 인구도 적었다. 당시 주나라가 가진 것이라고는 기산岐山 아래 약 40킬로미터에 이르는 조그만 땅덩이뿐이었다. 문왕은 아무것도 가진 것이 없는 열악한 상황에서 나라를 세웠고, 그렇게 나라를 세운 지 100여 년이 흘러서야 나라다운 모습을 갖추게 된 것이다. 성왕이 주나라를 다스렸을 즈음에는 이미 모든 것을 안정적으로 갖춘 상태였기에 성왕이 천하를 통일시킨 것은 지극히 자연스러운 결과였다. 성왕의 재위 당시 주나라는 부유했고, 국토의 크기도 광활했으며, 백성 수도 많았다. 따라서 맹자는 당시와 같은 형세에서는 인정(어진 정치_역주)을 펼치기만 하면 천하 통일은 될 수밖에 없는 상황이었기 때문에 아무도 주나라의 천하 통일을 막을 수 없었을 것이라 생각한 것이다.

시대의 흐름과 시기를 포착하는 매의 눈

맹자와 공손추의 대화는 우리에게 '시대의 흐름과 시기를 잘 포착하여 일을 도모할 줄 알아야 한다'는 메시지를 준다. 그렇다. 시기를 잘 포착하고 때를 기다리는 것이 창업과 일의 성공을 이끄는 관건임은 확실하다. 시대를 잘못 타고나거나 시기가 맞지 않으면 아무리 노력해도 이렇다 할 성과를 거두지 못할 수도 있다. 역사상 수많은 발명가가 그러했다. 그들은 많은 시행착오와 우여곡절을 거쳐 발명품을 세상에 내놓았지만, 시대를 잘못 타고난 탓에 사람들에게 인정받지 못하고 결국 궁핍한 생활을 면치 못했다. 반면 후세에 시대의 흐름에 잘 편승했거나 시기를 잘 포착한 이들은 이전 세대의 발명가들이 개발한 발명품을 이용해 큰돈을 벌어들이기도 했다.

맹자는 대국이 어진 정치를 펼치면 천하를 통일할 수 있다고 말했지만, 나는 개인적으로 맹자의 생각에 동의하지 않는다. 요즘 대기업들을 보면 약간만 삐걱대도 회사가 망하는 경우가 있다. 대다수는 어떻게 그렇게 큰 기업이 망할지도 모른다는 말이 나오자마자 망해버릴 수 있냐며 이해하지 못한다. 겉으로 볼 때는 대기업 경영이 별것 아닌 것처럼 보이겠지만, 사실 대기업도 대기업만의 고충이 있다. 한 회사의 규모가 커지면 그만큼 여러 가지 불가피한 상황에 직면하게 된다. 운영에 투입되는 비용, 관리해야 하는 체계 및 시스템 등 신경 써야 할 것이 소규모 회사와는 비교가 안 될 정도로 많다. 그래서 사람들이 '창업하기는 쉬워도 사업을 유지하기는 어렵다'는 말을 하는 것이다. 대기업이든 대국이든 한 번의 잘못된 의사 결정으로 자칫 회복 불능의 상태에 빠질 수 있다.

적기와 적시를 간파하는 '통찰'의 저력

맹자는 관중과 안자가 재상이었을 시절의 제나라는 왕도를 펼치기 쉬웠다고 말하지만, 맹자가 큰 나라를 운영해 본 경험과 그것이 얼마나 어려운지에 대한 인식이 부족했기에 그렇게 말할 수 있었을 것이다. 아울러 맹자는 한 대국에서 무언가를 바꾸고 없애는 것이 얼마나 어려운 일인지까지는 생각하지 못했던 것 같다.

하지만 그렇다 해서 '뛰어난 지혜를 갖고 있어도 시대를 잘 만나는 것만 못하고, 농기구가 있다 해도 농사지을 때를 기다리는 것만 못하다'는 맹자의 가르침에 반대하는 것은 결코 아니다. 시대의 흐름을 잘 읽고 때를 기다려야 한다는 맹자의 가르침만큼은 우리가 창업할 때나 일의 성공을 이뤄가는 과정에서 꼭 새겨들어야 할 말이다.

세상을 벗어난 마음으로
세상에 얽매인 일을 하라

> 내게는 직책도 없고 진언할 책임도 없으니,
>
> 나서고 물러섬에 있어 어찌 마음의 여유가 없을 수 있겠는가?
>
> 我無官守, 我無言責也, 則吾進退, 豈不綽綽然有餘裕哉
>
> **『맹자·공손추 하孟子·公孫丑下 편』**

'판덩독서'를 막 준비할 당시 나는 여전히 대학 강사로 일하고 있었다. 나의 한 달 월급은 6,000위안(약 115만 원)이었지만, 매주 반나절 정도만 일했고 수많은 젊은 학생들을 만나 소통할 기회도 많았다. 나는 특히나 이 점이 좋았다. 하지만 주변에서는 다들 "창업을 마음먹었으면 창업에만 몰두해야지!"라고 충고했다.

이후 나는 정말로 창업을 했다. 하지만 내가 선택한 창업 모델은 '양다리 걸치기'였다. 실제로 나는 대학에서 계속 강사로 일하면서 '판덩독서'를 창립했다. 내가 대학 강사직을 그만둔 시기는 '판덩독서'의 연간 매출이 5,000만 위안(약 95억 원)을 돌파했을 때다.

아마 대부분은 '창업까지 한 사람이 왜 굳이 6,000위안의 월급을 받는 일을 계속 유지했을까?'라는 궁금증이 생길 것이다.

불현듯 『반 취약성Antifragile:Things That Gain from Disorder』이라는 책에서 나온 한 가지 개념이 떠오른다. 그 개념의 이름은 '바벨 전략'이다. 바벨 전략은 창업자가 여러 가지 대안을 준비하고 자신이 가진 시간, 에너지, 자원을 합리적으로 분배함으로써 자신에게 충분한 선택권을 남겨두는 전략이다.

공자와 맹자는 일찍이 이러한 이치를 깨닫고 우리에게 좋은 본보기를 남겼다. 가령 공자는 이렇게 말했다.

"나라에 도의가 서 있으면 벼슬을 하고,
나라에 도의가 무너지면 벼슬에서 내려와 자신을 감춘다.
邦有道, 則仕,邦無道, 則可卷而懷之."

이 말은 나라가 번성하고 뜻을 펼치기 좋을 때는 벼슬을 하지만, 그렇지 못할 때는 낙향하여 가르치는 일을 하겠다는 의미다.

한편 맹자는 이렇게 말했다.

"내게는 직책도 없고 진언할 책임도 없으니, 나서고 물러섬
에 있어 어찌 마음의 여유가 없을 수 있겠는가."

이 말은 내게는 관직도 없고 진언을 올릴 책임 없으니 내가 떠
날지 남을지는 내 결정에 달려 있다는 의미다.

공자의 말은 아주 쉽게 이해가 되는데, 맹자의 말은 어쩐지 이해
가 잘 안 되는 느낌이 든다. 사실 맹자가 이 말을 꺼낸 데에는 나름
의 배경이 있다.

맹자가 제나라에서 왕도 정치를 설파하던 당시 지와蚳鼃라는 사법
관이 있었다. 그는 문제를 발견하고도 선왕에게 간언하지 않았다.
맹자는 지와에게 "사법관으로서 그렇게 행동하시면 안 됩니다. 문
제가 있으면 왕에게 보고하고 간언을 올리셔야 합니다."라고 말했
다.

지와는 맹자의 말대로 했으나 선왕은 그의 말을 귀담아듣지 않았
다. 결국 지와는 화가 나 관직을 내려놓고 떠나버렸다. 이때 맹자에
대한 제나라 사람들의 의견이 분분해지기 시작했다. "맹자께서는
선왕에게 몇 번이나 간언을 올렸지만 선왕께서는 그의 말을 듣지

않으셨네. 그런데 맹자께서는 어찌 떠나지 않으시는 건가?"

이 물음에 맹자가 답했다.

"관직이 있는 사람은 그 직책을 수행할 수 없게 됐을 때 관직을 내려놓고 떠나면 된다. 또한 진언을 올릴 책임이 있는 사람은 군왕이 그의 말을 듣지 않을 때 떠나면 된다. 하나 나는 관직에 매여있지도 않고, 진언을 올릴 책임도 없다. 그러니 내가 제나라에 남고 떠나고는 내 마음에 달려있지 않겠는가?"

맹자의 이런 생각 역시 일종의 '바벨 전략'이라고 볼 수 있다. 맹자 자신은 체제 안에 매여있는 사람이 아니니 떠나는 것과 남는 것 모두 가능하지만, 지와는 '이래도 걱정, 저래도 걱정'할 수밖에 없는 처지이니 관직에서 물러나도 마음이 편치 않을 것이란 이야기를 하는 것이다.

무한 게임의 참여자처럼 얽매임 없이

조금 다른 각도에서 보자면 맹자가 선택한 것은 무한 게임이고 지와가 선택한 것은 유한 게임이다. 『유한 게임과 무한 게임Finite and Infinite Games』이란 책에서는 한 가지 아주 중요한 규칙이 나온다.

유한 게임에 참여하는 사람은 일정한 자격을 갖춰야 한다. 가령 맹자가 말한 것처럼 관직이 있다든가 간언을 할 책임이 있다든가

하는 것이다. 예전에 나의 아버지는 내가 제대로 된 일을 하지 않는다고 자주 쓴소리를 하셨다. 나는 아버지께 독서회를 운영하고 있다고 말했지만, 아버지는 "독서회가 무슨 직업이냐, 대학 강사 정도는 되어야 제대로 된 직업이지. 대학 강사로 꾸준히 일하면 나중에 직함이라도 생기지 않겠니?"라고 우려하셨다.

이것이 바로 유한 게임이다. 유한 게임은 반드시 일정한 자격을 갖춰야만 게임에 참가할 수 있다. 자격을 갖고 있지 않은 사람은 이 게임 자체를 할 수가 없다. 이를테면 지와는 관직을 버리고 떠났기 때문에 유한 게임에 참가할 자격을 잃은 것이나 다름없다.

하지만 맹자가 선택한 무한 게임은 게임 참가자에게 어떤 자격도 요구하지 않는다. 신분에 상관없이 누구나 참가할 수 있다. 가령 중국 당대 최고의 시인 이백李白은 한림원翰林院(당나라 때 유능한 학자들을 모은 왕립 기구_역주)을 나와서도 평소처럼 시를 쓰며 여생을 보냈다. 북송의 시인 소동파蘇東坡의 경우 벼슬에서 물러난 뒤 해남도海南島로 유배를 갔지만, 그곳에서도 평소처럼 글과 시를 쓰고 지냈으며 미식가이자 발명가로도 이름을 알렸다.

맹자 역시 관직은 없었지만 늘 그랬던 것처럼 여러 나라를 돌아다니며 군왕들과 정사를 논했으며, 여러 제후들이 그의 가르침을 듣기 위해 맹자를 자주 초청했다. 그러니 맹자의 입장에서는 한 나라에 머물다가 마음에 들지 않으면 다른 곳으로 가면 그만이었다.

다시 본론으로 돌아와 정리하자면 이 세 사람은 모두 '무한 게임의 참여자'라 말할 수 있다.

『유한 게임과 무한 게임』이라는 책에서는 사람은 평생 유한 게임이 아니라 무한 게임을 선택하기 위해 노력해야 한다고 말한다. 당연히 그 반대도 가능하다. 무한 게임의 참가자 또한 유한 게임에 참여할 수 있다. 예를 들어 공자는 한때 중도재中都宰(중도라는 지방을 관리하는 재상_역주)라는 벼슬을 맡아 한동안 체제라는 틀 안에서 시간을 보냈다. 하지만 공자는 무한 게임을 하는 마음가짐으로 유한 게임에 참여했다. 그는 게임 규칙에 속박되지 않고 언제든 규칙의 틀에서 벗어났다.

창업할 당시의 내 마음가짐도 그러했다. 창업에 성공하지 못해도 나는 대학에 남아 계속 강사를 할 수 있는 상황이었기 때문에 나는 창업이 손해 볼 일이 아니고, 아무 대안이 없는 무모한 도전도 아니라고 생각했다. 이런 상황에 놓인 사람의 마음가짐을 옛 속담으로 표현하자면 '세상을 벗어난 마음으로 세상에 얽매이는 일을 한다以出世之心, 做入世之事'라고 말할 수 있다. 나는 창업과 강사 일 모두 열심히 했지만, 그 과정에서 결코 득실에 얽매여 전전긍긍하지 않았다. 그저 최선을 다하면 그만이라는 마음으로 임했다.

반대로 세상과 동떨어진 일을 하게 되면 그 일 자체에 얽매이고 매몰되기 쉽다. 매일 머릿속으로 어떻게 하면 단숨에 떼돈을 벌 수 있을지 고민하는 창업자들처럼 말이다. 자신에게 어떤 직무가 주어진 상황에서 매일 다른 사람을 끌어내리고 자신이 더 높은 위치로 올라갈 생각만 한다면 이는 일에 전념하지 못하고 있다는 뜻이다. 일에 전념하지 못하니 결국 한 가지 일도 제대로 해내지 못할 뿐 아니라 일을 통해 얻을 수 있는 즐거움 또한 느끼지 못할 것이다.

 혼동 속 '마음의 여유'를 갖는 자의 저력

'어찌 마음에 여유가 없을 수 있겠는가'라고 말한 맹자의 마음가짐은 지금의 우리가 배워야 할 훌륭한 본보기다.

"내게는 직책도 없고 간언할 책임도 없으니 나서고 물러서는 것 또한 내 마음에 달려있다." 이것이 바로 맹자가 가진 마음의 여유다.

4장

친구를 대하듯
세상을 느끼는 마음

타인의 마음을 분별하는 방법,
지언知言

편파적인 말을 들으면 상대가 감추려고 하는 것을 알 수 있고,

과장된 말을 들으면 상대가 무엇에 집착하는지 알 수 있다.

詖辭知其所蔽, 淫辭知其所陷.

상식에 어긋나는 말을 들으면 상대가 얼마나 이치와 맞지 않는지 알

수 있고, 회피하기 위해 억지로 꾸며내는 말을 들으면 상대가 얼마나

궁한 상황인지 알 수 있다.

邪辭知其所離 遁辭知其所窮.

『맹자·공손추 상孟子·公孫丑上 편』

『논어』의 맨 마지막 편에 나오는 한 구절로, 나는 그 구절이 무척

인상 깊게 다가왔다. 바로 이 구절이다.

"말을 알아듣지 못하면 상대방을 이해할 수 없다.

不知言, 無以知人也."

　이 말은 사람을 사귈 때 상대가 하는 말을 분별해서 듣지 못하면 그 사람을 이해하는 것이 불가능하다는 뜻이다. 말은 '마음의 소리'이기 때문이다. 언어는 한 사람의 생각을 표현하는 도구로, 어떤 생각을 하고 있느냐에 따라 표현되는 언어도 다르다. 그러므로 우리는 한 사람의 언어를 통해 기본적으로는 그 사람의 생각과 목적을 파악할 수 있고, 더 나아가 그 사람의 깊은 속마음과 욕망까지 꿰뚫어 볼 수 있다.

　맹자 역시 '말'과 '언어'에 관한 대화를 여러 차례 나눈 바 있다. 그중 가장 유명한 담화는 『맹자·공손추 상 편』에 나오는 한 단락이다.

　공손추가 맹자에게 물었다.

　"스승님께서는 타인의 말을 분별할 줄 아신다고 하셨는데, 그 말을 어떻게 이해하면 좋겠습니까?"

　여기서 맹자는 매우 인상적인 대답을 내놓았다.

　　"편파적인 말을 들으면 그 사람이 무엇을 숨기려 하는지 알
　　수 있고, 과장된 말을 들으면 그 사람이 무엇에 집착하는지

알 수 있다. 또한 상식에 어긋나는 말을 들으면 그 사람이 어디서부터 잘못되었는지 알 수 있고, 회피하기 위해 얼버무리는 말을 들으면 그 사람이 무엇을 감추려는지 알 수 있다."

맹자는 위 네 가지 유형의 상황이 발생하면 상대의 속내가 무엇인지 판단해냈다. 요컨대 한 사람의 언어란 '그 사람의 마음에서 생겨나는 것'이다. 마음속에 어떤 생각이 있어야 그것이 언어로 표현될 수 있기 때문이다. 그러니 우리는 타인과 대화를 나눌 때 가능한 경계심을 유지한 채 상대의 진짜 생각을 파악하려고 해야 한다. 그렇지 않으면 상대의 거짓말이나 주관적인 말에 이끌려 잘못된 판단을 내리거나 심지어는 큰 손실을 자초하게 될 수도 있다.

'판덩독서'에는 수많은 온라인 판매 업체와 오프라인 가맹점이 있다. 일부 업체와 가맹 점주는 종종 내게 이런저런 의견을 건의한다. 물론 그중 아주 괜찮은 의견도 있지만, 신중히 고민해서 분별해내야 하는 의견도 있다. 예를 들면 예전에 어떤 업체는 '판덩독서의 온라인 콘텐츠가 너무 부실하다', '회원 가입 유도 방식이 너무 단순하다', '이벤트가 너무 없다' 등의 이야기를 했다. 나는 인내심을 갖고 이들이 하는 모든 말에 귀를 기울였다.

그런데 이러한 의견들은 그 업체의 진짜 속마음인 걸까? 꼭 그렇지만은 않다. 나는 각각의 업체와 가맹점이 진짜 필요로 하는 것을 파악하고자 이들을 관찰하고 연구했다. 그런 다음 다시 한번 이들 업체가 정말로 필요로 하는 것에 초점을 두고 문제 해결에 나섰다. 예를 들어 어떤 업체는 우리가 자신들과의 파트너십을 포기할까 봐 걱정했다. 그래서 나는 항상 해당 업체 측에서 계속 이 사업을 이어 나가 주셨으면 한다는 의사를 표현했다. 그랬더니 대화 분위기가 한결 가벼워졌다. 실제로 내 방법이 그 업체가 건의한 문제와는 아무 상관 없을 수도 있다. 하지만 상대가 진짜 필요로 하는 것을 파악해서 그것을 충족시켜 주었기 때문에 그 업체도 자연히 심리적 안정감을 느낀 것이다.

사람의 생각과 의사 결정은 타인의 언어에 간섭받기 쉽다. 사람은 어떤 일을 생각하고 결정을 내릴 때 주로 외부로부터 얻는 정보를 근거로 결정하기 때문이다. 하지만 사람마다 듣고 보고 경험하는 것이 다르고, 상황을 바라보는 시각 또한 다르다. 당연히 문제를 이해하는 시각에도 편차가 있을 수밖에 없다. 만일 자신이 직접 알아보지 않고 다른 사람의 말을 듣고 결정하고 판단하는 것에 익숙해진다면 잘못된 선택을 하기가 쉽다. 특히 회사를 관리할 때는 이 점을 더욱 주의해야 한다. 내가 만난 몇몇 회사 오너들은 유난히 듣기 좋은 말을 좋아했다. 상대가 달콤한 말들로 자신을 치켜세워 준 뒤 부탁할 말을 꺼내면 그들은 흔쾌히 그 부탁을 들어주었다. 그들은 상대가 그런 온갖 달콤한 말을 늘어놓은 배경에 다른 어떤 의도가 있지는 않을지, 혹은 자신의 이익을 위해 은근슬쩍 어떤 사실을 숨기거나 과장하는 것은 아닐지에 대해서는 전혀 신경 쓰지 않았다.

물론 타인의 진짜 속내를 제대로 파악하려면 상대가 내뱉은 말뿐 아니라 그 사람의 행동거지도 함께 살펴봐야 한다. 예를 들어보자. 당신이 회의 중 상사에게 아이디어를 제시했는데, 상사가 고개를 계속 끄덕이며 "좋아요, 좋아요. 누구 씨의 아이디어 참 좋네요. 한번 진지하게 고려해 보죠. 앞으로 나도 그 부분은 신경 써서 볼게요."라고 말했다고 해 보자. 그런데 정작 상사의 눈빛은 매섭고 차가우며 당신을 쏘아보고 있다면 이렇게 해석할 수 있다.

그 상사는 당신이 여러 사람이 보는 앞에서 자신에게 아이디어를 제시한 것이 자신의 체면을 무시한 행동이라고 여기고 불쾌감을 느낀 것이다. 어찌 보면 그 상사는 자신의 속마음을 눈빛으로 '동의한다'는 자신의 표현이 사실은 정반대의 의견을 담고 있음을 이야기한 것일 수도 있다.

나는 『복제 가능한 소통 능력可復製的溝通力』이란 책에서 이런 이야기를 한 적이 있다. 누구나 일상에서 일하면서 나만의 생각과 욕구가 생긴다. 그런데 마음속에 어떤 생각과 욕구가 생겼을 때 우리는 그것을 실현하고 채울 방법을 외부에서 찾곤 한다. 그리고 그 욕구가 만족이 안 되면 우리는 불만스러운 감정을 겉으로 표현한다. 이때 입으로는 "괜찮아요.", "별로 안 중요해요."라고 말할지 몰라도, 이 대답 역시 마음속 생각을 겉으로 표현한 것이나 다름없다. 진정한 '지언知言', 즉 말을 안다는 것은 상대방의 말을 알아듣고 이해하는 것을 넘어 상대방의 마음속 변화까지 알아차리는 것이다.

 상대를 감지하는 '비언어적 태도'의 저력

마음의 소리는 상대방이 말과 행동으로 표현하기 전부터 이미 그의 마음 안에서 울리고 있던 소리이다. 그러니 마음에서 우러나오는 목소리, 감정, 생각 등이 곧 그 사람이 정말로 하고 싶은 '말'임을 기억해야 한다. SNS로 모든 소통이 진행되는 요즘 같은 시대에는 상대방의 마음의 소리를 듣는 것이 정말 어렵다. 무미건조한 문자 몇 마디로 그 사람의 '안녕'이 실제인지, 알맹이 없는 형식적인 '안녕'인지 우리는 알지 못한다. 그러기에 우리는 더더욱 비언어적인 요소로 상대의 마음을 읽는 습관을 들여야 한다.

상대의 눈빛, 목소리, 숨소리, 오늘따라 왠지 더욱더 굽어있는 듯한 뒷모습과 같은 것들은 상대의 마음을 읽을 수 있는 또 다른 '지언'이다.

오랜 친구를 만들기 위한
'삼불三不원칙'

나이가 많다고 상대를 업신여기지 않고, 지위가 높다고 자랑하지 않
으며, 형제 중 부귀한 사람이 있음을 내세우지 않아야 한다.

不挾長, 不挾貴, 不挾兄弟而友.

벗을 사귄다는 것은 그 사람의 덕을 벗 삼는 것이니, 내세우는 것이
있어서는 안 된다.

友也者, 友其德也, 不可以有挾也.

『맹자·만장 하孟子·萬章下 편』

사람은 집에서는 부모에게 의지하고 밖에 나가면 친구에게 의지
한다. 가족과 마찬가지로 친구는 인생에 없어서는 안 될 존재다. 하
지만 현실에서 많은 이들이 친구를 사귈 때 사심, 즉 자기 욕심을

채우려는 마음을 갖는다. 예를 들면 돈과 권력 그리고 능력이 있는 사람과 친구가 되려고 하고, 그런 것들을 가진 사람은 자신에게 도움이 되는 사람이라고 생각한다. 하지만 친구를 사귈 때는 솔직하고 진실한 마음으로 다가가야 한다. 개인의 이익과 욕심만을 좇는 마음으로는 진정한 친구를 사귈 수 없다. 설령 그런 마음으로 누군가를 사귀었다고 해도 그 관계는 대부분 피상적인 관계에 불과할 것이다.

상대방의 권세와 능력 모두 벗을 사귈 때 중요한 것이 아니라면, 우리는 무엇을 중요하게 생각해야 할까? 이에 대해 맹자는 다음과 같이 말했다.

"벗을 사귄다는 것은 그 사람의 덕을 사귀는 것이다."

이 말은 즉, 벗을 사귈 때는 상대방의 인품과 심성을 가장 중요하게 보아야 함을 뜻한다. 이와 함께 맹자는 벗을 사귈 때 해서는 안 되는 세 가지 원칙에 대해서도 말했다.

첫째, 나이를 따지지 않고, 둘째, 지위나 신분을 따지지 않으며, 셋째, 집안의 배경을 내세우지 않는 것이다.

다시 말해 친구를 사귈 때 자신의 나이를 내세우며 남에게 대접받으려 하지 말 것이며, 자신의 부와 재력을 과시하며 남을 함부로 대하지 말 것이며, 제 형제의 권세를 내세워 남에게 으스대고 겁을 주어서는 안 된다는 의미다. 이와 관련해서 맹자는 자신의 조상인 맹헌자孟獻子를 예로 들어 설명했다.

맹헌자는 춘추 시대 때 노나라의 재상이었다. 맹헌자의 집안은 매우 부유했는데, 병력을 수송하는 수레를 수백 대나 갖고 있을 정도였다. 맹헌자에게는 다섯 명의 좋은 친구가 있었는데, 그중 두 사람이 낙정구樂正裘와 목중牧仲이다. 두 사람은 모두 관직이 없었지만 어질고 지혜로운 현인이었다. 맹헌자와 이들 사이의 우정은 매우 두터웠다. 맹헌자는 낙정구와 목중을 대할 때 자신의 지위를 앞세우거나 그들의 신분을 따진 적이 단 한 번도 없었다. 맹헌자는 상대방의 어질고 너그러운 행실을 가장 중요하게 생각했다.

맹자는 맹헌자의 일화 외에도 두 명의 군왕을 예로 들어 벗을 대하는 태도에 대해 설명했다. 전국시대 때 비국費國의 왕이었던 혜공惠公 역시 벗을 사귐에 있어 자신만의 원칙을 가진 인물이었다. 한 나라의 왕이었던 만큼 혜공의 주변에는 자연스럽게 여러 사람이 모였다. 혜공이 그들을 바라보는 시각은 매우 뚜렷했다. 혜공은 이렇게 말했다. "나는 자사를 스승으로 대하고, 안반은 벗으로 대한다吾於子思則師之矣, 吾於顏般, 則友之矣. 그리고 왕순과 장식은 나를 군주로 섬긴다王順,長息, 則事我者也." 혜공은 자사(공자의 손자)는 나의 스승이고,

안반은 나의 벗이며, 왕순과 장식을 비롯한 사람들은 나를 위해 일을 하는 사람이라고 말했다. 여기서 혜공이 벗이라 인정한 안반은 현인으로 유명한 인물이다.

대국의 군왕 중에서도 혜공과 비슷한 인물이 있었다. 맹자는 진晉나라의 왕이었던 평공平公의 일화를 또 예로 들었다.

평공에게는 해당亥唐이라는 벗이 있었다. 평공은 해당을 만나러 갔을 때 그가 들어오라고 하면 들어가고, 앉으라고 하면 앉고, 먹으라고 하면 먹었다. 평공은 해당이 내어온 밥상이 변변치 않아도 아주 맛있게 먹었다. 평공이 해당 앞에서 이처럼 겸손하게 행동한 이유는 앞서 안반과 마찬가지로 해당이 당시 진나라에서 유명한 현인이었기 때문이다.

맹헌자를 비롯해 혜공과 평공이 진정한 벗을 사귈 수 있었던 것은 그들이 벗을 사귈 때 상대의 신분과 지위를 따지지 않고 오직 그 사람의 어질고 너그러운 행실만을 보았기 때문이다. 이들은 어질고 너그러운 행실을 벗을 사귀는 척도로 삼았다. 여기에 '벗을 대할 때 나이, 신분, 집안의 배경을 내세우지 않겠다'는 원칙에 따라 자신의 언행을 삼갔다. 그러니 진정한 벗을 사귀지 못할까 걱정할 일이 자연히 사라졌다.

하지만 현실에서 이와 같이 실천할 수 있는 사람은 많지 않다. 매번 벗을 사귈 때 상대방의 권세와 재력을 우선으로 생각하고, 또 상대에게 보답을 바라기 때문이다. 이런 식으로 관계를 맺게 되면 결국 상대방 앞에서 자기를 낮추게 되고, 심지어는 상대의 시중을 드는 존재로 전락할 수 있다. 이런 관계는 진정한 우정이라 볼 수 없다. 벗을 대하는 올바른 태도란 상대의 지위와 권력이 아무리 대단해도 비굴하거나 오만하지 않게 행동하는 것이다. 우리가 얻고자 하는 것은 벗이지 상대의 권세가 아니기 때문이다.

 ### 가까울수록 빛을 발하는 '예(禮)'의 저력

벗을 대할 때 언행에 거리낌이 없는 이들이 있다. 이런 부류의 사람이 농촌에 있는 본가에 내려갔다가 고향 친구의 초대를 받았다고 예를 들어보자. 이들은 친구가 차린 밥상을 앞에 두고 구시렁대며 투정을 부린다. 음식 맛이 별로여서가 아니라 먹을 게 별로 없다는 이유로 투정을 부리며 상대의 마음에 찬물을 끼얹는다. 이런 상황에서 우리가 취해야 할 태도는 무엇일까? 설령 상대가 준비한 음식이 정말 형편없을지라도 우리는 그 음식을 끝까지 맛있게 먹어야 한다. 이것은 위선이 아니라 예의이며, 세상을 살아가는 데 필요한 기본자세다.

친구를 위한 최고의 덕,
'공경'

만장이 묻기를, "교제는 어떤 마음으로 해야 하는지 감히 여쭙니다."
라고 하니, 맹자가 답하길 "공손함이다."라고 했다.
萬章問曰, 敢問交際何心也, 孟子曰, 恭也.

『맹자·만장 하孟子·萬章下**편』**

　　중국 현대 작가 량샤오성梁曉聲의 장편 소설 『인간 세상人生世』에
나오는 광쯔펜光字片 마을의 '6인방'은 깊은 우정을 보이며 많은 독
자들에게 진한 감동을 선사한다. 가난한 시대를 살았던 그들은 서
로에게 버팀목이 되어 주면서 함께 시련과 고비를 하나하나씩 극복
해 나간다. 우리가 그들의 우정을 부러워하는 이유는 단순히 그들
이 진실한 마음을 나눴기 때문만은 아니다. 그보다 더 중요한 이유

가 있다. 바로 우리가 사는 이 시대에서는 더는 그들처럼 진실한 우정을 나누기 어렵기 때문이다.

'천금은 쉽게 얻을 수 있지만 진정한 벗은 찾기 어렵다'라는 말이 있다. 그 이유를 살펴보면 지금 시대에 만연해 있는 경쟁과 압박감, 그리고 사람을 사귈 때 갖는 태도 및 마음가짐과 밀접한 관련이 있다. 만장萬章과 그의 스승 맹자가 이 문제에 관해 나눈 대화를 살펴보자.

만장이 스승인 맹자에게 가르침을 구하며 물었다. "교제는 어떤 마음으로 해야 하는지 감히 여쭙습니다." 이는 사람이 사람과의 관계를 맺고 이어나갈 때 어떤 마음을 유지해야 하는지를 묻는 것이다. 만장의 질문에 맹자는 단 두 글자로 답했다.

"'공경'이다."

이 말인즉슨, 사람을 사귈 때 공경하는 마음을 유지하는 것이 가장 중요하다는 뜻이다. 공자 역시 이와 비슷한 말을 한 적이 있다.

"군자가 공경하는 마음을 갖고 있으면 실수가 없고,
상대방을 공경하고 예를 갖춰 대하면 천하의 모든 이가 형제가 된다.
君子敬而無失, 與人恭而有禮, 四海之內皆兄弟也."

이 말은 군자가 자신이 하는 모든 일에 진지하게 임한다면 실수할 일이 생기지 않고, 군자가 사람에 대한 공경과 예의를 지킨다면 세상 사람이 모두 군자의 형제가 될 수 있다는 의미다. 그러나 현 사회를 보면 세상 사람을 모두 나의 형제로 만들 수 있는 사람은 극히 드물거니와, 상대에 대한 공경과 예의를 지키지 못해 타인과의 갈등과 충돌을 일으키는 경우가 허다하다. 공자와 맹자 모두 틀림없이 이런 결과를 원하지는 않았을 것이다.

만장과 맹자의 대화는 여기서 끝나지 않는다. 맹자가 만장에게 '벗을 사귈 때 공경하는 마음을 가져야 한다'고 답을 주자, 만장이 또 물었다. "사람들이 말하길 타인의 선물을 거듭 거절하는 것 또한 상대를 공경하지 않는 것이라 하는데, 왜 그런 것입니까?"

이에 맹자가 답했다. "귀한 자가 내게 선물을 보냈는데 그 선물이 예의에 맞는지를 따진 뒤 받는다면 이는 자연히 상대를 공경하지 않는 행동이 되기에 거듭 거절하지 않는 것이다."

다시 말해 만약 웃어른이 우리에게 어떤 선물을 주셨을 때는 너무 많은 것을 헤아리지 말고 그냥 받아두어도 좋다. 이 점은 현대 사회의 인간관계에서도 해당한다.

한편 겉으로는 거절하지 않지만 속으로 거절하는 이들도 있다. 사실 그 마음 또한 너무나 잘 이해할 수 있다. 상대에게서 받는 선물 중에는 분명 떳떳하지 못한 것도 있기 때문이다. 제나라 환공이나 위나라 혜왕이 주는 하사품이 그러했다. 이 두 왕은 백성을 억압하는 가혹한 통치자였다. 한마디로 그들이 하사했던 금은보화는 전부 백성을 착취하여 얻어낸 것이었다.

그렇다면 이들 군왕이 하사품을 보냈을 때 다른 핑계를 내세워 받지 않는 것도 안 되는 것일까? 하지만 맹자는 이에 대한 생각이 달랐다. 맹자가 말하길, "상대가 이치에 맞게 교제를 청하고 예에 맞게 접근해왔다면, 공자께서도 받으셨다其交也以道, 其接也以禮, 斯孔子受之矣." 이 구절을 대략적으로 풀이하자면 이렇다. '상대와의 왕래가 법도에 어긋남 없이 떳떳하고 상대가 예법과 예절에 맞게 선물을 주는 것이라면 공자였어도 그 선물을 받았을 것'이라는 뜻이다.

다시 말해 타인이 선물을 건넬 때 나와 상대의 관계에서 선물을 주고받는 행위가 이치나 규범에 어긋나지 않는다면 기쁜 마음으로 흔쾌히 받아도 좋다.

앞서 벗을 사귈 때는 공경하는 마음을 가져야 한다고 했다. 그런데 한 가지 더 짚고 넘어가야 할 부분이 있다. 대부분은 '공경'이라 하면 가장 먼저 벗에게 겸손하고 예의 바르게 행동하는 태도를 떠올린다. 하지만 그것은 공경의 일부일 뿐, 한 가지 더 중요한 의미가 있다. 바로 **벗과 일정한 거리를 유지하는 것이다. 관계에 거리를**

두어도 정서적으로는 친밀감을 유지하는 것, 그리고 두루두루 어울리되 자신의 원칙은 잃지 않으며, 서로의 다름을 인정하고 존중하는 것, 이것이야말로 교우 관계에서 이를 수 있는 최고의 경지다.

대부분 사람은 친구를 사귈 때 친구와 '거리감 없이 친밀한 사이'가 되기를 원한다. 하지만 이렇게 맺어진 우정은 대개 오래가지 못한다. 이런 경우 시간이 한참 흐른 뒤에는 사람과 사람 간의 가장 기본적인 경계까지 허물어져 갈등이 생기고 만다. 심지어는 사이가 틀어져 원수지간이 되기도 한다. 따라서 일정한 거리를 유지하는 것은 교우 관계에서 우리가 취해야 할 가장 현명한 처신임을 유념하자.

 오랜 우정을 만드는 '적절한 거리'의 저력

추운 겨울에 고슴도치 두 마리가 추위를 녹이려고 서로에게 기댔다. 처음에는 너무 바짝 붙어 기대다 보니 서로의 몸에 난 가시가 상대를 찌르게 됐다. 하는 수없이 두 고슴도치는 기대는 자세를 바꿔가며 적당한 거리를 벌렸다. 그렇게 하니 서로의 온기를 나누는 동시에 더는 서로를 찌르지 않게 되었다.

새로운 친구를 사귈 때든 오래된 친구와의 관계에서든 서로를 존중하고 사랑해야 한다. 아울러 적절한 거리를 유지한다면 그 관계는 시간이 흐를수록 더 두터워질 것이다.

만 권의 책으로 만드는
인생의 정신적 지주

옛 성현들의 시와 글을 읽으면서 그들의 사람됨을 알지 못한다면,

어찌 서로를 잘 알아주는 벗이 될 수 있겠는가?

頌其詩, 讀其書, 不知其人可乎, 是以論其世也, 是尙友也.

『맹자·만장 하孟子·萬章下 편』

　나는 옛 성현들과 벗이 되어 생활하고 배워야 한다는 관점을 옹
호하는 사람이다.

　왜 옛 성현들과 벗이 되어야 할까? 그 이유는 역사에 다가가기 위
해서다. 그럼 왜 역사에 다가가야 하는 걸까? 그것은 미래를 더 정
확하게 통찰하기 위해서다. 미래를 고찰할 때 가장 중요한 것은 미
래 목표를 설정하는 것이다. 또한 미래 목표는 우리가 나 자신과 타

인 그리고 사회와 세계를 어떻게 이해하느냐에 따라 달라질 수 있다. 이러한 문제들을 고찰하려면 자신이 현재 어디에 있는지를 분명히 알아야 한다. 그리고 오직 역사만이 우리가 지금 어디에 있는지를 알려줄 수 있다. 이런 측면에서 보면 역사가 곧 '미래학(과거 및 현재 상황을 바탕으로 미래의 모습을 예측하는 학문_역주)'인 셈이다. 아울러 역사를 공부할 때 각 시대의 인물을 탐구하지 않으면 역사를 배울 길이 없다.

대만 학자 난화이진南懷瑾은 이렇게 말했다.

"옛 성현은 책을 저술하여 이론을 정립했다. 그들은 수년간의 성공 및 실패 경험을 쌓은 뒤 모든 힘을 기울여 인생 말년에 책을 저술했고, 그 책은 대대손손으로 전해져 내려왔다. 따라서 고서를 읽지 않는 것은 정말 어리석고 무지한 행동이다."

역설하자면, 고서를 읽는 것은 역사를 경험하는 것과 같다. 우리는 고서를 통해 옛 선조들이 수천 년에 걸쳐 힘들게 얻은 경험을 이어받아 잘 활용하면 된다. 굳이 고생을 자처하며 선조들이 겪었던 경험을 똑같이 또 겪을 필요는 없지 않은가?

맹자는 만장과 옛 성현의 시문에 관해 대화를 나눈 적이 있다. 그때 맹자는 만장에게 한 가지 일화를 들려주었다.

"만일 내가 고향에서 가장 우수한 이와 친구가 된다면 그 고향에서 배울 수 있는 가장 현명한 이치를 얻게 될 것이다. 만일 내가 한 나라에서 손에 꼽히는 인재를 사귀게 되면 그 나라에서 배울 수 있는 모든 지식을 얻게 될 것이다. 또 만일 내가 천하를 통틀어 가장 뛰어난 인재를 사귀게 된다면 이 세상의 모든 지혜를 얻게 될 것이다. 하나 나는 천하에서 가장 어질고 총명한 이와 벗이 되는 것으로 만족하지 않는다. 왜 그럴 것 같은가? 바로 내게는 아직 옛 성현들이 남아 있기 때문이다!"

옛 성현들과 친구가 된다는 것은 '정신적인 벗'으로서 사귀는 것을 의미한다. 어쨌거나 우리는 옛 성인을 직접 만날 수는 없다. 하지만 정신적인 벗을 사귀는 것은 너무나 중요하다. 옛 성현들이 지은 시를 읊고 그들이 저술한 책을 읽음으로써, 성현들의 인격에서 풍기는 매력과 그들이 머릿속에 담고 있던 무궁무진한 지혜를 흠뻑 느낄 수 있기 때문이다.

고대 성현들의 말씀을 글로 정리한 책과 그 속에 담겨 있는 주옥 같은 문장들을 읽어보자. 오천 년이 넘는 시간 동안 그토록 많은 성현이 스쳐갔거늘 우리는 아직도 그들과 벗이 되지 못했다. 맹자는 중국의 수천 년 역사에 등장했던 모든 성현을 벗으로 삼는다면 그것으로 충분하다고 말했다.

수천 년을 뛰어넘는 현인들의 예지안

한나라 역사가 사마천司馬遷이 지은 『보임안서報任安書』에 나오는 구절이다.

"선비는 자신을 알아주는 이를 위해 목숨을 바친다士爲知己者死."를 보라. 죽음을 불사한 용기를 배울 수 있다. 전국시대 시인 굴원屈原이 지은 『이소離騷』에 나오는 구절, "나의 긴 한숨과 눈물은 고통받는 백성 때문이다長太息以掩涕兮, 哀民生之多艱."를 보라. 백성의 애환을 느낄 수 있을 것이다. 당唐나라 시인 왕발王勃이 지은 시 중 "저녁노을은 외로운 기러기와 나란히 떠 있고, 가을 강물은 드넓은 하늘과 같은 색이네落霞與孤鶩齊飛, 秋水共長天一色."라는 구절을 보라. 옛 고대의 가을 하늘 정취를 느낄 수 있을 것이다. 송나라 정치가 범중엄의 책에 등장하는 구절, "천하의 근심을 남보다 먼저 걱정하고, 천하의 즐거움은 남보다 나중에 즐긴다."를 보라. 지도자의 의연한 자세를 배울 수 있을 것이다. 당나라 시인 이백李白이 지은 시의 한 구절, "눈썹을 찌푸리고 허리를 굽혀 그깟 권세와 부귀를 섬겨 무엇하리. 내 마음과 얼굴을 펴게 하지는 못하리라安能摧眉折腰事權貴, 使我不得開心顔."와 "오색 찬란한 말과 천금의 가죽옷을 꺼내 아이를 불러 좋은 술로 바꿔 오게나. 그대와 함께 술을 마시며 만고의 시름을 녹여 보리라呼兒將出換美酒, 與爾同銷萬古愁."를 보라. 권력과 부귀에 얽매이지 않는 대범함과 근심을 털어버릴 줄 아는 도량을 배울 수 있을 것이다. 북송의 시인 소동파蘇東坡가 지은 시의 한 구절, "대나무 지팡이와 짚신이 좋은 말보다 가볍다竹杖芒鞋輕勝馬."와 "노인한테 젊은 혈기가 발동하다老夫聊發少年狂."를 보라. 세상사에 얽매이지 않는 초연함과 호방함을 배울 수 있다.

청대 말 명신으로 불리는 좌종당左宗棠은 뜻을 이루기 전까지 끼니를 먹는 것조차 어려운 처지였다. 그런데도 그의 서재에는 대련(중국에서 문짝이나 기둥 같은 곳에 붙여놓는 글귀_역주) 한 쌍이 걸려있었는데, 거기에는 이런 문구가 쓰여 있었다. '몸을 누일 땅 한 평도 갖고 있지 않지만, 마음은 천하를 걱정한다身無半畝心憂天下. 만권의 책을 읽어 옛 성현과 정신적 벗이 되리라讀破萬卷, 神交古人.' 좌종당의 이런 포부는 요즘 젊은이들이 반드시 본받아야 할 점이다.

지금 우리가 계속 이야기하고 있는 『맹자』만 봐도 그렇다. 『맹자』에서 맹자가 직접 말한 내용을 직역하면 사실상 말로 설명할 수 있는 이치는 절반도 되지 않는다. 나머지는 반드시 맹자가 표현한 역설적인 의미를 이해하고 그가 살았던 시대적 배경, 그가 인용한 고전, 당시 맹자의 심정 등을 이해해야 알 수 있다.

자, 지금까지 이야기했던 것들을 종합해서 옛 성현과 벗이 되는 방법을 정리해 보자.

첫째, 내가 지금 옛 성현이 살던 시대에 살고 있다고 가정하고 문제를 고민해 보자. 예를 들어 '만장이 내게 이렇게 물었다면 나는 어떻게 대답해야 할까?'라고도 생각해 볼 수 있다.

둘째, 반대로 고대의 성현이 지금의 나라고 가정하고 생각해 보자. 지금 내게 어떤 일이 생겼을 때 이렇게 생각해 보자. '내가 맹자라면 나는 어떻게 이 문제를 처리해야 할까?'

평소 일할 때나 일상에서 이처럼 사고한다면, 우리는 어떻게 행동하고 어떻게 일을 처리할지에 대한 일정한 자기 기준을 갖게 될 것이다. 더 나아가 머릿속에는 논리적으로 사고하는 습관이 생기게 된다. 이런 습관이 잘 만들어졌다면 우리는 남을 대할 때나, 문제를 고민할 때나, 일을 처리할 때나 고대의 성현들처럼 행동하게 될 것이다. 그렇게 된다면 이 책이 여러분에게 『맹자』의 가르침을 전하려는 의미와 목적은 달성한 것이나 다름없다.

이와 같은 문제 접근 방식과 일 처리 방식을 체득한 사람은 남들에게 존경받는 사람, 열린 마음과 순수한 마음을 항시 유지하는 사람, 그리고 도덕적으로 성숙한 사람으로 성장할 수 있다.

성현을 친구로 삼는 '고전'의 저력

옛 성현과 벗이 되면 우리는 그들의 뛰어난 지혜를 배울 수 있고, 또 배운 것을 실제로 활용할 수도 있다. 하지만 맹자는 단순히 옛 성현들의 작품을 읽고 이해하는 것만으로는 부족하다고 생각했다. 맹자는 옛 성현들이 살았던 그 시대까지 이해해야 한다고 말했다. 그들이 살았던 시대의 특징을 이해하고 당시 그들의 마음까지 느끼는 것이야말로 '책을 통해 옛 성현을 벗 삼는다尚友'라고 말할 수 있다.

천하를 얻기보다 힘든
사람의 마음

공자께서는 나아갈 때는 예를 따르고, 물러설 때는 의를 따랐으며, 벼슬을 얻고 못 얻는 것은 '천명'에 달려있다고 말씀하셨다.

孔子進以禮, 退以義, 得之不得曰 "有命."

그런데 옹저나 척환의 집에 묵으셨다면, 이는 의와 천명을 부정하는 것이다.

而主癰疽與侍人瘠環, 是無義無命也.

『맹자·만장 상孟子·萬章上 편』

몇 년 전에 굉장히 인기를 끌었던 중국 드라마 「잠복潛伏」에는 이런 명대사가 나온다. "직접 듣는 것 말고는 믿을 수 없다고 생각했는데, 듣고도 믿을 수가 없소." 사실 이 말은 『여씨 춘추呂氏春秋』 중 공자와 그의 제자 안회顔回의 대화에서 유래된 것이다. 공자와 안회의 대화를 들어보자.

공자가 안회에게 이렇게 말했다.

"믿는 것은 눈이지만 눈도 온전히 믿을 수가 없구나.

所信者目也, 而目猶不可信.

의지할 곳은 마음이지만 마음도 완전히 믿을 만한 것이 못 되는구나.

所恃者心也, 而心猶不足恃.

기억하거라, 사람을 안다는 것은 본디 쉽지 않은 일이다.

弟子記之, 知人固不易矣."

쉽게 풀어 설명하면 이렇다. 공자가 탄식하며 말하길, "사람은 자신의 눈을 믿지만, 눈으로 본 것을 결코 믿지 못한다. 내가 의지하는 것은 마음이지만, 나의 마음 또한 완전히 믿을만하지 못하다. 그러니 기억해두거라. 한 사람을 이해한다는 것은 쉽지 않은 일이다."

어떤 사람은 "세상에는 알고 보면 고상한 사람은 없어. 다들 그런 척할 뿐이지."라고 말하면서 타인의 품행까지도 인정하려 하지 않는다. 이런 사람은 '누구는 마음씨가 좋고, 누구는 품성이 바르다'고 말해도 믿지 않으려 하고, 오히려 그 사람을 비방하고 헐뜯는다.

이들의 마음 상태가 이토록 어둡고, 부정적이고, 삐뚤어진 까닭은 어쩌면 내면의 수양이 부족한 탓일 수도 있고, 주변 사람들의 나쁜 습성에 찌들었기 때문일 수도 있다. 또 어쩌면 자신이 만든 성격일 수도 있다. 이런 사람은 위선의 가면을 쓰고 가는 곳마다 사람을 난처하게 만들고 갈등을 조장한다. 혹은 시기심이 강해서 남이 무언가를 성취하면 배 아파하고, 남이 나보다 못할 때는 우월감을 느낀다. 하지만 정작 자기 주관은 없다. 또한 마음 상태가 불안정해서 약간의 힘든 일이나 좌절만 겪어도 자포자기하는 경우도 있다. 당연히 무엇이 문제인지 되짚어보고 반성하지 않는다.

과거 만장은 맹자와 이런 대화를 나눈 적이 있다. 만장이 맹자에게 말했다. "에휴, 들으셨습니까? 공자께서 위衛나라에 계셨던 해에 환관 옹저癰疽의 집에 머무르며 그 환관을 통해 위나라 왕을 만나려고 하셨답니다. 듣기에는 제나라에 머물렀을 때도 마찬가지였다고 합니다. 제나라 왕을 만나기 위해 제나라 왕이 가장 총애하는 환관 척환瘠環의 집에 머무셨다는군요." 사실 만장의 말속에는 숨은 의미가 있다. 그는 맹자에게 '보십시오, 공자도 이 정도밖에 되지 않는 사람이다'라는 말을 하려던 것이다.

앞서 만장이 한 말의 뉘앙스를 보면 유독 떠오르는 유형의 사람이 있지 않은가? 남몰래 뒤에서 입방아를 찧는 사람들 말이다. 만장의 말에 맹자는 이렇게 대답했다.

"그런 일은 없었네. 그건 호사가들이 꾸며낸 이야기이네. 당시 공자께서는 위나라의 현신 안수유顏讎由의 집에 머무셨네. 당시 위나라 왕께서 총애하던 신하 미자하彌子瑕의 부인과 자로子路의 부인은 자매지간이었지. 미자하는 자로에게 공자께서 자기 집에 머물게 하도록 제안했네. 미자하는 공자가 자신의 집에 머물면 위나라 왕을 알현하는 것이 수월해질 테고, 재상에 봉해지는 것도 어렵지 않을 것이라 말했네. 그래서 자로는 미자하의 말을 공자께 전했지. 하지만 공자께서는 관직을 얻고 못 얻고는 하늘의 뜻에 달려있으며, 벼슬에 오를 때나 물러날 때나 예와 의, 규범을 지켜야 한다고 여기셨네. 그런 분께서 옹저와 척환을 찾아가 문객을 자처하며 벼슬에 오를 기회를 얻으려 하셨겠나?"

중국 정부 조직에는 여론 모니터링이라는 특별한 기능이 있다. 이는 조직 내 간부들에 대한 사회적 여론, 떠도는 소문, 동료 간의 정보 전달을 면밀히 주시하는 것이다. 간부에 대한 평가는 수집한 일차 정보의 진위 여부를 판별하고 분석한 다음 진행한다. 이런 기능은 고대의 군왕들이 조정의 기강을 잡기 위해 누구나 여기저기서 들은 풍문을 왕에게 아뢰도록 한 전략과 비슷하다. 하지만 어쨌거나 오늘날 각 조직 및 부처에 이런 직능을 부여한 것은 올바른 성품을 가진 사람을 보호하고, 부정적인 사람이 주변 사람에게 피해를 주는 상황을 막기 위함이다. 부정적인 에너지가 초래하는 피해와 영향은 지금까지 한 이야기만으로도 이미 충분히 짐작했으리라 본다.

 삶을 변화시키는 '긍정'의 저력

부정적인 에너지를 가진 사람과 함께 있으면 나 역시 부정적인 정서에 휩싸이게 될 수밖에 없다. 부정적인 에너지를 가진 사람은 상대도 자신처럼 주변 탓만 하다 성장할 기회를 포기하게 만든다. 심지어는 자기 개인의 욕심과 이익을 위해 악의적으로 타인을 비방하고 상처를 주기도 한다.

공자 역시 현명한 사람을 가까이 두고 소인배를 멀리했기 때문에 도덕과 정의에 따라 처신하려는 마음을 지킬 수 있었다. 이것이 맹자가 만장과의 대화를 통해 우리에게 전하려는 가르침이다. 그리고 더 나은 사람으로 성장하고 싶다면 자신에게 부정적인 영향을 주는 사람을 멀리하라는 경고 메시지이기도 하다.

나를 성장시키고, 더 나은 사람으로 변화시키는 힘은 바로 '긍정'이다. 아무리 험난한 상황에 빠져 있어도 '긍정'의 언어로 기운을 주는 사람을 가까이 함을 잊어서는 안 된다.

나를 속이는
위선적 선행

제나라 선비 중에서는 진중자가 가장 으뜸이기는 하나,

어찌 진중자가 청렴하다고 할 수 있는가?

於齊國之士, 吾必以仲子爲巨擘焉. 雖然仲子惡能廉?

진중자가 추구하는 지조를 가지려면 지렁이가 되어야 가능할 것이
다.

充仲子之操, 則蚓而後可者也.

『맹자·등문공 하孟子·藤文公下 **편』**

고대 현인인 백이와 숙제叔齊에 관한 일화를 먼저 꺼내 볼까 한다.

상商나라 말기, 백이와 숙제는 고죽국孤竹國 왕의 두 아들이었다.

고죽국의 왕은 자신이 죽고 나면 숙제가 새로운 군왕이 되기를 원

했다. 하지만 고죽국 왕이 죽고 난 뒤 숙제는 왕위를 자신의 형 백이에게 넘겨주었다. 하나 백이는 왕위를 이어받고 싶지 않아 도망쳐 버렸고, 숙제 역시 마찬가지로 왕위에 오르고 싶지 않아 고향을 떠나기로 했다. 이후 두 사람은 여기저기 떠돌아다니다 서백^{西伯}(서쪽 지역을 지배하는 수령_역주)의 희창^{姬昌}을 찾아가게 되었다. 하지만 그들이 도착했을 때 희창은 이미 이 세상 사람이 아니었다. 때마침 두 사람은 희창의 아들 무왕^{武王}의 희발^{姬發}이 전차에 부친의 위패를 싣고 주왕^{紂王}(상나라 마지막 왕_역주)을 정벌하러 가는 것을 목격했다. 백이와 숙제는 그 모습을 보고 무왕에게 말했다.

"부친의 장례도 아직 치르지 않았는데 전쟁을 치르러 가는 것은 불효입니다. 또한 신하의 신분으로 왕을 살해하는 것은 불인^{不仁}이나 다름없습니다."

그러자 주변의 군인들이 화가 나 이 둘을 죽이려고 했다. 다행히 태공^{太公} 강상^{姜尚}이 나서서 이들을 변호해준 덕에 두 사람은 풀려날 수 있었다. 후에 무왕이 천하를 평정하여 주나라를 세웠다. 하지만 백이와 숙제는 이를 수치로 생각하여 주나라의 음식은 입에도 대지 않았다. 백이와 숙제는 수양산^{首陽山}에 은거하며 고사리를 캐 먹으며 연명하다 결국 굶어 죽었다.

후대인들은 백이와 숙제를 '청렴결백하고 대쪽같은 성품을 지닌 선비'라고 부르며 이들이 가진 불굴의 기개를 높게 평가했다. 하지만 일부 지식인은 백이와 숙제와 같은 행위를 전혀 추앙하지 않는다. 그들은 '백이와 숙제는 지나치게 고집스럽고, 기본적인 사회 발전 규칙을 무시했으며, 사회에 융화되기를 거부한 인물들이다. 두 사람의 이런 태도는 위선에 지나지 않는다'고 생각했다.

사실 지금도 청렴결백은 아주 훌륭한 성품으로 여겨진다. 하지만 그렇다고 백이와 숙제처럼 지나치게 청렴결백에 집착해서는 안 된다. '맑은 물에는 고기가 살지 않는다'라는 말처럼 어떤 일이든 반드시 '적당함'이라는 선을 넘어 과하게 집착하면 화를 부른다. **매사 과하지도 모자라지도 않는 적절한 균형을 찾을 줄 안다면 사람을 대하고 일을 처리하면서 불필요한 걱정을 없앨 수 있으며, 이것이 바로 진정한 성현이 되는 길이다.**

과거 맹자는 제나라의 장군, 광장匡章과 청렴결백함을 주제로 대화를 나눈 적이 있다.

당시 제나라에는 진중자陳仲子라는 청렴결백한 선비가 있었다. 진중자는 제나라 안에서도 아주 외진 산속에서 살았다. 한번은 진중자가 사흘간 밥을 먹지 않아 배고픔에 정신이 혼미해져 있었다. 그때 우물가에 떨어진 자두 반쪽이 희미하게 보였다. 자두 반쪽은 이미 벌레가 절반은 먹어 치운 모양새였다. 그는 서둘러 올라가 그 반쪽짜리 자두를 먹었다. 진중자는 그제야 서서히 기력을 찾았다.

광장은 그런 진중자가 청렴결백한 선비라고 생각했다. 맹자는 그의 이야기를 듣고 이렇게 말했다. "지금 제나라에 있는 이름난 선비들은 하나같이 부귀에 취해 명예와 이익을 좇기 바쁩니다. 진중자의 그런 행실은 나 역시 엄지손가락을 추켜세울 만큼 대단하다고 생각합니다." 이 말인즉, "진중자는 대단한 사람이네. 나는 그의 사나이다운 모습을 존경하네."라고 말한 것이다.

하지만 맹자는 진중자의 그런 행실이 청렴결백하다고 생각하지 않았다. 진중자가 진짜로 가난해서 그렇게 산 것은 아니기 때문이다. 그는 명문 가문 출신인데다 그의 집안은 대대로 내려오는 녹전(나라에서 벼슬아치에게 녹봉 대신 주는 논밭_역주)을 갖고 있었다. 하지만 진중자는 자신의 형이 부정한 방법으로 재물을 취하는 것을 혐오하여 제 발로 산중에 들어간 것이다.

한번은 진중자가 모친을 뵙기 위해 형님의 집을 찾았다. 모친은 거위를 잡아다 푹 삶은 뒤 그에게 대접했다. 그러나 진중자는 그 거위가 누군가 형에게 선물로 보낸 것이라는 사실을 듣고는 돌연 먹던 거위 고기를 모두 토해냈다.

누가 봐도 진중자는 백이와 숙제를 표방하고 있다. 하지만 맹자의 생각은 이랬다. 진중자가 현재 사는 집도 다른 사람이 지은 것이고, 그가 요즘 먹는 음식 역시 다른 사람이 길러서 수확한 것이다. 그런데 그는 대체 무슨 근거로 자신이 거주하는 집을 지은 사람도,

자신이 먹는 식량을 제공한 사람도 반드시 성인일 것이라 여기는가? 만에 하나 자신이 사는 집이, 혹은 먹고 있는 음식이 악당이나 강도의 손을 거친 것이라면 진중자는 어떤 선택을 했을까?

그래서 맹자는 진중자의 행위는 위선적이다 못해 터무니없이 극단적이며, 청렴함과 올곧음과는 전혀 관계가 없다고 생각했다. 만일 이런 행위가 널리 퍼져 그와 같은 청렴을 실천하려면, 사람들은 지렁이처럼 땅 위에 진흙을 씹어 먹거나 땅 아래 지하수를 마시며 살아야만 진정으로 청렴하고 고결한 사람이라 불릴 것이다. 맹자는 이런 부류의 사람은 추켜세울만한 사람도 아니며, 본보기로 삼을 가치는 더더욱 없다고 말했다.

우리 일상에서도 이런 부류의 사람들이 있다. 명예와 인망 등을 위해 의도적으로 고상하고 청렴한 모습을 보여주려고 한다. 그런 모습은 유명무실한 허울일 뿐이다. 또한 타인에게 아무런 가치도 줄 수 없음은 물론 나 자신에게도 무의미한 행동이다. 따라서 우리는 어떤 사람을 판단할 때 겉에 보이는 것만 봐서는 안 되며 헛된 명성을 좇아서는 더더욱 안 된다. 반드시 그 사람이 해온 사업을 비롯해 일의 실적 또는 성취 결과 등을 가지고 판단해야 한다.

물론 사업을 일구고 일의 성과를 이뤄낸 사람 모두가 적당한 선을 지키며 원칙과 신념을 갖고 사는 것은 아니다. 나 또한 대단히 성공했지만 저급한 인품을 가진 사람을 많이 봐왔다. 따라서 한 사람을 판단할 때 그 사람의 일과 사업의 결과물은 물론, 그 사람의 인품과 도량, 기개까지 살펴봐야 한다. 어떤 측면에서 생각해 보면 사람을 판단할 때 그 사람의 일과 명성보다 그의 인품과 도량을 보는 것이 더 믿을만할 때가 있다.

사람은 평생 어떤 대단한 업적 하나 남기지 못할 수도 있다. 하지만 좋은 인품, 넓은 도량, 사람과 일에 대한 확고한 소신은 가질 수 있다. 그리고 이런 것들을 갖춘 사람일수록 벗으로 삼아야 한다.

지나침과 부족함 사이, '적당함'이라는 저력

현시대의 우리 시선으로 보면 백이와 숙제, 그리고 진중자가 했던 모든 행동은 정상적인 사람이라면 할 수 없는 것들이다. 더욱이 현대인이 본보기로 삼을만한 행동도 아니다.

어쨌거나 사람은 개방된 마음으로 세상을 대하며 살아가야 한다. 설령 청렴결백한 품성과 올곧은 기개를 원한다 해도 남들과는 다른 수준의 청렴함에 집착해서는 안 된다. 무엇이든 지나치면 부족함만 못하기 때문이다. 아울러 평소 자주 자신을 돌아보며 어떤 모습이 '올바른 품행과 뚜렷한 소신을 갖춘 사람'의 모습일지 성찰해야 한다.

5장

반성의 깊이

人生底力

내면에서 일어나는 갈등의 근원은
바로 나 자신이다

어진 사람은 활을 쏘는 사람과 같다.

仁者如射.

활을 쏘는 사람은 자신의 자세를 바르게 한 뒤 활을 쏜다.

射者正己而後發.

화살을 쏘아 명중하지 못해도 자신을 이긴 자를 원망하지 않고,

오히려 자신을 돌아보며 그 원인을 자기에게서 찾아내려 한다.

發而不中, 不怨勝者, 反求諸己而已矣.

『맹자·공손추 상孟子·公孫丑上 편』

고대 그리스 철학자 소크라테스는 이런 말을 남겼다.

"반성하지 않는 인생은 의미 없는 인생이다."

우리는 나 자신을 먼저 알아야 한다. 그다음 나 자신을 반성하고, 나의 잘못된 점을 바르게 고쳐야 한다. 그래야만 어떤 상황에서든 정확한 판단을 내릴 수 있고, 나아가 자기 인생을 잘 꾸려나갈 수 있다. 하지만 안타깝게도 우리 대부분은 자기반성을 잘 하지 않는다. 그래서 문제에 부딪히면 가장 먼저 외부에서 문제의 원인이나 핑계를 찾기 일쑤다.

스티븐 코비Stephen Covey는 저서 『성공하는 사람들의 7가지 습관 The 7 Habits of Highly Effective People』에서 이렇게 강조했다. 서양 사람은 공자의 가르침을 매우 존경하고 따른다. 예를 들어 공자의 가르침 중에 '군자는 잘못의 원인을 스스로에게서 찾고, 소인은 잘못의 원인을 남에게서 찾는다君子求諸己, 小人求諸人.'라는 말이 있다. 그런데 요즘 많은 젊은이는 문제가 생겼을 때 가장 먼저 이렇게 반응한다.

"이건 불공평하지 않나요?", "정당하지 않은데요?", "일을 망친 이유는 상사도 저를 지지해 주지 않고, 동료들도 협조해 주지 않고, 고객도 제 체면을 봐주지 않았기 때문이에요!" 보다시피 이들은 갈등의 원인을 주변 탓으로 돌리고 있다.

심리학에서는 이런 상태를 '인지 부조화Cognitive dissonance'라고 부른다. 즉, '나는 굉장히 멋진 사람이어야 해'라고 생각하는데 실제로는 그렇지 않을 경우, 인지 불일치 현상이 나타나게 된다. 하지만 사람은 생각과 행동이 불일치한 상태를 받아들이지 못한다. 배고픈

여우가 포도송이를 발견하고도 따먹지 못하자 아직 덜 익은 신 포도일 것 같아서 먹지 않겠다고 말하는 것처럼 말이다.

이처럼 자신의 인지 부조화를 받아들이지 못하면 외부에서 문제의 이유를 찾게 된다. 자신의 능력이 못 미침에도 여우처럼 일단 포도가 덜 익어서 먹지 않겠다고 말해 버리고 자신의 생각과 태도를 바꿔버린다. 이것이 바로 자기 합리화 과정이다.

그러나 사람이 계속 자기 합리화를 통해 문제를 처리하다 보면 자신의 힘으로 바꿀 수 있는 것이 점점 적어지고, 무슨 일을 해도 상황이 계속 꼬여가는 것을 느끼게 될 것이다.

그러면 우리는 이런 마음 상태를 어떻게 바꿀 수 있을까? 맹자는 사람이 활을 쏠 때의 상태를 예로 들어 해답을 제시했다.

"활 쏘는 사람은 자세를 바르게 잡은 뒤 활을 쏴야 한다.
화살이 과녁에 명중하지 않았다면 승자를 원망하지 않고
활을 쏜 자신에게서 잘못을 찾아야 한다."

이 말은 활을 쏠 때 화살을 과녁의 중심에 맞추고 싶다면 반드시 자신의 자세를 먼저 반듯하게 잡은 뒤 활을 쏘아야 한다는 뜻이다.

자세를 바르게 조정했으면 그다음에는 호흡을 고르게 가다듬어야 한다. 자세 준비가 끝났으면 화살을 활시위에 걸고 그대로 화살을 쏜다. 이렇게만 하면 과녁을 명중시킬 수 있다.

활쏘기에서 가장 두려움을 느끼는 순간은 자세가 삐뚤어졌을 때다. 삐뚤어진 자세에서는 호흡이 불안정하고 눈은 계속 과녁을 응시하지만, 손을 계속 이리저리 움직이게 된다. 이런 상태에서 활을 쏘게 되면 십중팔구 과녁에서 빗나간다. 그래서 맹자는 화살이 과녁에 명중되지 못했을 때 나보다 활을 잘 쏜 사람을 원망할 게 아니라, 자신이 어떤 부분에서 잘못했는지를 돌아보는 등 문제의 원인을 자신에게서 찾아야 한다고 말했다. 이것이 바로 '인'을 실천하는 길이자, 우리가 가져야 할 삶의 태도다.

모든 문제의 근원은 내 안에 있다

우리는 일할 때도 이런 태도를 갖춰야 한다. 문제가 생겼을 때 남 탓, 세상 탓을 할 게 아니라 자신의 부족한 점을 계속 고쳐나가며 더 나은 모습으로 변화하려고 해야 한다. 그렇게 했을 때 비로소 일이나 상황이 점점 순조롭게 풀리게 된다. 반대로 문제의 원인을 계속 남에게서 찾는다면 자신이 하는 일이 점점 엉망으로 꼬여가고 있다는 생각이 들 것이다. 그리고 이 상태가 오랫동안 이어지면 사람의 심성에까지 영향을 줄 수 있다.

맹자는 이와 관련해서 또 한 가지 예를 들었다.

맹자는 활과 화살을 만드는 사람과 관을 짜는 사람은 본래 남을 돕고 남에게 편리를 제공하기 위해 존재하는 사람이라고 말했다. 그런데 만약 활과 화살을 만드는 사람이 온종일 자기가 만든 화살로 사람을 몇 명이나 쏘아 맞힐 수 있을지를 생각한다면 어떨까? 또 관을 짜는 사람이 자신이 만든 관이 더 많이 팔리기를 바란다면 어떨까? 머릿속이 온통 사람을 해칠 생각으로 가득 차 있으니 이는 인과 의를 상실한 것이나 마찬가지다. 맹자는 이런 사람을 '인역人役'이라고 불렀다. 즉, 타고나기를 남에게 부림을 당하는 사람을 말한다. 이들은 더 나은 모습으로 변화할 수 있는 선택권을 상실했다. 자기 자신을 완전히 욕망과 외부 환경에 내어주고 환경의 노예가 되었기 때문이다.

하지만 일부 사람들은 스스로 노예를 자처하면서도 노예로 사는 것을 아주 부끄럽게 생각한다. 예를 들어보자. 어떤 사람이 자기가 하는 일이 잘 안되니 "이 일은 너무 수준이 낮고 장래가 없는 일이야."라고 말한다. 하지만 이 말은 활과 화살을 만드는 자가 활과 화살을 만드는 것을 부끄럽다고 느끼는 것과 같다.

우리는 심리학에서 이런 마음 상태를 설명해 줄 근거를 여러 개 찾을 수 있다. 이를테면 『우리 내면의 충돌Our Inner Conflicts』이라는 책에서는 많은 이가 매일 수많은 충돌 속에서 살고 있다고 이야기한다. 우리는 자녀가 잘 되기를 바라면서 정작 끊임없이 아이를 질책하고 타박한다. 우리는 사랑받기를 원하면서 사랑하는 사람에게 온갖 상처 주는 말을 하며 시비를 건다. 어떠한가. 우리가 하는 행동들은 하나같이 우리가 얻으려는 결과와 모순되고 이로 인해 충돌을 일으키며 심지어는 완전히 상반된다. 이런 마음 상태가 바로 '남의 부림을 당하면서 남의 부림을 당하는 것을 부끄럽게 여기는 마음人役而恥為役'이다.

이런 마음 상태가 되지 않기를 원한다면 **외부 조건과 자기 자신에게 속박되지 않아야 한다. 그렇게 되려면 자기반성을 통해 문제의 원인을 자신에게서 찾고 그에 대한 문제 해결 방법을 적극적으로 찾아 나설 줄 알아야 한다.**

예전에 회사에서 어떤 젊은 친구 한 명을 채용했다. 당시 신입으로 들어온 직원들은 모두 가장 기본적인 업무부터 시작했다. 당시 그 젊은 친구와 함께 입사했던 직원이 있었는데, 그는 "매일 이렇게 따분한 일만 하는 게 무슨 의미가 있을까?", "이런 단순 반복적인 일을 하면서 무슨 발전을 할 수 있겠어."라고 불평했다.

하지만 그 젊은 친구는 아무 불평도 하지 않고 매일 성실하게 자신의 업무를 마쳤으며, 다른 직원들이 맡은 가장 초보적이고 가장 고생스러운 일까지 도왔다.

더욱이 이 친구가 대단하다고 생각했던 점은 입사한 첫날부터 매일 업무 일지를 썼던 점이다. 그는 매일 자기가 한 일과 일을 통해 배운 지식을 전부 상세히 기록했다. 또한 문제에 부딪히면 선배 직원을 찾아가 배움을 청했다. 당연히 그 젊은 친구는 다른 입사 동기들보다 더 빠르게 성장했다.

그 젊은 친구는 일 년도 안 돼서 기초 업무 지식을 모두 파악했고, 그 뒤로는 중요한 부서로 이동해 일하게 됐다. 반면 그와 함께 입사한 다른 직원은 여전히 자신이 운이 없어서 좋은 평가를 못 받았다며 불평했다.

 ## 어떤 난관도 뛰어넘는 '반추'의 저력

문제에 부딪혔을 때 제일 먼저 해야 할 일은 자신을 되돌아보는 것이다. 그리고 문제의 원인을 자신에게서 찾아야 한다. '자기반성'을 통해 문제의 원인을 찾을 줄 알게 되면 자신에 대한 인지 능력이 높아지고 마음이 정화되어 내면의 모순과 충돌을 해소할 수 있다. 아울러 어진 성품, 즉 인성仁性이 행동에 배어 나온다. 이런 사람은 갈수록 멋지고 강한 사람으로 성장하게 된다. 그때는 우리가 무엇을 하든 상상 초월의 힘을 발휘할 수 있게 될 것이다.

'나의 문제는 무엇인가?'
질문하고 또 질문하라

자신을 먼저 돌아보며 문제의 원인을 찾아야 한다.

行有不得者, 皆反求諸己.

나 자신이 올바르면 세상의 모든 사람이 나에게 올 것이다.

其身正而天下歸之.

『맹자·이루 상孟子·離婁上 편』

옛사람들은 자신을 돌이켜보며 반성하는 것을 매우 중요하게 여겼다. 중국 춘추 시대 유학자 증자曾子는 이런 말을 했다.

"나는 하루에 세 번 나 자신을 반성한다.

吾日三省吾身."

이 말은 증자 자신이 매일 자기의 행동과 생각을 여러 번 되짚어 보며, 적절하지 못했던 부분이 없는지를 생각한다는 뜻이다. 공자 역시 이와 비슷한 말을 했다.

> "군자는 잘못의 원인을 스스로에게서 찾고, 소인은 잘못의
> 원인을 남에게서 찾는다.
> 君子求諸己, 小人求諸人."

군자는 반드시 자신을 절제하고 자신에게 엄격할 수 있는 사람이어야 하며, 남을 책망하고 질책하면서 자기 자신은 쉽게 용서하는 것은 소인배가 하는 행동이라는 뜻이다.

인간의 최대 약점은 타인의 단점을 쉽게 찾아내면서 자신의 부족함은 보고도 못 본 척하는 것이다. 사람은 문제나 성가신 일에 맞닥뜨리면 가장 먼저 외부 환경을 원망하고 책임을 타인에게 미룬다. 이렇게 했을 때 자신의 마음이 조금이나마 가벼워질 것 같기 때문이다. 하지만 자신의 약점을 제대로 직시하지 않으려는 태도는 자기 내면의 지혜가 성장하는 것을 방해하고 궁극적으로는 타인과 나 자신을 해치게 된다.

명나라의 마지막 황제인 숭정崇禎은 죽기 직전에 이런 말을 남겼다.

"짐은 망국의 국왕이 아니지만, 신하들은 모두 망국의 신하
가 되었다.

朕非亡國之君, 臣皆亡國之臣."

숭정제는 죽는 순간까지 자신은 나라를 잘 다스리기 위해 노력
한 좋은 황제였고, 나라가 망한 것은 조정 대신들의 탓이라고 생각
했다. 얼핏 듣기에는 일리가 있는 듯하나, 반대로 생각해 보면 결국
그 많은 대신을 임명하고 조정에 세운 사람이 누구인가?

자기반성을 할 줄 모르는 사람은 세상이 온통 추악해 보이고 절
망적이라고 느낀다. 하지만 잘못의 원인을 자신에게서 찾는 사람은
그 자신이 올바르게 되니 하늘의 뜻도 자신의 편으로 만든다.

『논어』 위정 편에서는 이런 구절이 나온다.

"정치는 덕으로 하는 것이다.

爲政以德.

비유하자면 북극성이 한자리에 있고 많은 별이 북극성의

주변을 도는 것과 같다.

譬如北辰, 居其所, 而衆星共之."

이 구절을 해석해 보자. 마음이 단정하고 인과 덕으로 나라를 다

스릴 수 있다면, 모든 별이 북극성을 에워싸고 그 주위를 도는 것처럼 세상 사람 모두가 자신을 따르게 될 것이라는 의미다.

인덕仁德을 갖춘 사람의 행실을 본받아라

삼국 시대 때 제갈량諸葛亮은 병사를 이끌고 북벌에 나서기 전, 혹시 모를 상황을 대비하기 위해 마속馬謖에게 가정街亭을 지키고 있으라고 명령했다. 가정은 당시 촉蜀나라의 군사 요충지였기에 그곳을 잘 지키기만 해도 전략적 거점을 쥐고 있는 것이나 다름없었다. 하지만 마속은 대의를 잊고 가정을 위나라 군대에 빼앗겼다. 이로 인해 북벌 전쟁에 나선 촉나라 군대는 더 이상 진격하지 못하고 후퇴하게 되었다. 후에 제갈량은 마속을 참수했으며, 유비의 뒤를 이어 촉나라 왕이 된 유선劉禪에게 자신을 처분해달라고 청했다. 유선은 제갈량의 공로를 생각하여 그를 처벌하지 않았다. 하지만 제갈량은 마속이 가정의 길목을 지키라는 명령을 어기고 산 정상에 올랐다가 대패를 당한 것이 모두 자신이 마속에게 수비를 맡긴 탓이라 여기며 깊이 반성했다.

당연한 결과이겠지만 촉나라는 제갈량이 사망한 뒤 멸망했다. 하지만 촉나라가 건국되고 발전하는 과정을 살펴보면 많은 이가 제갈량과 유비의 명성을 좇아 촉나라로 모였다는 것을 알 수 있다.

맹자는 이렇게 말했다.

"상대를 사랑하는데도 친해지지 않는다면 자신이 어진 마음으로 상대를 대했는지 돌아보라.

愛人不親反其仁.

남을 다스리는데도 다스려지지 않으면 자신의 지혜를 돌아보라.

治人不治反其智.

남에게 예를 다했는데 답례가 없다면 남을 공경하는 자신의 마음을 돌아보라.

禮人不答反其敬.

어떤 일에 원하는 결과를 얻지 못했다면, 자신을 먼저 돌아보며 문제의 원인을 찾아야 한다.

行有不得者, 皆反求諸己.

나 자신이 올바르면 세상의 모든 사람이 나에게 올 것이다.

其身正而天下歸之."

이 구절을 찬찬히 해석해 보자. 우리는 누군가에게 잘해주고 싶고 또 그 사람과 친해지고 싶은데, 상대와 좀처럼 친해지기 어려울 때가 있다. 그럴 때는 자신이 충분히 어질고 자애로운 마음으로 상대를 대했는지 돌이켜봐야 한다. 만일 사람을 관리해야 하는데 상대가 따르지 않으려 한다면, 자신의 지혜가 부족하지는 않았는지, 그리고 관리 방식에 문제가 있지는 않았는지 돌이켜 봐야 한다. 또 만일 예禮로써 상대방을 대했는데 상대에게 무시당했다면, 그 사람을 공경하는 자신의 마음이 충분했는지 혹은 진심이 부족하지는 않았는지 돌이켜봐야 한다.

결국 이 모든 것은 한 가지 본질적인 문제로 귀결된다. 바로 '인덕仁德'이 많으냐 적으냐의 문제인 것이다.

인덕이 많은 사람은 말 한마디, 행동 하나에도 이치에 어긋남이 없고, 하고자 하는 모든 일이 순조롭게 이뤄진다. 『시경詩經』에도 이러한 이치가 담긴 문구가 나온다.

"영원히 하늘의 이치를 따르면서 스스로 많은 복을 구하라.

永言配命, 自求多福."

여기서 '스스로 많은 복을 구하라'라는 부분의 의미는 오늘날의 해석과 조금 다르다. 오늘날에는 이 부분을 '스스로 바른 사람이 되고자 노력하고, 해야 할 일을 잘 해내며, 하늘의 이치에 맞게 처신한다면 더 많은 복이 자신에게로 온다'는 의미로 해석한다. 반대로 인덕이 부족하고 평소 말과 행실이 바르지 않은 사람은 남을 책망하기만 하니, 이런 사람은 무엇을 해도 원하는 바를 이룰 수도, 얻을 수 없다.

물론 우리 주변에도 자기반성을 잘하는 사람이 아주 많다. 이들은 문제에 부딪혔을 때 가장 먼저 자신에게서 문제의 원인을 찾는다. 이들은 남이 자신을 존중하지 않을 때 자신의 언행과 행동거지가 적절했는지를 돌이켜보고 반성한다. 아울러 남이 자신을 믿지 않을 때 자신이 해온 처신들을 돌아보며 자신의 언행이 너무 가볍지는 않았는지, 자신이 근거 없는 말들을 하지는 않았는지 생각한다. 이런 사람들은 문제가 생겨도 불평하는 법이 거의 없기에 개인적으로 성장하는 것은 물론이고 사업을 운영할 때도 발전을 거듭하게 된다.

하지만 이와 정반대의 길을 걷는 사람들도 있다. 그들은 문제에 부딪혔을 때 습관적으로 가장 먼저 남에게서 이유를 찾는다. 이를테면 협업하는 과정에서 문제가 생겼을 때 이들은 자신이 어느 부분에서 미흡했는지를 먼저 생각하기보다 협업 상대의 부족함을 탓한다. 다툼이나 충돌이 생겼을 때도 입장을 바꿔 생각하기보다는 상대의 잘못만을 생각한다. 이런 사람은 대개 정체되어 발전하지 못하거나 심한 경우 서서히 퇴보하기도 한다.

한 가지 더 짚고 넘어가야 할 문제가 있다. 우리는 자신의 힘이나 노력으로 바꿀 수 있는 것과 바꿀 수 없는 것을 분명히 구분해야 한다. 맹자는 우리에게 자신의 힘이나 노력으로 바꿀 수 있는 일을 많이 하라고 말했다. 하지만 사람들은 대개 노력으로 바꿀 수 없는 일에 더 많은 에너지를 쏟는다. 게다가 남을 비평하거나 떠도는 가십을 구경거리로 삼으면서 정작 자신의 문제는 보지 못한다. 그러나 맹자는 **어떤 문제에 부딪혔을 때 남을 탓하지 말고 남의 결점을 찾지 말라고 했다. 설령 상대에게 문제가 있더라도 그것은 그 사람의 문제이지 나의 문제는 아니기 때문이다. 우리는 그저 자신의 문제를 잘 해결하기만 하면 된다.**

 문제의 원인을 찾아내는 '비판적 사고'의 저력

『왜 비판적으로 사고해야 하는가critical thinking』라는 책에는 이런 내용이 나온다. "만일 당신이 여전히 이 세상을 어떻게 살아가야 할지 걱정된다면 그것은 필시 당신의 사고방식이 잘못되었기에 그렇게 느끼는 것이다."

곤란한 일이나 걱정스러운 일이 생겼을 때 습관적으로 불평하기보다는 나에게서 문제 원인을 찾아보고, 스스로 바꿀 수 있는 것이 무엇일지 고민해야 한다.

『왜 비판적으로 사고해야 하는가』의 관점을 완벽히 이해했다면, 일상에서 만나게 될 모든 문제가 단순해지고 명료해질 것이다.

내 안의 예와 인을
먼저 점검하라

군자가 일반인과 다른 까닭은 군자는 인간 본연의 선한 마음을 간직

하고 있으며, '인'과 '예'로써 그 마음을 지키려고 하기 때문이다.

君子所以異於人者, 以其存心也.

군자는 인과 예로써 본연의 선한 마음을 간직한다.

君子以仁存心, 以禮存心.

인을 행하는 사람은 남을 사랑하고, 예를 행하는 사람은 남을 공경한다.

仁者愛人, 有禮者敬人.

남을 사랑하는 사람은 남도 항상 그를 사랑하고,

남을 존중하는 사람은 남도 항상 그를 존중한다.

愛人者, 人恒愛之, 敬人者, 人恒敬之.

『맹자·이루 하孟子·離婁下 편』

중국 고대 봉건 시대를 크게 나눠 보면 총 세 번의 시대 전환점이 있었다. 상나라에서 주나라로의 전환, 진泰나라에서 한나라로의 전환, 당나라에서 송나라로의 전환이다.

진나라에서 한나라로 전환되던 때는 수많은 사상이 출현했던 시기다. 춘추시대에 접어들면서 수많은 사상가가 등장했고, 이들은 천하 통일의 기틀을 다지기 위해 여러 나라를 돌면서 자유롭게 자신의 사상과 학문을 펼쳤다. 당나라에서 송나라로 전환되던 때는 귀족 중심의 사회에서 평민 중심의 사회로 변화가 생기면서 사회 전반에 활력이 넘치던 시기였다. 문화 예술이 부흥했던 송대는 '중국의 르네상스 시대'라고도 불린다. 그런데 진한 시대와 당송 시대의 정치가와 개혁가들은 무엇을 하든 항상 주나라 초기 통치 사상인 '주례周禮(예로써 사회 질서를 유지하고 악樂으로써 사회 조화를 이룬다는 사상_역주)'를 회복해야 한다고 목소리를 높였다.

나는 여기서 '예禮'에 대한 설명이 꼭 필요하다고 생각한다. 주례의 '예'를 단순히 예의, 공경, 겸손과 같은 태도로 이해한다면 '주례를 회복한다復周禮'라는 말의 본 의미를 제대로 이해하기 어렵다. '예'는 또 다른 말로 '주례周禮'라고 부르며, 이 명칭은 주나라 때 유래된 것이다. 『좌전左傳』에서는 이런 구절이 나온다. "국가 대사는 종묘 제사와 전쟁이다國之大事, 在祀與戎." 여기서 종묘 제사는 주나라에서 가장 중요하게 생각하는 '예'였다.

또한 예는 전통을 의미하기도 하지만 군주, 귀족, 관료 그리고 백성의 관계를 의미하기도 한다. 춘추시대가 도래하자 각국은 나라를 부유하고 강하게 키우기 위해 법과 제도를 개혁하기 시작했고, 많은 학자가 자신의 사상을 자유롭게 펼쳤다. 그러다 보니 사람들은 더 이상 '예'의 필요성을 생각하지 않게 되었고, 이런 흐름은 봉건 사회의 제도와 규범의 파괴로 이어졌다. 이런 시대적 배경을 이해했다면 유가 사상의 창시자인 공자와 유가 사상의 집대성자인 맹자가 이루고자 한 것이 무엇이었을지 짐작될 것이다.

공자와 맹자는 자기 내면의 여러 가지 충동과 욕망을 절제하고, 전통적으로 내려오는 '예'의 기준에 따라 처신함으로써 유가 사상의 최고 경지인 '인仁'을 실현하고자 했다. 사사로운 개인의 욕심을 극복하여 예(여기서의 예는 화합을 뜻한다_역주)를 회복한다는 뜻의 성어 '극기복례克己復禮'가 여기서 유래한 말이다.

각종 사상이 자유분방하게 출현하던 시기 유가 사상은 전통으로 회귀해야 한다는 기조를 내세웠다. 다시 말해 '주례의 회복'은 당시 유가 사상의 기본 방침이자 기본 방향이었다. 이와 관련하여 맹자가 남긴 말이 있다.

"스스로 돌이켜보아 떳떳하다면 수천만 명의 사람이 반대하더라도 나는 내 길을 가겠다.

自反而縮, 雖千萬人, 吾往矣."

이 구절을 이해했다면 '살신성인殺身成仁(목숨을 바쳐 인을 실현하겠다는 뜻_역주)'이 내포한 깊은 의미도 이해했으리라. 정리하면 여기서 '예'는 일종의 유가 사상의 입장이다.

사람은 반드시 자신의 입장을 가지고 있어야 한다. 일할 때도 마찬가지다.

『왜 비판적으로 사고해야 하는가』라는 책에는 이런 내용이 나온다.

"시대가 다르면 사고방식도 달라져야 한다. 우리는 사고할 때 비판적으로 사고해야 한다. 하지만 그전에 먼저 자신을 반성하는 법을 배워야 한다."

이 책에서는 사고와 입장의 관계에 대해 이렇게 설명했다.

"다양한 입장이 다양한 사고를 만들고, 그것이 다시 우리의 신념 체계를 만들어낸다."

맹자는 군자와 일반인의 차이점에 대해 "군자와 일반인은 마음가짐이 다르다. 군자는 '인'과 '예'를 마음에 깊이 새겨 둔다."라고 말했다.

사람은 상호적으로 연결된 존재다. 그렇기에 사람이 가진 본연의 마음은 그 사람의 입장과 사고방식에 드러나게 되어 있고, 더 나아가 사람과 사람이 만나고 사귀는 과정에서도 드러난다.

맹자는 '예가 있는 사람은 남을 공경한다^{有禮者敬人}.'고 말했다. 우리는 만나는 사람의 신분과 지위가 무엇이든 항상 예를 갖춰 타인을 대해야 한다. 그래야 타인도 우리에게 예를 갖춘 태도로 대할 것이다. 이것이 바로 예를 행하고 인을 행하는 자세다.

동한^{東漢}의 맹창^{孟嘗}이 말하길, "어질고 자애로워지니 도덕과 정의를 널리 퍼뜨리게 되었다. 또한 사람이 지켜야 할 도리에 몰두하게 되니 생각과 행동이 속되지 않고 고결해졌고, 비로소 남들보다 뛰어난 일을 할 수 있게 되었다."라고 했다. 역시나 그가 다스리던 지역의 백성 중에는 그를 따르지 않는 자가 없었다.

예를 하나 더 들어보자. 한 기업의 리더가 직원들에게 '자신을 대할 때 예우를 갖춰라'라고 요구하면서 정작 아랫사람에게는 무작정 추가 업무를 지시하고, 또 그것을 기업의 문화라고 우긴다면 그것은 잘못된 입장이며, 상대방의 입장을 헤아리지 않는 태도다. 이것이 바로 무례^{無禮}하고 불인^{不仁}한 자세다.

우리는 맹자의 가르침을 거울로 삼아 역으로 자신의 입장과 태도를 점검해 볼 수 있다. 예를 들어 **자기 자신에게 '나는 누구에게**

나 똑같이 예를 갖춰 행동했는가?'를 질문해 보자. 그런 다음 '다른 사람 역시 내게 예를 갖추고, 나를 헤아려 주었는지'를 자신에게 또 물어보자. 그리고 마지막으로 자문해 보자. '지금의 나는 마음이 올바른 군자라고 말할 수 있을까?'

이처럼 논리 정연한 질문에는 특징이 있다. 만일 첫 번째 질문에서 당신의 답이 'Yes'였다면 두 번째 그리고 세 번째 질문에 대한 답도 반드시 'Yes'일 수밖에 없다. 하지만 만일 첫 번째 질문에 대한 당신의 답이 'No'라면 나머지 질문에 대한 답도 자연히 'No'일 수밖에 없다. 첫 번째 답은 'Yes'인데 두 번째 답이 'No'인 경우는 결코 있을 수 없다.

앞서 세 가지 질문에서 늘 'Yes'라고 답할 수 있는 입장이 되려면, 내가 남을 대할 때의 입장을 점검하고 돌이켜 봐야 한다. '입장'에 대해 이야기를 좀 더 이어가겠다.

『고요한 돈강Tikhii Don』이라는 러시아 소설이 있다. 나는 소설 속 주인공 그레고리의 굴곡진 삶이 기억에 남는다. 그레고리는 아내 나탈리아와 헤어지고 나서도 그녀에게 미련을 갖는가 하면, 애인이었던 아크시냐와도 애매한 관계를 이어간다. 또한 그레고리는 혁명가와 반혁명가 사이에서 갈팡질팡하며 어느 쪽도 선택하지 못했다. 그레고리는 용감하고, 의지가 강하고, 악한 사람을 두려워하지 않는 아주 전형적인 카자크인의 기질을 가진 사람이었다. 하지만 그레고리의 완고한 고집과 생각의 한계는 그가 고난에 직면했을 때, 그리고 선택해야 하는 상황에서 여실히 드러났다. 그레고리는 자신의 입장이 없었기 때문에 혹은 자신의 입장을 정하지 못해 불안과 방황을 겪게 되었다. 그리고 최후에는 비참하고 고통스럽고 외로운 삶을 살았다.

 타인을 감싸주는 '포용력'의 저력

사람은 어느 정도 넉넉하고 여유로운 입장을 갖고 조금은 대범하고 무덤덤해질 필요가 있다. 내면에 얼마나 많은 것을 포용할 수 있느냐는 결국 그 사람이 얼마나 많이 얻을 수 있느냐와 직결된다. 더욱이 확실한 것은 타인을 포용할수록 그 행동은 자신에게 유리한 쪽으로 작용하지만, 타인을 포용하지 못하는 사람은 즐거움과 행복을 느낄 수 없다.

진취적인 인생을 만드는 '부끄러움'의 동력

부끄러워하는 마음은 사람에게 있어서 매우 중요한 것이다.

恥之於人大矣.

때에 따라 교묘한 수단을 쓰는 자는 부끄러워하는 마음을 쓸 일이 없다.

爲機變之巧者, 無所用恥焉.

남보다 못한 것을 부끄럽게 여기지 않는데, 무엇인들 남과 같을 수 있

겠는가?

不恥不若人 何若人有.

『맹자·진심 상孟子·盡心上 편』

옛말에 '책을 펼치면 이로움이 있다'라는 말이 있다. 책을 읽기만
해도 좋다는 뜻이다. 하지만 많은 현대인은 이제 이 말에 동의하지
않는다. 가령 젊은 친구들은 종종 내게 이렇게 말한다.

"판 선생님, 저는 텔레비전이나 인터넷을 통해 다양한 정보를 습득하고, 현실에서 사람들과 교류하며 배우는 편이 여전히 더 좋아요. 그리고 다양한 시각화 도구로 더 많은 지식을 얻을 수 있어요."

이와 같은 방식으로 지식을 습득하는 것을 반대하는 것은 아니다. 다만 이런 방식에만 의존해서는 지식을 충분히 습득할 수 없다는 생각이다. 그래서 나는 그들에게 물었다.

"당신은 일상에서 공자나 맹자를 만날 수 있나요? 소크라테스를 만나고 싶다는 생각은 안 해 보셨나요?"

실제로 우리가 살면서 만나는 이들은 대체로 자신과 비슷한 수준과 능력을 갖춘 사람들이다. 때로는 자기 능력보다 뛰어난 사람도 있겠지만, 그 사람은 아마도 우리의 상사나 고용주 정도의 수준일 것이다.

그럼 이렇게 말하는 사람도 있다. "나는 그냥 평범한 사람이야. 그래도 나 자신한테 만족해. 네가 얼마나 뛰어난 능력과 우수한 자질을 갖췄든 그건 나랑 아무 상관 없어." 물론 이런 사고방식에 문제가 있다는 뜻은 아니다. 다만 이런 사고에는 진취심이 결여되어 있다.

"남보다 못한 것을 부끄럽게 여기지 않는데, 무엇인들 남과 같을 수 있겠는가?不恥不若人, 何若人有?"라는 맹자의 말을 빌려 그들에게 묻고 싶다. "남들을 따라잡지 못하는 것을 부끄러워하지 않는데, 어떻게 남들보다 뛰어날 수 있겠는가?"

옛말에 이런 말도 있다. "아무것도 모른다면 그것은 부끄러워해야 할 일이다." 이 말은 자신이 어떤 일을 모르거나 이해하지 못할 때 그것을 심히 부끄럽게 생각해야 한다는 의미다. 이 말은 앞서 맹자가 말한 '남보다 수치심을 느끼지 못하는데 무엇인들 남과 같을 수 있겠는가?'라는 말과 서로 일맥상통한다. 자신의 부족한 점을 알았으면 그것을 개선하여 더 나은 내가 되려고 노력해야 한다. 자신의 부족한 점을 알고도 '부족해도 어쩔 수 없지. 그냥 생긴 대로 살아야지. 어쨌든 나도 남보다 잘하는 게 있으니까.'라고만 생각하면 영원히 발전할 수 없다.

예를 들어보자. 누군가와 주식, 투자에 관해 대화를 나누는데 대화 내용을 전혀 이해할 수 없었다. 이때 어떤 이들은 '어쩔 수 없지 뭐. 이해를 못 해도 나한테는 어떤 영향도 미치지 않아. 나는 투자에 관심이 없으니까.'라고 생각한다.

하지만 같은 상황에서 공자나 맹자와 같은 사람이라면 아마도 주식과 투자를 이해하기 위해 그 즉시 관련 서적을 찾아 읽었을 것이다. 물론 이 분야의 지식을 이해했다고 해서 반드시 주식을 사고 투자해야 한다는 뜻은 아니다. 하지만 그렇게 함으로써 당신은 관련 분야의 지식을 늘릴 수 있게 되고, 정말로 그 분야를 이해한 뒤에는 주식과 투자에 흥미가 생겨 더 깊게 공부할 수도 있다. 또는 업계 유명 인사들과 접촉할 기회가 생겨 이로 인해 더 많은, 더 좋은 기회를 얻게 될 수도 있다.

나는 외부 강의를 나갔을 때 회사에서 부당한 대우를 받아 불만을 토로하는 젊은 친구들을 자주 본다. 나는 그들에게 스스로 개선하고 변화해야 한다고 조언하지만, 정작 그들은 그 정도 노력까지는 기울이고 싶어 하지 않는다. 그야말로 악순환이 되는 것이다. 불평하는 것 외에 가치 있는 무언가를 배우지 않는다면 설령 다른 회사로 이직한다 해도 불만은 계속 생길 것이다. 주변을 돌아보면 꽤 많은 이들이 직장을 자주 옮기고 무엇을 하든 한 가지 일을 진득하게 하지 못하며 모든 면에서 항상 제자리걸음만 한다. **그들이 발전하지 못하는 이유는 바로 '부끄러움'을 모르기 때문이다. 또 부끄러움을 모르면 부족한 부분을 개선하고 더 나아지려는 '용기'도 생기지 않는다.**

석사 졸업 전날 밤, 나는 마지막 시험을 치른 뒤 동기들을 쓰레기통 앞으로 모이게 했다. 나는 동기들이 보는 앞에서 전공 서적을 꺼낸 다음 진지하게 말했다.

"다들 봤겠지만, 나는 이 책들을 모두 쓰레기통에 버릴 생각이야. 그리고 앞으로는 두 번 다시 어떤 시험도 보지 않을 거야!"

이후 나는 베이징北京에서 일하게 되었고, 중국 중앙방송국

CCTV에 입사했다. CCTV에서 일을 하면서 불현듯 내가 굉장히 무지하다는 생각이 들었다. 나는 매일 정예푸鄭也夫, 양둥핑楊東平과 같은 유명 교수들을 따라다니며 기획 회의에 참석했는데, 그때마다 그들의 대화에 전혀 끼어들지 못했다. 상대가 하는 말을 이해하지 못해도 그냥 알아듣는 척, 기록하는 척했지만 속으로는 그런 내 모습이 무척 창피하고 부끄러웠다.

부끄러움을 아는 것은 좋은 일이다. 부끄러움을 알아야 달라지려는 용기를 낼 수 있다. 그 뒤로 나는 스스로 책을 찾아 읽으며 머릿속에 다양한 지식을 쌓으려고 노력했다. 적어도 그들이 하는 대화 정도는 알아들을 수 있는 수준이 되려고 노력했다.

부끄러워하는 마음, 즉 수치심은 사람에게 없어서는 안 될 마음이다. 부끄러워하는 마음은 우리의 진취심을 북돋아 주고, 자기 자신을 더 단련하고 분발하도록 만드는 동력이 되어 준다.

청나라 말기 학자 주치펑朱起鳳은 '수서양단首鼠兩端(결정을 해야 하는 순간 쥐가 이리저리 왔다 갔다 하는 것처럼 선택하지 못하는 우유부단한 모습을 말함_역주)'과 '수시양단首施兩端(어떤 일을 처리할 때 두 가지 전략 혹은 두 가지 대안을 동시에 취하는 것을 말함_역주)'을 분간하지 못하고 통용하는 바람에 학생의 글을 잘못 평가하게 된 일이 있었다. 이로 인해 당시 주치펑은 사람들에게 비웃음을 샀다. 그 일을 계기로 주치펑은 더욱 열의를 가지고 배움에 임했다. 그는 약 만 개에 이르는 단어를 수집하고 그것들을 일정 기준에 따라 정리했다. 그다음 각 단어에 사용 예시를 제시하고 이를 바탕으로 단어의 의미를 해석했다. 그리고 부단한 노력 끝에 300여만 자의 글자가 수록된 사전 『사통辭通』을 완성했다. 후에 이 사전은 고문을 공부할 때 반드시 필요한 서적 중 하나가 되었다.

사실 수치심이 우리 개인의 능력에만 결부되어 있는 것은 아니다. 우리의 도덕관도 수치심과 연관이 있다. **수치심을 아는 사람은 옳지 않은 일을 했을 때 부끄러움을 느끼고, 타인의 기대를 저버렸을 때 죄책감을 느끼며, 이치에 어긋난 행동을 했을 때는 괴로움을 느낀다.** 스스로가 생각하는 도덕의 기준을 지킬 수 있는 것도, 선량함과 올바른 가치관을 가진 품위 있는 사람이 될 수 있는 것도 모두 수치심을 아는 사람만이 가능하다.

마음을 다스리는 '수치심'의 저력

청나라 학자 캉유웨이康有爲는 이런 말을 남겼다.

"사람이 자신의 욕망과 행위를 절제할 수 있는 까닭은 마음속에 수치심을 갖고 있기 때문이다."

반대로 듣기 좋은 말로 상대방을 속이고 중상모략을 꾸미는 사람에게는 수치심이 없다. 맹자는 수치심이 없는 사람을 다음과 같이 표현했다.

"때에 따라 교묘한 수단을 쓰는 자는 부끄러워하는 마음을 쓸 일이 없다."

이처럼 부끄러움을 모르는 사람은 아무리 똑똑하고 유능해도 다른 사람에게 환영받고 신뢰받기는 어렵다.

부딪힐 것 같으면
더 세게 밟아라!

맹자가 묻기를, "나라 안이 다스려지지 않는다면 어떻게 하시겠습니까?" 하니,

孟子曰: "四境之內不治, 則如之何?"

왕은 좌우를 두리번거리며 딴청을 피웠다.

王顧左右而言他.

『맹자·양혜왕 하孟子·梁惠王下 편』

예전에 내가 시안西安에서 강의를 했을 때 어떤 독자와 잠깐 이야기를 나눈 적이 있다.

그는 자신이 예전에 어떤 회사에서 인사담당자로 일했는데, 당시에는 업무 경험이 적어 일이 굉장히 힘들었다고 한다. 그는 업무 능

력을 빨리 키우고 싶은 마음도 있었지만, 끝없이 몰려드는 일에 설름이 없었다는 것이다. 결국 그는 인사팀 일이 자신에게 맞지 않다고 결론을 내리고 사직서를 제출했다. 당시 회사 사장은 그를 아끼는 마음에 사직을 만류하며 이렇게 말했다고 한다.

"입사한 지 얼마 안 됐기 때문에 잘 모를 수도 있어요. 사실 무슨 일을 하든 여러 가지 문제에 부딪힐 수 있어요. 그러니 방법을 고민하면서 천천히 해결해 갑시다."

하지만 그는 회사 사장의 말을 듣지 않고 기어이 퇴사를 선택했다. 그리고 얼마 뒤 엔터테인먼트 회사에 입사했다. 하지만 그곳에서도 매일 아침 일찍 출근해서 저녁 늦게 퇴근하는 것은 물론, 주제 선정부터 인터뷰까지 온갖 일을 그가 처리해야 했다. 그는 서서히 일이 벅차게 느껴졌으며 이번에도 또 퇴사하고 싶은 마음이 꿈틀거렸다.

그는 내게 이렇게 말했다.

"판 선생님, 선생님이 보시기에 저는 무슨 일을 해도 안 되는 사람일까요? 아니면 저는 아직 제게 맞는 일을 찾지 못한 걸까요?"

다들 이런 비슷한 경험을 해 봤을 것이다. 일을 할 때 마음과 달리 업무 역량이 따라주지 않으면 스스로에게 회의를 느끼게 된다. 더 심해지면 현 직장에서 벗어나 자신에게 더 잘 맞는 혹은 더 편하게 일할 수 있는 일을 찾고 싶은 마음이 든다. 하지만 나는 꼭 말해 주고 싶다. 직장을 바꾸든 업무를 바꾸든 결국에는 또 문제에 부딪 히게 된다고. 일이 맞지 않을 수도 있고 업무 환경에 적응하지 못할 수도 있다. 그리고 그때마다 문제로부터 도망치고 싶은 마음이 들 것이다. 또한 문제를 해결하려고 하지 않으면 아무리 직장을 옮기 고 일의 종류를 바꿔도 근본적인 문제를 해결할 수 없다.

유감스럽게도 예나 지금이나 문제를 회피하는 사람은 어디에나 존재한다. 지체 높은 군왕이라 해서 꼭 문제 해결에 적극적으로 나 섰던 것은 아니다.

맹자와 제나라 선왕의 대화를 예로 들어보자. 맹자가 선왕에게 물었다. "나라 안이 다스려지지 않는다면 어떻게 하시겠습니까?" 이 말은 나라가 제대로 통치되지 않는다면 어떻게 할 것인지를 묻 는 것이다.

나라를 다스려야 하는 사람은 누구인가? 당연히 그 나라의 왕이 다. 그렇다면 군왕이 나라를 잘 다스리지 못했다면 어떻게 해야 할 까? 이때 진정으로 문제를 해결할 생각이 있는 군주라면 분명 맹자 에게 "그 답을 자세히 듣고 싶소."라고 말한다거나 "짐이 잘 다스리 지 못할 수도 있으니 그대에게 가르침을 구하오."라고 말했을 것이 다. 그리고 맹자와의 대화에서 문제의 해결 방법을 찾았을 것이다.

하지만 선왕은 맹자의 질문에 답하기는커녕 좌우를 두리번거리며 대화의 화제를 다른 곳으로 돌렸다. 선왕의 이런 반응은 그가 본질적인 문제를 직면하고 싶어 하지 않음을 방증한다. 물론 이 역시 선왕의 본성이기도 하다.

예전에 맹자가 선왕에게 인정(어진 정치_역주)을 펼쳐야 한다고 말했을 때도 선왕은 여러 번 "과인은 여색을 좋아하오.", "과인은 재물을 좋아하오.", "과인은 용맹함을 좋아하오."라고 대답했다. 이런 식의 대답은 문제를 표면적으로만 다루고 실질적으로는 해결하지 않으려는 생각이나 다름없다. 설령 무엇이 문제인지 이미 알고 있다해도 선왕은 여전히 계속 핑계를 대며 문제에서 도망쳤을 것이다. 그럼 문제를 해결하지 않아도 될 테니 말이다.

서양에는 '방 안의 코끼리'라는 아주 재미있는 비유법이 있다. '방 안의 코끼리'란 방안에 코끼리 한 마리가 있는데 모두가 그 큰 몸집의 동물을 못 본 척하는 우스꽝스러운 상황을 해학적으로 표현한 것이다. 실제로 수많은 기업에서 이런 현상이 나타난다. 구성원 모두가 분명 일의 어떤 과정에 문제가 있다는 것을 알면서도 누구하나 언급하지도, 해결하려 하지도 않고, 결국 수습 불가능한 손실이 발생할 때까지 문제를 방치하는 행태를 가리킨다.

『인정하다Buy-In: Saving Your Good Idea from Getting Shot Down』라는 책에서는 한 가지 현상에 대해 이야기한다. 회사에서 회의를 할 때 서로 다른 의견을 가진 사람들이 동시에 참석하지 않기를 바라는 사람들이 굉장히 많다. 회의 때 의견이 상반되는 사람이 등장하면 논쟁이 발생할 수 있고, 그럼 회의 시간이 길어지기 때문이다. 대부분은 어떻게든 문제를 회피하고 싶어 하고, 그래야 업무가 순조롭게 진행될 것만 같은 느낌을 받는다.

사실 이것은 잘못된 생각이다. 다른 의견이 제시되었다는 것은 어떤 일에 대한 합의가 이뤄지지 않았다는 것을 의미한다. 그러면 문제를 해결하고 합의를 이룰 수 있는 방법을 서둘러 강구하면 된다. 만일 회의에서 문제가 드러나 논쟁이 생기더라도 논쟁을 통해 문제에 대한 합의를 더 쉽게 이끌어낼 수도 있다.

 보다 나은 내일을 위한 '다름'이라는 저력

사람이나 기업이나 실수를 저지르는 것보다 자신의 실수를 직면하는 것을 가장 두려워한다. 그렇기 때문에 실수를 직면했을 때도 회피를 택한다. 하지만 이것은 아주 끔찍한 선택이다. 어찌 보면 우리는 회의 시간에 문제가 언급되고 드러나는 것을 감사하게 여겨야 한다. 모두가 함께 의견을 나누고 토론해야 더 수월하게 합의를 이뤄 문제를 근본적으로 해결할 수 있기 때문이다.

현재의 위치에서
불확실성에 대비하라

고대 군주의 허물은 일식과 월식 같아서 모든 백성이 훤히 알았고,
군주가 잘못을 고치면 백성 모두가 그를 우러러보았다.
古之君子, 其過也如日月之食, 民皆見之, 及其更也, 民皆仰之.
하지만 지금의 군주는 잘못을 바로잡기는커녕 잘못된 행동을 감싸려
고 변명만 하는구나.
今之君子, 豈徒順之, 又從而爲之辭.

『맹자·공손추 하孟子·公孫丑下 편』

'불확실성이야말로 삶의 정상적인 상태다'라는 말을 들어본 적이
있는가. 이 말에 공감하는 사람이 얼마나 될지는 의문이다. 현실에
서 불확실성을 좋아하는 사람은 거의 없기 때문이다. 대부분은 확
실한 것을 좋아하고, 자신에게 닥치는 상황을 예측할 수 있기를 바

란다.

중국 중앙방송국에 갓 입사했을 당시 나는 월급은 적은데 주택 대출금을 갚아야 하는 상황이라 경제적으로 심한 압박감에 시달렸다. 그래서 실직이 최고의 두려움으로 다가왔다. 그때 나는 누군가 내게 매달 2만 위안(약 380만 원)씩 월급을 준다고 하면 그 사람 밑에서 평생 일할 수 있다고 생각했다. 분명 지금도 여전히 많은 사람이 당시의 나와 같은 생각을 하고 있을 것이다. 하지만 지금에 와서 당시에 했던 생각을 돌이켜보면 그렇게 사는 것은 정말 끔찍한 일이었을 것이다. 일상이 고정적으로 정해지는 순간, 그 삶에는 어떠한 진전도 존재하지 않기 때문이다. 인생의 모든 특별한 순간과 빛나는 순간은 불확실성에서 비롯된다.

장자莊子는 "사람은 불확실성과 함께 공존하는 법을 배워야 한다."라고 말했다. 똑똑해지고 싶다면 불확실성을 유지하는 법을 배워야 한다. 하지만 **대다수 사람은 어떻게 하면 모든 것을 확실하게 정할 수 있을까를 걱정한다. 또 모든 일이 내가 생각한 대로 진행되기를 바란다. 하지만 그렇게 살게 되면 결국 평생을 그저 그렇게 무미건조하고 의미 없이 보낼 가능성이 크다.**

『반 취약성』이라는 책에서는 '뷔리당의 당나귀Buridan's ass' 효과에 대한 이야기가 나온다. 이것은 14세기 프랑스 철학자 뷔리당이 했던 실험의 이름이다. 실험 내용은 이렇다.

아주 이성적인 당나귀 한 마리가 있었는데, 어느 날 당나귀 앞에 양과 질이 동일한 건초더미 두 덩이를 놓아 두었다. 그런데 당나귀는 둘 중 어느 건초더미를 골라야 할지 몰라 결국 굶어 죽고 말았다. 만약 누군가가 당나귀를 한 건초더미 앞에 끌어다 놓았다면 그 당나귀는 살 수 있었을 것이다. 물론 양쪽 모두 불확실성이 존재하고, 둘 중 하나를 선택했을 때 약간의 위험이 따를 수도 있다. 하지만 그 위험이 때로는 생존의 기회와 새로운 전환점을 가져올 수도 있다.

『맹자』에도 이와 비슷한 일화가 기록돼 있다. 제나라가 연燕나라를 침공했을 때의 일이다. 연나라를 점령한 제나라는 어수선한 연나라 내부 질서를 재정비하고 정의를 실현하는 것에는 전혀 관심이 없었다. 연나라의 재물을 약탈하고, 이참에 완전히 연나라를 흡수할 생각뿐이었다. 맹자는 제나라 선왕에게 약탈 행위를 멈출 것을 종용했으나 선왕은 맹자의 말을 듣지 않았다. 그 결과 연나라 백성들이 봉기를 일으켜 대항했고, 선왕은 군대를 철수할 수밖에 없는 지경에 이르렀다.

그제야 맹자의 말이 떠오른 선왕은 맹자를 다시 만나기가 차마 부끄러웠다. 모든 상황을 지켜보고 있었던 제나라 대부 진가陳賈는 선왕에게 이렇게 말했다.

"대왕께서는 자책하실 필요가 없습니다. 주공周公(주나라 정치가_역주)은 형 관숙管叔에게 은殷나라 감시를 맡겼지만 관숙은 은나라와 손을 잡고 반역을 일으켰습니다. 만일 주공이 관숙이 배반할 것을 알면서도 은나라에 보낸 것이라면, 결국 관숙을 죽이기는 했지만 주공은 어리석은 판단을 한 것이나 다름없습니다. 설령 주공이 정말 아무것도 모르고 관숙을 등용했다 하더라도 그 또한 지혜롭지 못하다고 밖에 말할 수 없습니다. 성인이라 불렸던 주공도 어리석고 지혜롭지 못한 판단을 내릴 때가 있는데, 하물며 대왕께 부족함이 있는 것은 너무나 당연한 일이 아니겠습니까?"

그 뒤로 맹자를 찾아간 진가는 앞서 선왕에게 했던 말을 맹자에게도 다시 한번 말했다. 주공도 실수를 범할 때가 있는데 선왕이 범한 실수가 뭐 그리 대수로운 일이냐는 말을 하고자 함이었다.

이때 맹자는 진가에게 속 시원한 일침을 날린다. 맹자는 진가의 말이 끝나자 이렇게 대답했다.

> "관숙과 주공은 형제입니다. 동생이 형의 배신을 눈치채지
> 못했으니 이는 마땅히 주공의 과오입니다. 그러나 고대의
> 군주는 잘못을 했어도 이를 바로 잡았습니다. 반면 지금의
> 군주는 잘못인 줄 알면서도 잘못된 길로 계속 가려고 합니

다. 고대의 군주는 자기 잘못을 모두가 분명히 알 수 있도록 했기 때문에, 잘못을 바로잡았을 때는 모두가 군주를 우러러보았습니다. 하지만 지금의 군주는 잘못인 줄 알면서 잘못을 저지르고, 그것으로 모자라 자기 합리화를 위해 온갖 궤변을 늘어놓지 않습니까!"

맹자는 선왕이 잘못을 저질렀으니 잘못된 것은 마땅히 당장이라도 바로잡아야 한다고 생각했다. 하지만 선왕은 과감히 잘못을 인정하고 바로잡기는커녕 오히려 당치도 않는 이유를 내세워 자신의 잘못을 덮어 감추려 했다. 맹자는 선왕이 군주로서 절대 해서는 안 될 행동을 하고 있음을 지적한 것이다.

실수가 두려워 아무것도 하지 않는 우둔함

사람이 무슨 일을 할 때, 그것이 회사 경영이든 국가 운영이든 실수를 안 할 수는 없다. 실수하는 것은 두려워할 일이 아니다. 실수를 인정하고, 실수를 통해 교훈을 얻고, 반복하지 않는다면 실수 자체는 아무 문제가 되지 않는다. 진가는 선왕의 선택을 정당화하기 위해 변명을 늘어놨지만, 맹자는 그것이야말로 선왕에게 해가 되는 행동이라 생각했다. 또한 이는 맹자가 가장 혐오하는 행동이기도 했다.

진가의 논리를 세세히 따져보면 절반은 맞고 절반은 틀렸다. 주공과 같은 성인도 실수할 때가 있는 것처럼 사람은 누구나 실수할 수 있다. 그렇다 해서 주공도 실수를 했으니 선왕도 실수할 수 있다며 합리화하며 실수를 대수롭지 않게 생각하면 안 된다.

지금도 많은 사람이 너무나 쉽게 이 논리의 함정에 빠진다. '그 옛날 성인들도 실수를 했는데 내가 실수하는 것쯤이야'라고들 생각한다. 하지만 여기서 핵심은 실수가 아니다. **실수한 뒤에는 곧바로 실수를 회고하고, 반성하고, 개선할 점을 정리하여 스스로 똑같은 잘못을 반복하지 않는 것이 바로 핵심이다. 유감스럽게도 많은 이가 억지스러운 논리를 이용해 책임을 떠넘기는데 익숙해져 있고, 때로는 누군가를 그 논리의 함정에 빠뜨리기도 한다.**

다시 불확실성에 대한 이야기로 돌아와 보자. 사람은 누구나 무언가를 할 때 불확실성에 직면한다. 주공이 관숙에게 은나라 감시를 맡긴 일도 제나라가 연나라를 침공한 일에도 많은 불확실성이 존재했다. 하지만 모든 불확실성은 사건이 발생한 후에야 결과를 알 수 있다.

반면 아무것도 하지 않는 사람은 불확실성에 직면하지 않는다. 또한 아무것도 하지 않는 사람은 사건이 발생한 후에야 조물주의 시선으로 상대의 결점을 찾는다. 그리고 '당신이 알고도 그렇게 했다면 어리석은 것이고, 모르고 한 것이라면 무지하고 지혜가 모자란 것'이라고 일침한다. 따라서 아무것도 하지 않는 사람이 무언가를 하는 사람의 흠을 찾으려고 한다면 100%의 확률로 그 흠을 찾아낼 수밖에 없다.

이쯤 되면 오늘날 우리 사회에 모니터 뒤에 숨은 '악플러'들이 왜 그토록 많은지 이해가 될 것이다. 악플러들은 평생 실수하려 하지 않는다. 대신 항상 완벽한 논리를 이용해 당신이 무엇을 하든 다 틀렸다는 것을 '증명'하려고 한다. 하지만 공교롭게도 역사를 이끌어 간 이들은 어리석을 때도 있고 무지할 때도 있는 사람들이었다.

어차피 무슨 일을 하든 불확실성이 존재한다면 어떤 일이 잘될지 안 될지는 아무도 모른다. 그럼 시도해 보지 않을 이유가 없지 않은가? 만일 나의 선택이 틀렸다면 그에 따른 책임을 지고 실패를 직시해 잘못된 것을 고치면 된다. 반대로 나의 선택이 옳았다면 나머지는 순조롭게 흘러갈 것이다. 한 마디로 자기 자신을 고정된 생각의 틀 속에 가두지 말라는 말을 하고 싶은 것이다.

어떤 일이 하고 싶으면 하면 된다. 너무 많이 걱정하고 불안해하지 마라. 예전에 어떤 한 작가는 내게 자신이 잘못된 곳에서 답을 찾고 있는 것 같아서 불안하다고 말했다. 이 말은 집이 없는 사람이 집이 생기면 문제의 절반이 해결될 것 같다고 느끼는 것과 비슷하다. 하지만 그것은 잘못된 생각이다. 우리는 현재를 충실히 살면서 주변 세상과도 어우러지려고 노력하고 불확실성과 공존할 수 있는 태도를 배워야 한다.

 무한한 가능성이 잠재된 '불확실성'이라는 저력

불확실성은 결코 나쁜 것이 아니다. 불확실성에는 무한한 가능성이 잠재돼 있다. 불확실성 앞에서는 불평하고 회피해도 소용없다. 우리가 불확실성 앞에서 유일하게 할 수 있는 일은 불확실성을 직시하고, 현재 내가 할 수 있는 일을 하면서 불확실성을 극복하는 것뿐이다. 결국 불확실성의 극복 여부는 우리의 실제 '행동력'에 달려있다. 어차피 먼 길을 택한 것이라면 앞으로 가야 할 길이 아무리 험하고 아득해도 자신이 가려는 길의 방향을 잃지 않고 꿋꿋이 걸어가 보자.

비교의
진정한 의미

근본을 헤아려 보지 않고 말단만 가지런히 놓고 비교한다면,
손가락 한 마디 길이의 나무도 높이 솟아있는 누각보다 더 높게 만들
수 있다.
揣其本而齊其末, 方寸之木可使高於岑樓.

『맹자·고자 상孟子·告子上 편』

철학자들은 '사물은 항상 서로 비교되면서 존재하고, 서로 제약
을 주면서 발전한다'고 말한다. 물질과 운동은 보편적으로 시간과
공간상에서 상대성을 띠는 규칙을 갖는다. 만약 모든 사물이 같은
상태로 존재한다면 사물 간의 차이점이 없어지는 것은 물론, 사물
의 발전도 일어나지 않는다. 즉, 비교란 사람이 사물을 인식할 때

사물이 가진 상대성을 바탕으로 사고하는 방식이다.

아마 인생을 사는 동안 '비교'로부터 자유로울 수 있는 사람은 없을 것이다. 비교는 어렸을 때부터 시작된다. 부모님은 우리를 다른 사람과 비교하고, 매번 다른 집 아이가 더 나은 것 같다는 결론을 내린다. 그리고 사회에 나가 일을 시작하면서부터는 우리 스스로가 타인과 자신을 비교한다. 이때 얻어지는 결론은 사람마다 다르다. 어떤 이들은 자신이 타인보다 능력이 부족하다는 생각 때문에 자신감이 저하되는가 하면, 또 어떤 이들은 자신이 남들보다 분명 우수한데도 인정받지 못하고 있다고 생각한다.

하지만 사람들은 대개 잘못된 방식으로 비교를 한다. 사람들은 주로 비교 후 드러나는 결과에만 관심을 가지고, 왜 그런 결과가 나왔는지는 궁금해하지 않는다. 이에 대해 맹자는 다음과 같이 말했다.

> "근본을 헤아려 보지 않고 말단만 가지런히 놓고 비교한다
> 면, 손가락 한 마디 길이의 나무도 높이 솟아있는 누각보다
> 더 높게 만들 수 있다."

이 말은 사물의 근본을 헤아리지 않고 사물의 말단 부분만을 비교한다면, 아주 높은 곳에 올려놓은 작은 나무토막도 높이 솟아있

는 누각보다 더 높이 있는 것처럼 보일 수 있다는 뜻이다.

맹자의 견해를 과학적으로 설명하자면 다음과 같다. 사람은 비교를 통해 여러 객관적인 현상들의 공통점과 차이점을 구분하고, 각사물이 가진 본연의 규칙들과 그 규칙들 사이에 존재하는 연결고리를 찾아내어, 최종적으로는 사물의 본질에 대한 이해를 얻어야 한다.

사실 비교의 결과는 전혀 중요하지 않다. 중요한 것은 비교하는 과정이다. 사람들은 비교하는 진짜 목적과 의미를 간과하고 비교 결과에만 집착한다. 이런 식의 비교는 비교 본연의 의미를 완전히 상실한 것이나 마찬가지다.

비교는 양날의 검이다. 이성이 결여된 채 결과에만 집중하는 비교는 여러 가지 부정적인 감정을 만들어낸다. 반대로 이성에 의한 합리적인 비교는 사람을 성장하는 방향으로 이끌기 때문에 타인의 장점을 취하고 자신의 단점을 보완하는 행동이 자발적으로 이뤄지게 된다.

그렇다면 이성적인 비교란 대체 무엇일까? '추기의 진언을 받아들인 제나라 왕'의 이야기를 예로 들어 설명해 보겠다.

제나라 국상國相 추기鄒忌는 키가 팔 척(약 240cm)에 이르는 장신이었으며 용모가 매우 아름다웠다. 어느 이른 아침, 추기는 자신의 아내에게 물었다. "나와 서공徐公을 비교했을 때 누가 더 잘생겼소?" 그러자 그의 아내가 말했다. "당신이 훨씬 잘생겼지요. 서공을 어찌 당신과 견줄 수 있겠습니까?" 하지만 추기는 자신이 서공보다 잘생겼다는 부인의 말을 믿지 못해 그의 첩에게 또 물었다. "나와 서공 중에 누가 더 잘생겼소?" 이에 첩은 "서공의 용모가 어찌 당신을 따라갈 수 있겠습니까?"라고 답했다. 다음날 추기의 집에 손님이 찾아왔다. 추기는 손님에게도 물었다. "그대의 생각에는 나와 서공 중에 누가 더 잘생겼는가?" 그러자 손님은 "서공은 그대만큼 잘생기지 않았소."라고 답했다.

이후 서공이 추기의 집을 방문하게 되었고, 추기는 서공을 자세히 살펴보았다. 그리고 거울로 제 모습을 비춰본 추기는 자신이 서공보다 훨씬 못생겼음을 느꼈다. 하지만 추기는 이 일로 의기소침해지지 않았다.

그날 밤 추기는 그 일을 생각하다 한 가지 이치를 깨달았다. 부인이 내게 잘생겼다고 말한 이유는 나를 너무 사랑하기 때문이고, 첩이 내게 잘생겼다고 말한 이유는 나를 두려워하기 때문이다. 또 우리 집을 찾아온 손님이 내게 잘생겼다고 말한 이유는 내게 부탁할 것이 있기 때문이다.

그 뒤로 추기는 위왕威王을 알현하여 말했다.

"분명히 저는 서공보다 아름답지 않습니다. 하나 아내는 저를 너무 사랑해서, 첩은 저를 두려워해서, 저를 찾아온 손님은 제게 부탁할 것이 있어 모두 제가 서공보다 아름답다고 말했습니다. 지금 제나라는 천 리를 가로지르는 넓은 영토와 백여 개의 성을 갖고 있습니다. 궁중에는 대왕을 사랑하지 않는 이가 없고, 조정의 신하들 중에는 대왕을 두려워하지 않는 이가 없습니다. 또한 나라 안 백성 중 대왕께 바라는 것이 없는 백성은 없을 것입니다. 이로 미루어 생각해 보면 대왕께서 모르고 계시는 것들이 굉장히 많을 것으로 사료되옵니다."

추기의 말이 매우 일리 있다고 여긴 위왕은 모든 신하와 백성들에게 누구든 이치에 맞는 말이라면 상소문을 올려 왕에게 간언諫言할 수 있으며, 왕에게 간언하는 자에게는 상을 하사하겠다고 말했다. 이를 계기로 제나라에는 수많은 인재가 몰려들었고 이로 인해 제나라는 더욱 강해졌다.

추기는 자신과 서공을 비교하는 과정에서 부인과 다른 이들의 칭찬에 자만하지 않았고, 서공보다 못생겼다는 사실로 열등감을 느끼지도 않았다. 대신 그 과정에서 이치를 찾고 자기 성찰을 했으며, 나라를 평안하게 다스릴 방도까지 깨달았다. 이것이 바로 이성적인 비교다.

지금까지의 이야기를 정리해 보자면, 우리가 누군가와 비교를 한다면, 단순히 어떤 결과만을 도출하려 하지 말고, 왜 그런 결과가 나왔는지를 탐구해야 한다. 자기 아이를 망신 주려고 다른 집 아이와 비교하는 부모는 없을 것이다. 다만 부모 자신도 우리 집 아이가 다른 집 아이보다 뒤떨어지는 이유가 환경의 문제인지 아니면 부모 자신의 문제인지 되돌아봐야 한다.

 내면의 단단함을 만들어주는 '비교'의 저력

자기 자신이 남보다 뒤떨어진다고 생각될수록 자신을 가두려고 하거나 가만히 멈춰있으면 안 된다. 비교를 통해 상대방이 어떤 점에서 나보다 뛰어난지를 찾아내어 자신의 부족한 점을 채우려고 노력해야 한다. 진정으로 의미 있는 비교란 이런 것이다.

이성적으로 비교하는 법을 터득한 사람은 자기 내면의 부정적인 감정을 줄일 수 있다. 아울러 사물의 자체에서 사물의 본질을 찾으려 하고, 그 과정에서 더 많은 지식을 얻게 된다. 그렇게 끊임없이 자신을 수양함으로써 더 단단한 사람으로 성장하게 된다.

6장

선한 마음이 만들어내는 기적

선한 마음의 바탕,
'측은지심'

군자는 짐승을 대할 때 살아있는 모습은 보아도 죽어가는 모습은 차
마 보지 못하고,

君子之於禽獸也, 見其生, 不忍見其死,

죽어가면서 애처롭게 우는소리를 듣고는 차마 그 고기를 먹지 못한다.

聞其聲, 不忍食其肉.

군자가 푸줏간을 멀리하는 것은 이 때문이다.

是以君子遠庖廚也.

『맹자·양혜왕 상孟子·梁惠王上 편』

과거 맹자는 "누구에게나 측은지심이 있다."라고 말했다. 사람은
태어날 때부터 측은지심을 가지고 있기 때문에 남을 가엽게 여기고

동정하는 마음을 갖는다. 예를 들어 어떤 아이가 넘어져 다친 광경을 목격하면 우리는 그 즉시 긴장, 걱정, 연민, 동정 등의 감정을 느낀다. 설령 그 아이가 처음 보는 아이라 할지라도 우리는 무의식적으로 그런 감정을 갖게 된다.

맹자는 제나라 선왕을 만난 후 선왕이 자신이 설파하는 정치 이념, 즉 '어진 정치'를 펼치도록 만들기 위해 끊임없이 선왕이 가진 측은지심을 추켜세웠다.

제나라 선왕에 대해 잠깐 이야기해 보자. 선왕은 많은 사람에게 익숙한 인물이다. 몇몇 문학 작품에서는 선왕을 어리석고 무지한 사람으로 묘사하지만, 사실 선왕은 굉장히 유능한 군주였다. 선왕이 제나라를 통치하던 기간은 직하학궁稷下學宮(천하의 모든 인재를 불러 모아 저술과 이론 활동을 지원하던 학문 기관_역주)이 굉장히 활성화되었던 시기다. 이 직하학궁은 세계 최초의 왕립 고등 교육 기관이자, 중국 역사상 학문과 사상에 대한 연구와 토론이 가장 활발하게 이뤄진 곳으로 '백가쟁명百家爭鳴'의 요람지라고도 말할 수 있다.

맹자는 선왕과 대화를 나눌 때 주로 '왕천하王天下', 즉 천하를 다스리는 방법에 관해 이야기했다.

여기에는 재미있는 일화가 하나 있다. 한번은 선왕이 궁전 대문에서 어떤 이가 소 한 마리를 끌고 가는 것을 발견했다. 선왕이 사내에게 소를 어디로 끌고 가는 건지 물으니, 사내는 소를 죽여 '제물'로 쓸 것이라고 말했다. 그의 말에 따르면 소를 죽인 뒤 소의 피를 커다란 종에 흩뿌려 그것을 제사 의식의 제물로 사용한다고 했다. 선왕은 소가 벌벌 떨고 있는 모습을 보니 순간 측은지심이 생겨났다. 결국 선왕은 사내에게 "이 소가 무슨 죄가 있어 죽인단 말이냐! 너무 불쌍하구나. 이 소 대신 양을 죽여라!"라고 말했다.

맹자는 이 일을 알게 된 후 선왕에게 "대왕께서는 어질고 자비로운 마음을 갖고 계시기 때문에 충분히 천하를 다스리실 수 있습니다."라고 말했다.

지금 이 일화를 읽으면서 여러분은 황당하고 어처구니가 없을 것이다. 소는 차마 죽이지 못하면서 양은 죽여도 된다고 허락하다니! 이게 무슨 어질고 자비로운 마음이란 말인가!

하지만 맹자는 선왕이 소한테만 측은지심을 느끼고 살려준 이유는 '소는 보았지만 양은 보지 못했기 때문'이라고 설명했다.

또한 "군자는 짐승을 대할 때 살아있는 모습은 보아도 죽어가는 모습은 차마 보지 못하고君子之於禽獸也, 見其生, 不忍見其死, 죽어가면서 애처롭게 우는소리를 듣고는 차마 그 고기를 먹지 못한다聞其聲, 不忍食其肉."라고 말했다. 이는 살아있는 소를 본 이상 차마 그 소가 죽게 내버려 둘 수 없고, 짐승의 우는 소리를 들은 이상 그 짐승의 고기를 차마 먹을 수 없음을 말하는 것이다.

이쯤 되면 맹자의 말이 어느 정도 이해가 될 것이다. 식당에서 밥 먹을 때도 이런 비슷한 상황이 존재한다. 나는 식당에 갔을 때 식당 주인이 그물망에 살아있는 고기를 잡아 와서는 "이 물고기가 손님이 드실 물고기입니다."라고 말하고 눈앞에서 물고기를 죽일 때가 가장 무섭다. 그 순간 드는 느낌은 너무나 끔찍하다. 그렇게 만들어진 생선 요리가 식탁에 올라오면 아무리 맛과 향이 좋아도 물고기를 죽이는 장면이 떠올라 젓가락을 들었다가도 내려놓게 된다.

맹자는 사람의 성품은 본디 선하다고 주장했다. 그래서 사람 누구나 마음의 본바탕이 선하고, 모든 사람의 내면에는 선량한 품성이 잠재되어 있다고 여겼다.

고대에서는 행실이 어질고 교육을 받은 사람이라면 고기를 먹을 때도 신중하게 행동하며, 살생하는 과정은 보지 않았다. 이에 불교에서는 '삼정육三淨肉'은 먹어도 된다는 원칙을 정했다. '삼정육'이란 죽이는 모습을 보지 않고, 죽어가는 소리를 듣지 않고, 나를 위해 죽인 것이 아닌 깨끗한 고기를 뜻한다.

다시 맹자와 선왕의 이야기를 들여다보자. 맹자는 선왕에게 그가 가진 측은지심을 더 넓게 펼쳐 실제 통치할 때도 측은지심으로 백성의 고통을 살펴야 한다고 말했다. 아울러 백성의 기쁨과 슬픔을 함께 한다면 천하를 쉽게 통일할 수 있을 것이라고 했다.

'어진 정치'를 뜻하는 '인정'의 '인仁'이 바로 사람의 선한 마음인 '선념善念'에서 만들어지는 것이고, 선한 마음의 바탕이 바로 '측은지심'이다. 사람이 선한 마음을 세상에 펼칠 때 그 마음은 가장 먼저 자신의 가족에게 향하고 그다음에는 주변의 친구들에게 향한다. 그리고 여기서 더 나아가 세상 모든 사람을 향한 관심과 보살핌으로 확대된다. 이런 관심과 보살핌이 바로 '인'이다. 사람의 내면에 '인'의 싹이 터지면 마음이 바르게 되고 인간의 본성은 자연히 선한 방향으로 변하게 된다. 더 나아가면 남들과 다른 통찰력과 지혜를 얻게 된다. 하지만 마음을 바르게 하는 것, 남들과 다른 통찰력과 지혜를 얻는 것 모두 궁극적으로는 인간의 삶과 인간의 본성을 더 넓고 깊게 이해하기 위함이다.

나는 예전에 책에서 청나라 명신 이홍장李鴻章에 관한 일화를 읽은 적이 있다.

한번은 이홍장이 외지에 나갔다가 때마침 고향인 허페이合肥를 지나게 되어 자신의 은사인 서자령徐子苓을 만나러 갔다. 이홍장이 서자령의 집 문 앞에 도착했을 때 서자령 집의 하인은 그가 입고 있는 관복을 보고는 서둘러 주인에게 알리려고 했다. 그때 갑자기 이홍장이 그 하인을 불러 세워 잠시 기다리라고 했다. 이홍장은 입고 있던 관복을 벗고 평상시의 복장으로 갈아입은 뒤 은사를 만나러 들어갔다.

이홍장을 수행하던 이는 이홍장의 행동이 이해되지 않아 그에게 옷을 갈아입은 이유를 물었다. 이홍장은 이렇게 말했다.

"만일 내가 관복 차림으로 은사님을 만났다면 은사님께서는 나의 신분을 신경 쓰느라 심적으로 부담감을 느끼셨을 것이다. 하지만 내가 평복으로 갈아입고 평범한 모습으로 찾아뵌다면 은사님께서 도 한결 가벼운 마음으로 나와 거리감 없이 대화를 나누실 수 있지 않겠느냐?"

마음이 선량하고 측은지심을 가진 사람일수록 마음속에 연민을 품고 있기 때문에 주변의 사람이나 동물을 대할 때 애정과 관심을 기울여 대한다.

그런데 인간의 본성이 선량하다면서 이 세상에는 왜 여전히 나쁜 짓을 하는 사람들이 존재하는 것일까?

중국 사상가 양수명梁漱溟 선생은 이 질문에 굉장히 명쾌한 답을 내놓았다. 그는 이렇게 말했다.

> "사람의 본성은 이미 완성된 것 또는 고정불변의 것이 아니
> 다. 본성이란 완성된 것도, 미완성의 것도 아니라 어떤 방향
> 을 향해 변화하는 것이다."

선한 마음을 불러일으키는 '측은지심'의 저력

맹자가 말한 '성선性善'은 사람은 누구나 '선善'을 따르려는 마음을 갖고 있다는 뜻이지, 모든 사람이 다 선한 마음을 발휘한다는 의미가 아니다. 그렇기에 우리는 '선'을 하나의 동적인 것으로 이해해도 괜찮다.

한편 사람의 내면에는 악한 마음도 존재한다. 만약 자칫 잘못해서 내면에 악한 마음이 커지게 되면 사람은 악하게 변한다. 텔레비전이나 영화에서 '흑화'라는 단어를 자주 들어봤을 것이다. 한 사람이 '흑화'되기 시작하면 온갖 나쁜 짓을 일삼게 되고, 심지어 범죄까지 저지르게 된다. 하지만 악한 마음을 억누르고 선한 마음을 불러일으킬 수 있는 것 또한 측은지심이다. 측은지심은 선한 마음의 싹을 움트게 해 사람을 어질고 너그럽게 변화시키기 때문이다.

명성보다 더 중요한 것은 선한 마음이다

더구나 돌아가신 분의 몸에 흙이 바로 닿지 않게 해드린다면
장사를 지내는 이의 마음도 편안하지 않겠느냐?
且比化者, 無使土親膚, 於人心獨無恔乎.
내가 들은 바로는, 군자는 세상 사람들의 통념 때문에
자신의 부모에게 물질적으로 인색하게 하지 않았다.
吾聞之也, 君子不以天下儉其親.

『맹자·공손추 하孟子·公孫丑下 **편』**

  나는 예전에 『정념의 기적正念的奇跡』이라는 책으로 강의를 한 적
이 있다. 이 책은 원래 틱낫한Thich Nhat Hanh 스님이 친구에게 보낸
베트남어로 된 장문의 편지로 불법의 이치가 적혀있는 책은 아니

다. 하지만 책을 읽고 나면 무엇이 정념正念인지, 그리고 어떻게 하면 정념을 통해 우리 마음의 평안을 얻을 수 있는지 우리 스스로 깨닫게 해준다. 만일 우리가 어떤 일에 대해 정념을 유지하고 지금 하는 일에 전념한다면 어떠한 복잡한 문제도 단순하게 바뀔 수 있다. 또 우리가 목표를 달성하지 못했거나 타인의 기대를 만족시키지 못했다는 이유로 불안해하지 않을 것이다.

이 책에서 틱낫한 스님은 한 가지 예를 들어 '정념'을 설명한다.

어느 날 틱낫한 스님은 제임스라는 친구와 미국에서 함께 여행을 했다. 여행길에서 두 사람은 나무 아래에 앉아 귤을 나눠 먹었다. 제임스는 귤을 절반으로 나눈 뒤 반쪽을 입에 넣었다. 그런데 입에 넣은 반쪽을 다 먹기도 전에 나머지 귤 반쪽도 마저 입에 넣으려고 했다. 그때 틱낫한 스님이 말했다. "이보시게, 지금 입안에 있는 귤을 먹게나." 제임스는 그제야 화들짝 놀라며 자신이 귤을 먹고 있다는 사실을 깨달았다.

틱낫한 스님이 제임스 입안에 귤이 있다는 사실을 일러주기 전까지 제임스는 정념 상태가 아니었다. 제임스는 귤을 먹는 행위에 집중하고 나서야 비로소 진짜 귤을 먹는 상태가 되었다.

이후 제임스는 전쟁을 반대하는 시위 활동에 참여했다는 이유로 감옥에 갇혔다. 틱낫한 스님은 제임스가 감옥 생활을 견디지 못할까 봐 걱정이 돼 그에게 편지를 한 통 썼다.

> "우리가 같이 먹었던 그 귤 생각나시오? 그곳에서의 생활
> 도 그때의 귤과 마찬가지라네. 귤을 먹으면 귤과 내가 하나
> 가 되는 것처럼 내일이 되면 오늘의 모든 것은 다 지나가게
> 될 것이네."

감옥 안에 앉아 있는 것은 분명 편한 느낌은 아닐 것이다. 자유가
없기 때문이다. 하지만 생각을 달리해 보면 그냥 바깥에 앉아 있는
것과 감옥 안에 앉아 있는 것 중 '앉아 있는 행위' 자체에는 사실 큰
차이가 없다. 틱낫한 스님은 제임스에게 '현재'에 집중하면 된다는
말을 해주려고 한 것이다. 어떤 어려운 상황에서도 모든 의식을 자
기 내면에 집중하면 마음의 평안을 얻을 수 있다. 틱낫한 스님은 이
것이야말로 제임스가 감옥에 있는 동안 해야 할 일이라 생각했다.

실제로 고대 유가 사상에서 강조하는 수많은 가르침은 모두 내면
과 관련되어 있다. 가령 『논어』에는 이런 내용이 기록돼 있다.

어떤 이가 공자에게 부모가 돌아가신 뒤 삼년상을 치러야 하는
이유를 물었다. 이에 공자는 만약 자신의 마음이 편안하다면 삼년
상을 치를 필요가 없다고 말했다.

그렇다면 왜 굳이 삼 년일까? 이에 대해 공자는 "사람은 태어나

서 삼 년이 지나야 부모의 품을 떠나게 된다子生三年, 然後免於父母之懷."
라고 말했다. 다시 말해 사람은 태어난 후 세 살까지는 부모의 품에
서 보살핌을 받고, 세 살이 지나 독립적으로 걸어 다닐 수 있을 때
비로소 부모의 품을 떠나게 된다. 이처럼 부모는 그 삼 년 동안 정
성을 다해 자식을 보살펴주니, 자식 또한 마땅히 돌아가신 부모를
위해 삼 년간 애도해야 한다는 뜻이다.

사실 삼년상의 삼 년은 자식이 부모를 향한 애정을 쏟아 내는 시
간이기도 하다. 그렇게 해야 자식 또한 진심을 다했다는 생각과 함
께 마음의 안정을 얻을 수 있기 때문이다.

맹자 역시 과거에 이와 비슷한 상황을 겪은 적이 있다. 맹자의 어
머니가 돌아가셨을 때다. 맹자는 어머니를 위해 최고급 관을 준비
해 장례를 치렀다. 상이 끝나자 맹자의 제자가 조심스럽게 물었다.
"스승님께서 모친을 위해 준비한 관은 너무 호화스러운 것 같지 않
습니까?" 맹자는 제자의 질문에 이렇게 답했다.

"만일 환경이 허락지 않고 제도상 제약이 있었다면 혹은 내게 돈
이 넉넉지 않았다면 부모의 장례를 정성껏 치러드릴 수 없었을 것
이다. 그랬다면 분명 마음이 편치 않았을 것이다. 하지만 아무런 제
약이 없고 수중의 재물도 충분하다면 값비싼 관을 준비해 정성껏
장례를 치르지 않을 이유가 없지 않은가? 게다가 좋은 관은 고인의
시신에 흙이 묻지 않게 보호해 주니 장례를 치르는 사람도 더욱 안

심되지 않겠는가?"

마지막으로 맹자는 이 한 문장으로 말을 끝맺었다. "내가 들은 바로는 군자는 세상 사람들의 통념 때문에 자신의 부모에게 물질적으로 인색하게 하지 않았다."

문자 그대로의 의미를 해석하면 '어떤 상황에서도 부모에게 쓰는 돈은 아끼면 안 된다'라는 뜻이다. 하지만 맹자의 이 말을 좀 더 깊게 고민해 보니, 내 생각에는 맹자가 이런 말을 하려고 했던 것 같다.

"나는 세상 사람들이 뭐라고 수군대든 상관없네. 누군가는 내가 지나치게 겉치레에 신경 쓰느라 낭비를 한다는 등 말하겠지. 하지만 남들이 우러러보는 명성을 얻자고 돈을 아껴 모친의 장례를 변변치 않게 치러드릴 수는 없네."

사실상 맹자가 사회 질서나 규범에 위배되는 행동을 한 것은 아니다. 게다가 맹자의 어머니가 돌아가셨을 당시, 맹자는 이미 어느 정도 사회적 지위와 경제적 기반을 갖춘 상태였다. 그렇기에 맹자가 자신의 어머니 장례를 후하게 치러드리는 것이 비난받을 일도 아니었다. 하지만 당시 사람들은 맹자가 모친의 장례를 박하게 치러 사람들에게 검소한 인상을 남겨야 훌륭한 명성을 얻을 수 있다고 생각했다. 어쨌거나 당시 사람들은 이처럼 보이는 행동 하나하나를 가지고 그 사람의 자질과 품행을 판단했다. 가령 『세설신어㎜

說新語』에 기록된 내용에 따르면, 어떤 이들은 사람들에게 좋은 명성을 얻으려고 유독 가족의 장례에서 과장된 방식으로 감정을 표현했다고 한다.

하지만 맹자는 그렇게 하기를 원하지 않았다. 세상 사람들의 환심을 사서 좋은 명성을 얻자고 자신의 어머니를 허름한 관에 묻을 수는 없었다. 만일 그렇게 했다면 맹자는 마음의 평안을 얻지 못했을 것이다.

 타인의 시선을 내치는 '내면의 고요함'이라는 저력

공자와 맹자 모두 근본적인 옳고 그름의 문제에 직면했을 때 외부 환경이나 욕망, 허영심에 얽매이지 않았다. 이들은 자신의 본심과 본성에 더 집중함으로써 현재 당면한 상황에서 마음의 균형을 찾으려고 했다. 내 마음이 고요하고 평안해지기만 하면 세상이 나를 뭐라고 평가하든 그게 뭐가 중요한가. 내 마음에 물어 부끄러운 바가 없다면 타인이 뭐라고 나무라든 그게 뭐가 중요한가. 그 어느 것도 전혀 중요하지 않다!

마음을 나누면
두 배의 마음이 돌아온다

백성들은 지금에서야 되갚은 것이니 그들을 책망하지 마십시오.
夫民今而後得反之也, 君無尤焉.
군주가 어진 정치를 펼치면 백성들은 자연히 군주를 공경하게 되고
기꺼이 목숨을 바치려 할 것입니다.
君行仁政, 斯民親其上, 死其長矣.

『맹자·양혜왕 하孟子·梁惠王下 편』

    2년 전 어느 날 나는 차를 타고 베이징 교외의 국도를 달리던 중 아주 작은 강아지 한 마리를 발견했다. 그 강아지는 도로 한편의 갓돌 위로 올라가려고 애를 썼지만 올라가지 못하고 있었다. 처음에 나는 그 모습을 그냥 지나쳤는데, 얼마 못 가서 마음이 너무 불편했

다. 혹여나 누군가 도로 위에 버린 강아지가 아닐까 하는 염려와 함께 그대로 두면 굶어 죽을지도 모르겠다는 생각이 들었다. 결국 나는 차를 돌려 그 강아지를 찾아 집으로 데려왔다. 이후 그 강아지는 한 친구의 손에 맡겨지게 되었고, 지금은 행복한 생활을 보내고 있다.

나에게는 그날의 일이 아주 사소한 일이었지만, 그 강아지에게는 그의 일생을 바꿔놓은 사건이나 다름없다. 물론 그 강아지가 내게 고마워하지 않을 수도 있고, 내게 보답하지 않을 수도 있다. 하지만 지금 생각해도 내 마음은 여전히 따뜻하다.

사실 우리가 선행이나 친절을 베풀 때 단순히 '도움을 주는 것'에 그치는 것이 아니라 그 대가로 무언가를 얻을 수도 있다. 마찬가지로 나쁜 일을 하면 정말 나쁜 결과를 얻을 수 있다. 『맹자·양혜왕 하』에 기록되어 있는 한 일화가 이 견해를 잘 설명해준다.

맹자가 추鄒나라의 왕 목공穆公을 만났을 때의 일이다. 목공은 맹자에게 한 가지 가르침을 청했다. 목공이 말하길, "추나라가 노나라와 전쟁을 치르던 중 추나라의 관리 33명이 노나라 군사들에게 죽임을 당했는데, 추나라의 백성들이 이를 지켜보고도 아무도 나서 도우려 하지 않았소. 짐은 그자들을 모조리 잡아다 죽이고 싶소. 그런데 백성이 너무 많아서 누굴 죽여야 할지 모르겠소. 그렇다고 이

일 때문에 모든 백성을 다 죽일 수는 없지 않겠소. 하지만 죽이지 않고는 화가 나 견딜 수가 없소. 내가 어찌하면 좋겠소?"라고 했다.

사실 이 문제는 그리 쉽게 대답할 수 있는 일이 아니다. 만일 맹자가 목공의 생각을 지지해서 당시 수수방관했던 백성들이 모두 죽임을 당하게 된다면 이는 단연코 맹자가 주장하는 '인정(어진 정치_역주)'과 부합하지 않는다. 반대로 맹자가 백성을 죽이지 말라고 간언을 하면 이 또한 왕의 심기를 거스르는 말이 될 수 있다.

하지만 맹자는 굉장히 솔직한 사람이었다. 맹자는 그동안 여러 나라의 군주들과 독대하면서 단 한 번도 왕의 눈치를 보며 체면치레하는 일이 없었다. 그렇기에 맹자는 이번에도 목공에게 직설적으로 자신의 생각을 피력했다.

"나라에 흉년이 들었을 때, 백성 중 젊은 장정은 모두 도망쳤고 노인과 어린아이들 그리고 몸이 성치 않은 이들은 모두 산골짜기에서 굶어 죽었습니다. 그런데 나라 창고에 그토록 많은 식량이 있었음에도 어느 관리 하나 국왕에게 백성이 고통받고 있다는 사실을 알리지 않았습니다. 증자께서는 '조심하고 또 조심하라. 네게서 나온 것은 네게로 돌아온다戒之戒之, 出乎爾者, 反乎爾者也.'고 하셨습니다. 내가 남을 대하는 행동 그대로 남도 내게 그렇게 대할 것이라는 뜻입니다."

이 일화에서 나온 성어가 바로 '출이반이出爾反爾'다. 요즘에는 언행의 앞뒤가 맞지 않고 이랬다저랬다 하는 사람을 비유할 때 이 성어를 쓴다. 하지만 '출이반이'의 본래 뜻은 뿌린 대로 거둔다는 의미다. 결국 맹자가 하려는 말을 정리하자면 이렇다.

> "군주가 백성을 잘 보살피고 진심으로 백성을 걱정한다면 백성도 분명 군주의 정성을 기억하고 보답하고자 할 것입니다. 하지만 군주로서 그렇게 하지 못했다면 백성의 희생도 기대하시면 안 됩니다. 이렇게 생각해 보면 33명 관리의 죽음이 조금도 억울하게 느껴지지 않을 것입니다."

한 나라의 왕뿐 아니라 우리 역시 일상에서 모든 사람에게 이처럼 행동해야 한다. 주변의 친구가 내게 잘해주길 바란다면 혹은 회사 직원이 자신을 믿고 성실하게 일해주기를 원한다면 나 역시 상대에게 잘해줄 방법을 고민해야 한다. 그렇지 않고서는 상대가 나를 잘 대해줄 이유가 없기 때문이다.

모토로라를 창립한 폴 갈빈Paul Galvin 회장은 직원들이 아플 때마다 매번 세심하게 관심을 갖고 이렇게 물었다. "많이 힘든가요? 의사 진료가 필요하면 제가 소개해 드릴게요." 큰 기업의 회장이 이처럼 진심으로 직원들의 안부를 묻고 걱정해 주니 자연스럽게 직원들

사이에서는 그에 대한 호평이 이어졌다. 업계에서도 폴 갈빈 회장의 입소문이 굉장히 자자했다. 그 때문에 높은 연봉을 제시해도 스카우트하기 힘든 전문가들도 모토로라에서 일하길 원했고, 모토로라에 입사한 직원 중 많은 이가 장기근속을 했다.

부모와 자녀의 관계도 마찬가지다. 자신의 아이를 대할 때 아이를 자기 식대로 통제하려고 하고 비난하고, 심지어 아이에게 큰소리로 막말을 서슴지 않는 부모들을 자주 본다. 마치 이렇게 하는 것이 아이를 위한 길인 것처럼 행동한다. 하지만 그들이 모르는 것이 있다. 아이가 어렸을 때 내가 아이에게 했던 행동을 아이가 커서 그대로 내게 한다는 사실을 말이다. 특히 자녀가 사춘기일 때 우리는 자녀로부터 아주 혹독한 '역풍'을 맞는다. 이것이 바로 '출이반이'의 이치다. 우리는 평소 이런 상황에서 '콩 심은 데 콩 나고, 팥 심은데 팥 난다'라고도 말한다.

인생의 풍요를 주는 '존중'의 저력

맹자가 말했다.

"남을 사랑하는 사람은 남도 항상 그를 사랑으로 대하고, 남을 존중하는 사람은 남도 항상 그를 존중한다."

이 말은 내가 타인을 사랑하는 법을 알아야 타인으로부터 사랑 받을 수 있고, 내가 타인을 존중하는 법을 알아야 타인으로부터 존중받을 수 있다는 뜻이다. 그러니 우리 모두 각자의 인생을 살면서 타인을 사랑하고 존중하는 법을 배우자. 따뜻한 마음으로 타인을 배려한다면 우리의 인생은 더 아름다워질 것이다.

화장실 청소도 즐거울 수 있는 건
결국 '태도' 때문이다

> 만물의 이치가 모두 내 안에 있다.
>
> 萬物皆備於我矣.
>
> 나를 돌아보고 지금 하는 일에 정성을 다하면, 그 즐거움이 더없이 커
>
> 질 것이다.
>
> 反身而誠, 樂莫大焉.
>
> 남을 배려하는 마음을 힘써 행한다면, '인'을 구하는 방법으로 이보다
>
> 더 가까운 것은 없다.
>
> 強恕而行, 求仁莫近焉.
>
> 『맹자·진심 상孟子·盡心上 편』

여러 사람에게 추천한 『청소掃除道』라는 책이 있다. 예전에 판덩

독서회에서도 '청소 체험 캠프'를 열어 청소의 진정한 매력을 체험

하고 청소 후의 느낌을 공유하는 시간을 가진 적이 있다. 당시 행사에 참여했던 젊은 친구들은 『청소』라는 책을 사람들과 함께 읽은 뒤 청소 체험에 호기심이 생겨 참석했다고 했다. 행사를 진행했던 선생님이 청소 도구를 덮어놓은 천을 벗기자 다양한 청소 도구가 깨끗이 정돈되어 있었고, 당시 참가자 중 어떤 이는 감동하며 이렇게 말했다고 한다.

"제 평생 청소와 관련된 도구가 이렇게 많이 존재할 것이라고는 생각도 못했어요. 그리고 저는 『청소』의 저자만큼 화장실 청소를 그토록 진지하고 체계적으로 하는 사람을 본 적이 없는 것 같아요!"

내 생각에 화장실 청소 이야기를 꺼냈을 때 기꺼이 나서서 하고 싶다고 말할 사람은 아마 몇 없을 것이다. 그런데 화장실 청소를 할 때 진심으로 행복을 느끼고 즐거워하는 사람들이 있다. 나는 그들의 모습을 보고 큰 감명을 받았다.

우리가 매일 어떤 일을 할 때 온 마음을 기울여 임하고 그 일을 하면서 느낄 수 있는 감정을 충분히 느낀다면, 내 마음 안에서 우러나오는 행복감과 만족감은 더 크게 느껴진다. 이런 마음 상태가 바로 미하이 칙센트미하이Mihaly Csikszentmihalyi 교수가 말한 '몰입flow(자신이 하고 있는 일에 빠져드는 심리 상태_역주)' 상태다. 다시 말해 자신이 하고 있는 일이 진심으로 행복하게 느껴지는 사람이라면 그 사람은 자신이 몰입될 수 있는 상태를 찾은 것이다.

이는 맹자의 견해와도 일맥상통한다. 맹자는 '나를 돌아보고 지금 하는 일에 정성을 다하면 그 즐거움이 더없이 커질 것이다反身而誠, 樂莫大焉. 만물의 이치가 모두 내 안에 있기 때문이다萬物皆備於我矣.'라고 말했다. 다시 말해 **이 세상에는 내게 필요한 것이 모두 갖춰져 있기 때문에 만약 내가 가진 것이 없다면 그것은 나 자신에게서 찾아야 한다. 내가 나에게 기운을 불어넣고 매사 최선을 다할 수 있다면, 그리고 자기 자신을 돌이켜봤을 때 부끄러움이 없다면 그것이 바로 가장 큰 기쁨이 아니겠는가!**

하지만 현실에서 이런 이치를 깨닫고 실천하는 사람은 많지 않다. 그보다도 매일 꾸역꾸역 힘들게 일하고 심지어 일 자체를 고통스럽게 생각하는 사람들을 더 많이 보게 된다. 가령 예전에 중국에서는 버스에서 표를 받는 매표원이 있었다. 당시 버스를 타봤던 사람이라면 가끔 매표원의 태도가 굉장히 불친절하다는 생각을 했을 것이다. 어떤 때는 매표원이 승객에게 큰 소리로 고함을 지르기도 했다. 사실 나는 그 매표원들을 안쓰럽게 생각한다. 그들이 그렇게 행동하는 이유는 그 일이 하기 싫고 힘들다고 느끼기 때문이다. 그들은 이런 마음 상태에서 대부분의 시간을 불쾌한 느낌으로 보낼 것이다.

하지만 '나를 돌아보고 지금 하는 일에 정성을 다하면 그 즐거움이 더없이 커질 것이다'라는 이치를 깨닫는다면, 설령 매일 붐비는 버스 안에서 정신없이 차표를 검사하고 승객의 승하차를 안내하는 일을 할지라도 마음은 여전히 즐거울 것이다. 그 사람은 일하는 과정을 즐기기 때문이다. 일하는 과정을 즐기게 되니 나의 도움을 받은 승객들이 짓는 미소가 눈에 보이고, 내게 전하는 감사 인사가 귀에 들리게 된다. 또한 일을 하는 과정에서 나의 가치를 찾게 되니 인생 대부분의 시간을 즐겁고 충실하게 보내게 된다. 이런 마음 상태를 가진 사람의 삶이 어찌 즐겁지 않을 수 있겠는가?

결국 일을 잘하고 못하고보다 더 중요한 것이 바로 일에 임하는 태도다. 맹자는 그 태도에 대해 다음과 같이 정리했다.

"남을 배려하는 마음을 힘써 행하면 '인'을 구하는 방법으로 이보다 더 가까운 것은 없다."

이 말은 우리가 일할 때도 상대방과 입장을 바꿔 생각해 보고 상대의 마음을 공감할 줄 알아야 하며, 그것이 곧 가장 빠르게 인과 덕에 가까워지는 길이라는 뜻이다.

나를 대하듯 남을 대하는 사람의 행복

나는 작년에 『몰입의 즐거움^{Flow}』이라는 책을 소개했는데, 당시에는 이 책이 공식적으로 출판된 상태가 아니었다. 나는 샘플 책을 받아본 후 하루라도 빨리 사람들과 공유하고 싶어 이 책을 소개했었다.

이 책에서는 사람의 심리 상태를 크게 네 개의 그룹으로 나눴는데 각 그룹은 두 개의 상반되는 심리 상태로 다시 나뉜다. 그중 한 그룹은 내향형과 외향형으로 나뉜다. (여기서 이야기하는 내향형과 외향형은 우리가 흔히 알고 있는 MBTI의 'I'와 'E'를 이야기하는 것이 아니다_역주) 길거리에서 돈을 구걸하는 거지를 만났을 때, 내향형과 외향형 특성을 가진 사람이 취하는 태도는 완전히 상반된다. 이들의 일부는 아주 이성적이다. 이들은 돈을 구걸하는 사람을 봤을 때 제일 먼저 '이런 사람은 도와주면 안 돼. 사지가 멀쩡한데 자신의 힘으로 일하려 하지 않고 길에서 구걸하는 사람을 내가 왜 도와줘야 해?'라는 생각을 떠올린다. 그러나 또 다른 일부는 이렇게 생각한다. '이 사람은 지금 분명 힘든 상황일 거야. 이미 할 수 있는 노력을 다했음에도 방법이 없으니까 결국 길에서 구걸하게 된 것일 거야. 그러니 도와줘야겠어!'

아마도 혹자는 이런 질문을 할 수도 있다. "만약에 돈을 구걸하던 그 사람이 사기꾼이면 어떡해요?" 사실 그 사람이 사기꾼인지 아닌지는 별로 중요하지 않다. 중요한 것은 우리가 위의 두 부류 사람들을 보고 느껴야 할 것들이다. 첫 번째 부류의 사람은 굉장히 이성적이지만 인간관계는 별로 좋지 않을 수 있다. 반면 두 번째 부류의 사람은 감성적인 면이 강해 실수를 범하거나 사기를 당할 가능성은 있지만 인간관계는 오히려 좋을 수 있다.

왜 그럴까? 자, 입장 바꿔 한번 생각해 보자. 당신이라면 종일 냉정한 얼굴로 '남한테 의지할 생각 말고 자기 힘으로 해결해야 해'라고 말하는 사람과, 마음이 따뜻하고 포용하는 태도를 갖췄으며 순수하기까지 한 사람 중 누구와 친구가 되고 싶은가? 대부분은 내 곁에 있는 친구가 마음이 따뜻하고 인정이 두터운 사람이기를 바랄 것이라 믿는다.

앞서 두 부류의 사람 중 첫 번째 부류가 바로 내향형 사람이다. 이들에게는 언제나 내가 가장 가치 있는 사람이기 때문에 내가 괜찮으면 다른 사람은 어떻든 상관없다고 생각한다. 그래서 다른 사람의 마음을 공감하는 것이 미숙하다.

반면 두 번째 부류는 외향형 사람이다. 외향형의 가장 큰 특징은 모든 사람을 자신처럼 생각하고 대한다. 그래서 남의 집 어른도 우리 집 부모님을 대하듯 대하고, 남의 집 아이도 우리 집 아이를 대하듯 대한다. 한 가지 분명한 것은 외향형의 사람이 행복한 상태에 도달하기 더 쉽다는 것이다.

소설 『위대한 개츠비』의 첫머리에는 아버지가 아들에게 전하는 충고가 나온다.

"네가 어떤 사람을 지적하고 싶어질 때마다 꼭 기억하거라. 이 세상 모든 사람이 나와 같은 재능을 가지고 있지는 않단다."

 ## 주변을 변화시키는 '공감'이라는 저력

거리에서 돈을 구걸하는 사람을 만났을 때 그런 사람을 보면서 '자기 힘으로 일해서 돈을 버는 게 마땅하지'라는 생각이 들 수도 있다. 하지만 어쩌면 그 사람이 살면서 겪었을 고단함과 힘듦이 우리가 생각했던 것과는 전혀 다를 수도 있다. 그렇기에 우리는 자신의 기준으로 그 사람의 행동이 '맞다' 혹은 '틀리다'라고 판단하면 안 된다. 그 대신 '내가 무엇을 할 수 있을까?', '내가 저 사람에게 어떤 도움을 줄 수 있을까?'를 고민해야 한다. 그리고 그것이 바로 우리가 도달해야 하는 경지다. 만약 우리가 이와 같은 시각으로 문제를 바라보고 고민할 수 있게 된다면 우리의 마음이 좀 더 너그러워지는 것은 물론이고, 타인을 좀 더 이해하고 수용할 수 있게 될 것이다. 그때가 되면 우리 주변의 환경과 사람들도 서서히 더 나은 모습으로 변화하게 될 것이다.

인仁과 의義를 품은 마음엔
거침이 없다

사람과 짐승의 차이점은 그리 많지 않다. 보통의 사람은 그 차이점마저 버리려고 하고, 군자는 그 차이점을 지키려고 한다.

人之所以異於禽獸者幾希, 庶民去之, 君子存之.

순임금은 여러 사물에 대한 이치가 밝으셨고, 사람이 지켜야 할 참된 도리를 꿰뚫고 계셨다. 그것은 인의에 따라 행한 결과이지, 인의를 행한 결과가 아니다.

舜明於庶物, 察於人倫, 由仁義行, 非行仁義也.

『맹자·이루 하孟子·離婁下 편』

독일의 유명한 철학자 헤겔Hegel의 말에 따르면, 동물은 세상에 대한 감각만 있을 뿐 의식은 갖고 있지 않으며, 더욱이 인간처럼 사

고하지 않는다. 사람은 인식의 주체로서 자기 존재를 인식하고 있을 때 비로소 살아있다고 말할 수 있다. 학파를 막론하고 철학자들은 인간과 동물의 근본적인 차이가 '사고로부터 나오는 행동'에 있다고 말한다.

몇 년 전 개봉한 〈뜨거운 태양烈日灼心〉이라는 영화에서 아주 인상 깊었던 대사가 있었다.

"사람은 신의 속성과 동물의 속성을 결합한 존재다."

하지만 종합적인 각도로 보았을 때 나는 서양 철학자들의 이론은 중국의 고대 현인들만큼 투명하고, 간결하고, 설득력 있지 않다고 생각한다. 맹자는 무려 2,000여 년 전에 이미 이 심오한 이치를 깨닫고 단 한 글자로 인간과 동물의 차이를 말끔하게 정리했다.

바로 '인仁'이다. 맹자는 "사람과 짐승 간에는 그리 큰 차이가 존재하지 않는다. 차이점이라면 사람은 동물과 달리 인과 의를 따르려는 마음을 갖고 있다."라고 말했다. 그만큼 맹자는 '인'을 사람과 동물을 구분 짓는 중요한 근거로 여겼다.

'사람과 짐승의 차이점은 그리 많지 않다'의 다음 구절을 살펴보자.

"보통의 사람은 그 작은 차이마저 버리려고 하고, 군자는
그 작은 차이를 지키려고 한다."

이 말의 의미를 해석할 때 주의해야 할 점이 있다. 여기서 맹자가
말하려는 것은 서민과 군자의 차이가 아니라 사람의 경향이다. 다
시 말해 사람과 짐승의 차이가 '인의'에 있다면, 보통의 사람은 인
의를 버리려고 하고 군자는 인의를 지키려고 하는 경향이 있음을
말하는 것이다. 또한, 이러한 경향은 사람과 사람 간에도 차이를 만
들고 그 차이는 시간이 지날수록 점점 커진다. 맹자가 '사람과 짐승
의 차이점은 그리 많지 않다人之所以異於禽獸者幾希.'라고 말한 이유도
그 차이가 단순히 사람과 동물 사이에만 존재하는 것이 아니기 때
문이다. **사람과 사람 간에도 처음에는 여러 방면에서 큰 차이가 나
지 않는다. 하지만 옳고 그름을 정확하게 분별하려고 노력하고, 내
면에 선한 심성과 올바른 품성을 키워나가는 사람은 결국 다른 사
람들과 큰 차이를 만들어낸다.**

맹자는 여기서 그치지 않고 올바른 '인'의 길을 선택하는 방법과
'의'의 기준을 정의하는 방법까지 알려주었다. 이해를 돕기 위해 우
선 『자치통감資治通鑑』에 나오는 유명한 고사 '말을 잃어버린 목공'
이야기를 살펴보자.

춘추시대 때 진秦나라의 왕 목공穆公이 자신이 아끼는 준마를 잃어버린 일이 있었다. 목공은 큰돈을 현상금으로 걸었지만, 말을 찾지 못하자 자신이 직접 찾으러 나섰다. 그러다 산골짜기에서 그곳의 원주민들이 자신의 말을 죽인 뒤 모닥불에 구워 나눠 먹고 있는 광경을 목격하게 되었다. 목공 휘하의 관원과 군사들은 법에 따라 그 원주민들에게 처분을 내릴 생각이었다. 목공의 말을 잡아먹은 원주민들은 자신들에게 내려질 엄벌에 두려움을 떨었다. 그런데 목공은 이렇게 말했다.

"군자는 가축 때문에 사람을 해치지 않는다. 내가 듣기로
준마의 고기를 먹고 술을 마시지 않으면 사람이 상한다고
하였다.
君子不以畜産害人, 吾聞食善馬肉不飮酒, 傷人."

이 말을 풀이하자면 '덕과 재능을 겸비한 사람은 가축 때문에 사람을 죽이지 않는다. 내가 들은 바에 의하면 말고기를 먹을 때 좋은 술을 곁들여 마시지 않으면 몸이 상한다고 했다'라는 뜻이다. 목공은 시종을 시켜 궁에서 좋은 술을 가져오게 한 뒤 그것을 원주민들에게 하사했으며, 그들 모두를 살려서 돌려보냈다.

그리고 몇 년 뒤, 진秦나라와 진晉나라가 한원韓原에서 큰 전투를

벌이게 되었다. 목공은 전투 중 진^晉나라 군대에 포위되어 절체절
명의 위기에 처하게 됐다. 그런데 그때 갑자기 한 무리가 나타나 필
사적으로 싸우며 진나라 군대의 포위망을 뚫었다. 전세는 순식간에
역전되었고 목공은 전투에서 승리를 거두었다.

전투가 끝난 후 목공은 정체불명의 그 '특수 부대' 사람들을 불러
물었다. "나는 그대들에게 은혜를 베푼 기억이 없는데 나를 위해 목
숨을 걸고 싸운 이유가 무엇인가?" 그러자 그들이 답했다. "저희는
예전에 당신의 준마를 잡아먹었던 사람들입니다. 그때 저희를 벌하
지 않고 오히려 좋은 술을 하사해 주시지 않으셨습니까? 저희는 그
때의 은혜에 보답한 것입니다."

후에 목공이 '춘추오패^{春秋五霸}(춘추시대 때 힘이 강성했던 5대 강자_역
주)' 중 한 사람이 될 수 있었던 것은 필연적인 결과였다. 목공은 마
음에서 우러나온 '인'과 '의'를 행동으로 실천함으로써 자신의 목숨
도 구하고 전쟁을 승리로 이끌었다.

목공이 항상 마음속에 선함을 지니고 그 마음이 흐르는 대로 행
동할 수 있었던 것은 그가 '인'과 '의'에 따라 행동했기 때문이다. 또
한 사사로운 이익과 원한을 버렸기 때문에 위기의 상황을 전화위복
의 기회로 삼을 수 있었고, 결국 큰 업적을 이루게 된 것이다.

한편 맹자는 인의에 따라 자연스레 행동하게 되는 것^{由仁義行}과 의
도적으로 인의를 행하는 것^{行仁義}은 완전히 다르다고 보았다. 맹자는

순임금이 여러 사물에 대한 이치가 밝고 사람으로서 지켜야 할 참된 도리를 통찰할 수 있었던 것은 그의 본성에 '인의'가 있었기 때문이라고 말했다. 다시 말해 순임금은 어질고, 의롭고, 자애로운 품성을 가졌기 때문에 어떤 상황에서도 망설임 없이 '인의'를 택했던 것이고, 결과적으로 자연스럽게 인의에 따라 행동하는 경지에 이를 수 있었던 것이다. 목공이 위기의 순간을 전화위복의 기회로 바꿀 수 있었던 것 역시 그가 오랫동안 인의에 따라 행동한 결과이지, 자신의 이익 창출을 염두에 둔 계산된 행동이 빚어낸 결과가 아니다.

정리해 보면 인의에 따라 행동할 수 있느냐 없느냐는 결국 자신의 마음에 달려있다. 실상 진정으로 인의에 따라 행동할 수 있는 사람은 극히 소수다. 우리가 예로 들 수 있는 사람들도 하나같이 다 고대 현인들이 아닌가. 오늘날 사회는 갈수록 빠르게 변화하고 있고, 그만큼 사람들의 마음도 점점 조급해지고 있다. 이로 인해 사람들은 어떤 문제에 접근할 때 늘 이익을 최우선으로 고려한다. 그렇다 보니 사람들이 선행을 많이 하더라도 그중에는 어느 정도 의도를 갖고 '인의를 행하는 것'들이 있을 수밖에 없다.

나는 의도적으로 인의를 행하는 것을 너무 비난할 필요는 없다고 생각한다. 의도적으로 인의를 행하는 것 역시 인의를 행하는 것이기 때문에 격려받을 만하다고 생각한다. 단순히 개인의 명예와 이익을 꾀하는 것이 아니라 진정으로 타인과 사회에 유익함을 줄 수

있는 일을 함으로써 자신의 목표를 보다 의미 있고 적절하게 달성
한다면, 시간이 지나면서 서서히 '인의'가 충만한 내면을 갖게 될
것이다.

 좋은 사람으로 이끄는 '선행'의 저력

특정한 조건과 능력을 갖춘 사회 각계각층 지도자들이 공익사
업에 참여하여 그 이익을 대중과 사회에 환원하고, 아울러 자신의
기업 브랜드 인지도와 선한 영향력을 높여나간다면 이 역시 상호
보완적이고 상생적인 선순환이 된다.

사람들은 흔히들 이렇게 말한다.

"선행의 이면에는 개인의 목적이 있을 수 있다. 하지만 일평생
선행을 실천했다면 어떤 목적을 가지고 선행을 했든 그 사람은 좋
은 사람이다."

내면의 보이지 않는 강력한 힘, 호연지기

나는 말을 잘 알고, 호연지기를 잘 기른다.

我知言, 我善養吾浩然之氣.

『맹자·공손추 상孟子·公孫丑上 편』

나는 개인적으로 북송 시대 시인 소식蘇軾(소동파로 더 잘 알려져 있음_역주)의 시를 좋아한다. 그가 남긴 수많은 시에는 역경의 상황에서도 대범한 마음과 자유분방함을 잃지 않는 삶의 태도가 담겨있다. 소식이 쓴 시 중에서 내가 특히 좋아하는 구절이 있다.

"심중에 호연지기만 있어도 천 리에서 부는 시원한 바람도 느낄 수 있다一點浩然氣, 千裏快哉風.”

이 구절을 해석해 보면, 사람이 마음속에 올곧고 굳센 호연지기를 가지고 있으면 어떤 상황에서든 초연하게 당당하게 처신할 수 있다는 의미다.

여기서 '호연지기'라는 단어는 『맹자·공손추 상』에서 "나는 나의 호연지기를 잘 기른다我善養吾浩然之氣."라는 구절에서 유래했다.

맹자는 하기 싫은 일이 있다면 억지로 힘을 내서 하지 않아도 되지만, 그 일을 잘 모르거나 이해하지 못한다고 해서 또 너무 쉽게 포기해서도 안 된다고 했다. 그것은 곧 의지를 잃은 것이나 다름없기 때문이다. 우리는 의지를 잃은 상태를 '사심死心, 즉 마음이 죽었다'라고도 표현한다.

우리의 일상에서도 이런 부류의 사람을 볼 수 있다. 어떤 사람은 문제에 부딪혔을 때 그것을 해결하려 하지 않고 그냥 내버려둔다. 당연히 그 사람은 아무런 목표도 갖고 있지 않고, 일상을 그냥 무의미하게 보낸다. 그 결과 무기력해지고 삶은 엉망이 되고 만다. 따라서 잘 살고 싶고, 더 많은 일을 하고 싶고, 더 많은 가치를 실현하고 싶다면 마음속에 의지 또는 포부가 있어야 한다. 마음속에 어떤 일을 이루고자 하는 의지가 있어야 의욕과 활력이 차올라 더 많은 일에 도전해 보고 성취할 수 있기 때문이다.

하지만 이런 경우의 사람들도 있다. 이들은 의욕은 있지만 내가 무엇을 원하는지 그리고 무엇을 해야 할지 몰라 자신의 의욕을 낭비한다. 가장 전형적인 예가 바로 다단계 판매 일을 하는 사람들이다. 다단계 판매원들은 큰소리로 구호를 외치고 손뼉을 치는 등 광기에 가까운 '교육'을 자주 받는다. 보기에는 의욕이 넘쳐흐르는 것처럼 보인다. 그렇다면 그들이 이루고자 하는 포부는 무엇인가? 그들에게 포부 따윈 없다. 그들의 머릿속에 차 있는 생각은 오로지 '부자가 되는 것'밖에 없다. 하지만 이런 방식으로 부자가 되겠다는 생각은 지극히 비현실적이다.

그래서 맹자는 "뜻을 굳게 지켜 기가 흐트러지지 않게 하라持其志, 無暴其氣."고 말했다. 이 말은 즉, 사람은 자신만의 생각과 의지를 꿋꿋하게 지키되 의욕과 감정을 남발해서는 안 된다는 뜻이다. 사람의 의지와 의욕은 상호 영향을 주기 때문이다.

만약 사람의 의욕과 감정이 어떤 특정한 것에 꽂혀 벗어나기 어려운 상태에 이르면 사고가 경직되어 다른 관점이나 새로운 상황을 받아들이지도 못하게 되고, 그렇게 되면 본래 가지고 있던 의지와 포부도 흔들리거나 바뀔 수 있다.

예를 들어 다단계 판매일을 하는 사람 중 일부는 처음에 '나는 못해'라고 생각한다. 하지만 그 무리에 들어가서 주변 사람들이 매일 환호하고, 손뼉 치고, 장밋빛 미래를 외치는 것을 보며 자신도 모르게 따라 외치고 행동하게 된다.

이러한 행동 특성은 심리학에서 말하는 '앵커링 효과anchoring effect(닻 내림 효과라고도 말함_역주)'라는 개념과 일치한다. 이 개념은 외적 요소에 의한 행동이 내면에 영향을 미치는 것을 의미한다. 가령 매일 사람들을 따라다니며 환호하고 또 그들에게서 부자 되는 법, 성공하는 법에 대한 강연을 듣다 보면 어느새 세뇌당해 원래 나의 가치관은 잊어버리고 그들의 생각과 행동이 옳다고 여기게 되는 상태를 말한다.

허리를 곧게 펴고 당당한 자세로 세상을 임하라

그렇다면 맹자는 이런 상황에서 어떻게 대처했을까? 그보다 어떻게 자신의 행동을 절제하고 감정에 휘둘리지 않을 수 있었을까? 그 답은 이 구절에 있다.

"나는 말을 잘 알고, 호연지기를 잘 기른다."

이 말은 '나는 다른 사람의 말에서 나타나는 감정이나 의도를 알아차릴 수 있으며, 나 스스로 굳세고 올곧은 기개를 잘 길러낸다'는 뜻이다.

306

나는 예전에 친구들과 '호연지기란 대체 무엇인가'에 대해 이야기를 나눈 적이 있다. 나는 호연지기가 '말로는 설명할 수 없지만 구체화할 수 있는 것'이라고 생각한다. 예전에 『의혹을 푸는 법 A Guide for the Perplexed』이란 책을 소개한 적이 있다. 이 책의 저자는 만약 당신이 어떤 것이 무엇인지 모를 때 그것에 이름을 지어주거나 혹은 기호로 그것을 대신해 보라고 제안한다. 예를 들어 식물과 돌멩이를 비교해 보면 이 둘은 확실히 다르다. 식물이 돌멩이와 달리 가지고 있는 것을 우리는 X라고 부르고, X는 생명을 나타낸다. 동물과 식물을 비교해 보면 이 둘 또한 다르다. 동물한테는 의식이 있기 때문이다. 하지만 의식은 구체화할 수 없으니 우리는 Y라는 기호를 사용해 의식을 나타낼 수 있다. 마지막으로 사람과 동물을 비교해 보면 사람은 동물과 달리 자아를 갖고 있으나 이 자아 역시 구체화할 수 없기 때문에 우리는 Z라는 기호로 자아를 표현할 수 있다. 정리하자면 우리는 이러한 것들이 존재한다는 사실을 알아야 한다.

호연지기 역시 의식과 자아처럼 보이지도 않고 만질 수도 없지만 존재하는 것이다. 하지만 우리는 그것이 '굳세고 강한 힘'이라는 것을 안다. 사람이 이와 같은 '힘'을 갖게 되면 항상 어깨를 곧게 펴고 당당한 마음으로 매사에 임할 수 있다. 반대로 사람이 이 '힘'을 잃게 되면 식음을 전폐한 사람처럼 무기력해지고 갑갑하고 우울한 감정이 몰려오게 되니 무슨 일을 해도 일할 맛이 안 나고 아무런 의미도 없는 것처럼 느껴진다.

소설 『백록원白鹿原(중국의 근현대 시대상을 담은 소설_역주)』을 읽어본 사람들이라면 공감할 것이다. 많은 사람이 주인공 백가헌百嘉軒이 항상 허리를 곧게 펴고 있는 것을 강조하는 작가의 의도를 이해하지 못한다. 나중에 흑와黑娃가 산적이 되어 돌아와 백가헌을 때릴 때도 왜 굳이 그의 허리를 꺾으려고 했을까? 그 이유는 백가헌의 심중에 존재하는 어떤 '힘'이 늘 그가 허리를 곧게 세우도록 만들고, 어떤 상황에서도 당당하고 자신 있게 행동할 수 있도록 만들었기 때문이다.

반면 녹자림鹿子霖이라는 인물은 평상시 허리가 구부정한 자세로 다니며, 다른 사람과 대화를 나눌 때도 자신감이 없는 모습으로 묘사된다. 소설 속에서 그는 떳떳하게 밝힐 수 없는 일들을 암암리에 저질렀기 때문이다. 맹자가 말하길 "행동을 할 때 마음에 꺼림칙함이 있으면 호연지기는 굶주리게 된다行有不慊於心, 則餒矣."라고 했다. 이 말은 자기가 하고 있는 일이 떳떳하지 않다고 느끼거나 혹은 이치에 맞지 않아 당당하게 말할 수 없다면 자신감을 잃고 움츠러들게 된다는 뜻이다.

지금의 우리 또한 마찬가지다. 누군가를 대할 때나 어떤 일을 할

때나 마음속에 호연지기가 있어야 한다. 아울러 자신이 세운 원칙을 잃지 않되 열린 마음을 가지려고 해야 한다.

 내면의 당당함을 쌓는 '치양지'의 저력

왕양명 선생은 호연지기와 비슷한 마음을 '치양지'라고 표현했다. 여기서 '양지'는 불교에서 말하는 '본심'과도 같다. 결국 '치양지'란 '자신의 본심에 따라 움직이고 아는 것과 행동하는 것을 일치시키는 것'이다. 또한 어떤 일을 할 때 남에게 잘 보이려고 혹은 타인의 인정을 받기 위해 행동해서는 안 되며 더욱이 개인의 이익 때문에 마음이 흔들려서는 안 된다는 의미를 내포하고 있다.

어떤 상황에서도 마음속의 호연지기를 잃지 않고, 결과나 이익에 상관없이 담담하게 행동할 수 있게 되면 우리는 언제 어디서든 당당해질 수 있다.

하루의 진중한 가치가 모여
인생 최대의 가치를 만든다

맹자가 악정자에게 말하길,

孟子 謂樂正子曰,

자네가 자오를 따라온 것은 단지 먹고살기 위해서로다.

子之從於子敖來, 徒餔啜也.

나는 그대가 옛 성인의 도를 배워 그것을 고작 먹고살기 위한 방편으

로 삼을 줄은 몰랐네.

我不意子學古之道而以餔啜也.

『맹자·이루 상孟子·離婁上 편』

장자莊子에 관한 일화 하나가 생각난다.

송나라에 조상曹商이라는 사람이 있었다. 어느 날 조상이 송나라

310

왕의 명령으로 진秦나라에 사신으로 가게 됐다. 그는 송나라를 떠날 때 왕으로부터 수레 몇 채를 하사받았다. 조상은 진나라에 도착한 뒤 진나라 왕을 여러모로 기쁘게 만든 덕에 진나라 왕으로부터 몇백 채의 수레를 더 얻게 되었다. 조상은 그 수레들을 다 이끌고 송나라로 돌아온 뒤 장자를 만나 으스대며 말했다.

"매일 이렇게 옹색한 집에서 피골이 상접할 정도로 배를 곯고, 짚신을 만들며 겨우 생계를 유지하는 삶이라니. 나는 그대처럼은 못 사네. 나를 보시게나. 진나라에 가서 왕을 만나고 오니 몇백 채의 수레가 생기질 않았는가. 이것이 바로 내 능력이라네."

장자는 조상과 같은 소인배가 의기양양해하는 모습을 보고 다음과 같이 답했다.

"내가 듣기로는 진나라 왕이 병이 나서 수많은 의원을 불렀다더군. 그런 다음 자신의 종기를 터뜨리고 고름을 짜주면 수레 한 채를 주고, 치질을 핥아 주면 수레 다섯 채를 주겠다고 약속했다고 하네. 이 말은 결국 병을 치료하는 부위가 신체의 아래로 내려갈수록 그에 따른 포상이 많아졌다는 소리인데, 그대도 정녕 진나라 왕의 치질을 핥아 준 것인가? 그렇지 않고서 어찌 그렇게 많은 수레를 얻을 수 있단 말인가? 더러우니 당장 썩 꺼지시오!"

아주 재미있는 고사다. 조상은 본래 장자에게 으스대고 싶어 그를 찾아갔다가 도리어 호된 면박을 당하고 돌아오게 됐다.

이 일화에서 장자가 보여준 언행은 고대 지식인의 높은 품격이 무엇인지를 보여준다. 물질 만능주의가 만연한 현실 사회에서 많은 사람이 생각하는 성공의 기준은 언제나 돈이다. 어떤 이들은 부귀 영화를 누리기 위해 조상처럼 자신의 인격과 존엄을 팔아 부, 명예, 지위를 얻으려고 한다.

맹자 역시 자신의 제자 악정자樂正子에게 면박을 준 일이 있다.

악정자는 나중에 제나라 왕의 총애를 받던 신하 왕환王驩를 따랐다. 왕환이라는 자는 아첨에만 능한 인물로 맹자가 굉장히 혐오했던 인물이다. 맹자는 악정자가 왕환과 어울린다는 소식을 듣고 매우 불쾌해하며 악정자에게 이렇게 말했다.

"자네가 자오子敖(왕환의 자_역주)를 따라온 것은 단지 먹고살 기 위해서로다. 하나 나는 그대가 옛 성인의 도를 배워 그것 을 고작 먹고살기 위한 방편으로 사용할 줄은 몰랐네."

이 말을 쉽게 풀이하자면 이렇다. "자네가 왕환과 같은 사람과 어울리다니! 그래봐야 호의호식을 위해서가 아닌가? 나를 좇아 그토록 오랫동안 옛 성인의 가르침을 배운 자네가 고작 먹고사는 일 때문에 그런 자와 어울리다니!"

맹자가 생각하는 진정한 군자란 옛 성인의 가르침을 배워 자기 자신을 수양하는 것을 최우선으로 삼으며, 마음속에 큰 포부를 품고 나라와 백성에게 이로움을 줄 수 있는 일을 하는 사람이다. 맹자는 군자가 단지 호의호식을 위해 자신의 학식을 권력과 부를 얻는 데 사용하면 안 된다고 생각했다.

맹자가 말한 이런 현상은 오늘날에도 여전히 존재한다. 오늘날 사람들에게 대학을 졸업하고 사회에 나와 직업을 찾는 이유를 물었을 때 대부분은 '먹고살기 위해서'라고 말하지, '사회에 보탬이 되고 싶어서'라고 말하는 사람은 극히 드물 것이다. 심지어 어떤 이들은 개인의 욕심 때문에 타인과 사회에 피해를 주는 일도 서슴지 않는다.

하지만 기쁘게도 우리 사회를 위해 정말 의미 있고 가치 있는 일을 고민하고 실천하는 사람들이 있다. 예를 들면 수많은 과학자와 연구원, 각계각층의 서비스 종사자, 자원봉사자 등이 그러하다.

내가 운영하는 '판덩독서' 회사에는 기술 관련 업무를 총괄하는 팀장이 한 명 있는데, 그는 프로그래밍 능력이 매우 뛰어나고 아주 흥미로운 경력을 갖고 있다. 나는 평소 직원들과 교류를 잘하는 편은 아니다. 그러다 어느 날 임직원 단합대회 행사 때 나는 그 친구와 기술 방면에 관한 이야기를 나누게 되었다. 나는 그 친구에게 왜 판덩독서에 입사했냐고 물었다. 그 친구는 이렇게 대답했다.

"예전에 게임 회사에서 게임 기술 개발자로 일했어요. 봉급도 꽤 높은 편이었고, 항상 제가 하는 일에 만족하면서 다녔어요. 나중에 결혼을 하고 아빠가 되고 나니 자녀의 성장과 교육에 관한 정보에 관심이 생겼어요. 그리고 그 과정에서 게임에 빠져 자신을 제어하지 못하는 아이들이 많다는 것을 알게 되었어요. 그러다 문득 '만일 내 아이도 게임에 중독되면 어떡하지?'라는 생각이 들었죠. 아이가 게임을 못 하게 막아야 하나? 그럼 아이가 이렇게 묻지 않을까? 아빠가 만든 게임을 다른 아이들은 하는데 왜 나는 하면 안 되죠? 그럼 나는 아이에게 뭐라고 설명해 줘야 할까? 이런 생각들이 드는 순간 저는 게임 회사를 나가야겠다고 결심했어요."

후에 그는 '판덩독서'에서 책을 소개하는 것을 듣게 되었고, 우리 회사에 대해 흥미를 느꼈다고 한다. 마침 그때 회사에서도 기술 인력이 필요했던 차라 판덩독서에 입사하게 된 것이었다. 사실 당시 판덩독서는 그리 유명한 회사가 아니었기 때문에 그에게 높은 월급을 줄 수 있는 상황이 아니었다. 하지만 그는 우리 회사가 아주 의미 있고 가치 있는 일을 하고 있다고 생각했다. 결국 그는 우리에게 애플리케이션을 만들어주겠다고 제안하며 회사에 합류하게 되었다.

그와의 대화는 내게 매우 깊은 인상을 남겼다. 나는 자주 이런 생각을 한다. 우리 주변에는 대학에서 4년을 공부하고도 석사 및 박사 과정까지 밟는 사람이 아주 많다. 우리는 그 많은 지식을 대체 무엇을 위해 배우는 걸까? 만약 그 이유가 단지 먹고살기 위해서라면 너무 애석하지 않은가? 만약 우리가 배운 지식 또는 습득한 기술을 사회를 위한 의미 있는 일에 쓸 수 있다면 나 자신과 사람들에게도 더 가치 있지 않을까?

나는 이 문제만큼은 우리 모두가 생각해 볼 만한 가치가 있다고 생각한다.

세상 어디든 존재하는 '가치'의 저력

자신이 현재 어디에 있는지, 무엇을 위해 공부하고 일을 하는지 알지 못한 채 그저 하루하루의 삶을 살다 보면 길을 잃고 자신이 진정으로 추구했던 것이 무엇인지도 모르게 된다. 이런 일은 누구에게나 일어난다. 그것이 사람 사는 세상의 이치다. 이럴 때 우리는 '가치 있는 일'에 집중해야 한다. 설사 오늘 하고 있는 일이 큰 의미가 없어 보일지라도 일주일, 한 달을 두고 봤을 때 결과적으로 의미를 만들어낸다면 그것은 '가치 있는 일'이다. 일의 가치, 사람의 가치, 대화의 가치, 친절의 가치. 세상에는 너무나도 귀중한 가치들이 존재한다. 그것을 발견할 줄 아는 지혜가 필요하다.

매 순간 시간과 하나 되는
참 즐거움을 즐겨라

악樂의 핵심은 부모를 섬기고, 형을 따르는 것을 즐기는 것이다.

樂之實, 樂斯二者.

즐길 줄 아는 경지에 이르면 부모를 섬기고, 형을 따르는 마음이 저절로 우러나오게 된다.

樂則生矣, 生則惡可已也.

그런 마음이 저절로 우러나오게 되면, 그 마음을 멈추려 해도 멈출 수 없게 되고, 자기도 모르게 손과 발이 춤추게 된다.

惡可已, 則不知足之蹈之手之舞之.

『맹자·이루 상孟子·離婁上 편』

고대 순임금에 관한 전설은 많이 들어봤을 것이다. 순은 어려서

부터 부모를 잘 섬기고 공경했다. 어머니가 일찍 세상을 떠나고 아버지는 후처를 새로 들였는데, 그녀는 순을 굉장히 못살게 굴었다. 하지만 순은 여전히 아버지와 계모에게 효를 다했으며, 계모의 아들이자 자신의 이복동생까지 살뜰히 보살폈다. 후에 순의 이야기를 들은 요임금은 그의 효성을 인정하는 의미로 자신의 두 딸을 순에게 시집보냈으며, 나중에는 순에게 황제의 자리를 선위했다.

후대의 성인들과 학자들은 순임금의 말과 행동이 바로 '인애仁愛'의 본보기라고 말했다. 『맹자』에서도 '인의예지악仁義禮智樂'에 관한 내용을 설명할 때 순임금이 예시로 자주 거론된다. 순임금은 부모와 형제에게서 학대받았지만, 진심으로 부모를 공경하고 형제를 사랑했으며 어떤 원망도 하지 않았다.

『맹자』에서는 이것이 바로 '인애'의 본질이라고 말한다. 아울러 사람이 항상 마음속에 '인애'를 품고, 그 마음을 꾸준히 잘 키워 주변 사람의 마음을 잘 헤아릴 수 있게 된다면 진정한 즐거움을 얻게 된다고 했다. 또한 이러한 즐거움이 한번 시작되면 계속해서 이어져 멈추지 않게 되고, 어느새 자기도 모르게 발로 땅을 밟고 손으로 춤을 추어도 박자에 척척 들어맞듯이 인생이 즐거워진다고 했다.

그렇다면 대체 무엇이 진정한 즐거움일까? 이 질문은 우리가 다 같이 고민해 볼 필요가 있다. 맹자는 '억지로 힘쓰지 않아도 자연스럽게 생기는 즐거움'이 바로 진정한 즐거움이라고 말했다.

그럼 즐거움에도 가짜가 있을까? 일시적인 쾌락이 바로 가짜 즐거움이다. 나는 예전에 강의에서 즐거움의 경지를 3단계로 나눠 설명했다.

첫 번째 경지는 남을 이기는 즐거움이다. 이를테면 남의 집이 내 집보다 작은 것을 보고 기쁨을 느끼는 것, 남의 차가 내 차보다 저렴하다는 것을 보고 기쁨을 느끼는 것 등 이런 감정이 모두 가짜 즐거움, 낮은 수준의 즐거움에 속한다. 하지만 대다수 사람은 이런 것들로부터 즐거움을 느낀다.

두 번째 경지는 나를 이기는 즐거움이다. 스스로 끊임없이 발전하면서 다른 사람이 아닌 어제의 나와 비교했을 때 점점 나아지는 자신을 보며 느끼는 즐거움을 말한다. 나를 이기는 즐거움은 앞서 남을 이기는 즐거움보다 한층 더 높은 경지의 즐거움이다.

세 번째 경지는 바로 무조건적인 즐거움이다. 이런 상태의 즐거움이 바로 맹자가 말한 '억지로 힘쓰지 않아도 자연스럽게 생기는 즐거움'이다. 다시 말해 **내가 누군가를 이기지 않아도, 내가 무엇을 얻지 않아도, 혹은 내가 무엇을 차지하지 않아도 즐거움을 느낄 수 있는 상태를 말한다. 이러한 즐거움은 오직 우리 자신의 내면이 정념**正念**(모든 의식이 자신의 내면에 집중되어 있어 마음의 평안한 상태_역주) 상태일 때 매 순간 현재와 하나가 되어 느낄 수 있는 즐거움이다.**

가령 나무 한 그루, 꽃 한 송이의 모습을 자세히 들여다보면 이 세상의 아름다움과 자연이 우리에게 주는 선물을 느낄 수 있고, 그로 인해 우리의 내면에서 우러나오는 만족감과 즐거움을 느끼게 된다. 이것이 바로 무조건적인 즐거움이다.

「소울Soul」이라는 디즈니 영화 한 편을 추천한다. 영화에서는 '가드너'라는 중학교 음악 선생님이 등장한다. 재즈 피아니스트의 꿈을 가진 가드너는 집을 나섰다가 갑작스러운 사고로 맨홀에 빠져 목숨을 잃게 된다. 어두컴컴한 동굴에서 깨어난 가드너는 자신이 영혼이 되어 버린 사실을 알게 되었다. 눈을 떴을 때 그의 주변에는 수많은 영혼이 있었다. 가드너는 그 영혼들로부터 벗어나 다시 인간 세상으로 돌아가고 싶었다. 그때 한 영혼이 그에게 불꽃을 찾아야 원래 세상으로 돌아갈 수 있다고 말한다.

여기서 말하는 불꽃이라는 것은 무엇일까? 바로 삶에 대한 '열정'이다. 가드너는 "나는 열정이 있어요, 나는 돌아가서 재즈 피아니스트가 되고 싶어요."라고 말한다. 이후 그는 정말로 부활했고, 재즈 피아니스트가 되었다. 다시 생명을 얻은 가드너는 재즈 피아니스트로 성공하는 큰 기쁨을 누렸지만, 어쩐지 자신이 진짜 원하는 것이 아니라는 생각이 든다. 꿈도 이루고 성공도 했지만 이러한 성공이 그에게 지속적인 즐거움을 주지는 못했기 때문이다.

가드너는 그때부터 자기 존재의 가치와 의의를 재정립하고 깨닫기 시작한다.

즐거움이란 사실 일종의 능력이다. 바람이 부는 것이 느껴질 때 그 바람을 만끽하는 것만으로도 우리는 즐거움을 느낄 수 있다. 고양이와 대화를 나누는 것만으로도 우리는 즐거워질 수 있다. 또한 주변의 친구들과 함께 시간을 보내고 서로 위로하고 격려하는 것 역시 즐거움이 될 수 있다. 이러한 즐거움이 우리에게 지속적으로 즐겁다는 느낌을 준다면 그것은 진정한 즐거움이다. 하지만 잠깐의 즐거움에 그치는 것이라면 그것은 가짜 즐거움이다.

 언제든 끌어낼 수 있는 '내면의 즐거움'이라는 저력

'즐거움'은 아주 간단하다. 하지만 대다수 사람은 이와 같은 진정한 즐거움을 내면에서 찾으려 하지 않는다. 이들은 바깥에서 즐거움을 찾으려 하고 물질적인 것들에 집착한다. 남이 차를 가지고 있으면 나도 차가 있어야 하고, 남이 명품을 입으면 나도 명품을 입어야 하고, 남이 여행을 가면 나도 여행을 가야 하는 등…. 그러다 남들과 똑같이 이루지 못하면 머릿속은 걱정으로 가득 차게 되고, 결국 생각의 덫에 빠져 헤어 나오지 못하게 된다. 매 순간 이런 마음가짐으로 즐거움을 찾다 보면 결국 실망할 수밖에 없다.

7장

성장의 방향

인생의 방향을 결정짓는
사고의 유연성

대인은 자신의 말을 남들이 꼭 믿어주기를 바라지 않고,

자신이 한 행동에 반드시 상응하는 결과가 있기를 바라지 않는다.

오직 '의'에 따라 행동할 뿐이다.

大人者, 言不必信, 行不必果, 惟義所在.

『맹자·이루 하孟子·離婁下 편』

"말에는 반드시 신용이 있어야 하고, 행동은 반드시 실천으로 결과를 맺어야 한다言必信, 行必果."라는 말이 있다. 오랫동안 인구에 회자되어 온 이 구절은 사람들에게 '자기 입으로 말한 것을 지키라'고 훈계할 때 사용되어 왔다. 그런데 사실 이 구절은 공자의 말 일부분

을 떼온 것으로, 대다수 사람은 이 문구를 잘못 이해하고 있다.

공자가 원래 한 말은 이렇다.

> "말에는 반드시 믿음이 있어야 하고, 행동을 하면 반드시 결과를 내야 한다. 옹졸한 소인이라는 소리를 듣더라도 말이다.
> 言必信, 行必果, 硁硁然小人哉."

여기서 말하는 '소인'이란 식견이 얕고 도량이 좁지만 나름의 기개와 원칙을 가진 사람을 뜻한다. 공자의 말을 해석해 보면 '내뱉은 말은 반드시 지켜야 하고, 시작한 일에는 반드시 결과가 있어야 한다. 비록 옹졸한 소인이라는 소리를 들을 수 있지만 그래도 선비라 할 만하다'라는 뜻이다. 하지만 공자는 기개와 원칙을 가졌을지라도 그들을 군자라고 부르지는 않았다.

그렇다면 어떤 사람이 군자인 걸까? 맹자는 공자의 말을 토대로 살을 덧붙여 다음과 같이 말했다.

> "대인은 자신의 말을 남들이 꼭 믿어주기를 바라지 않고, 자신이 한 행동에 반드시 상응하는 결과가 있기를 바라지 않는다. 오직 '의'에 따라 행동할 뿐이다."

이 말의 대략적인 의미는 이렇다. '세상의 이치에 통달한 사람은 말을 하되 남들이 모든 말을 믿어주기를 바라지 않고, 행동할 때도 반드시 결과가 있어야 한다는 강박에 얽매이지 않는다. 도의에 맞다고 판단되면 행동으로 옮길 수 있는 사람, 그런 사람이야말로 군자다.'

간단한 예를 하나 들어보자. 당신이 한 회사의 관리자라고 가정해 보자. 당신은 연초에 당해 연도 목표를 세우고, 회사 전 직원이 연말 안에 목표를 달성해야 한다고 발표했다. 그런데 그해에 전염병이라는 예상치 못한 변수가 생겼고, 연초에 세운 목표는 자연히 달성할 수 없는 상황이 되었다. 이때 만약 당신이 회사 직원들에게 말로 내뱉은 것은 지켜야 한다며 목표 달성에 준하는 결과물을 요구거나 혹은 목표 달성을 못 했다는 이유로 불이익을 준다면 이는 분명 도의에 어긋난 행동이다.

당신은 전염병으로 인해 처음 세웠던 목표가 달성하기 어렵다는 사실을 안 순간, 그 즉시 목표를 조정해야 한다. 이것이 바로 관리자가 해야 할 올바른 대응 방법이다. 만약 당신이 맹자가 말한 '대인'이라면 창피함을 두려워하지 말고 사고방식을 전환할 줄 알아야 한다. 그런 다음 직원들에게 자신이 연초에 세운 목표는 전염병 등 돌발 변수를 고려하지 않고 세웠던 것이기 때문에 목표의 하향 조정이 불가피함을 설명해야 한다. 그래야만 직원들의 입장에서도 수용하기가 쉽고, 궁극적인 목표 달성에도 도움이 되기 때문이다.

만약 당신이 체면 때문에 목표를 조정하지 않고 '뱉은 말은 반드시 지켜야 한다'는 입장을 완강하게 고수한다면 이는 결국 '무의미한 확실성'에 매달리는 행동이나 다름없다.

고집불통 소인 vs. 사고가 유연한 대인

그렇다면 '무의미한 확실성'이란 무엇일까? 예를 들어보자. 당신이 누군가와 어떤 일에 대해 약속을 했다고 하자. 당신은 상대에게 약속한 그 일이 절대 변하지 않을 것이라고 말했다. 이때 약속한 그 일이 변하지 않는다는 것은 '확실성'이다. 하지만 당신은 이 일이 더 나은 쪽으로 변할 수 있는 가능성, 그리고 절대 변하지 않을 것이라는 확신이 누군가를 힘들게 만들 수도 있다는 생각은 하지 않았다. 만일 당신이 고착화된 사고방식에 갇혀 자신이 정한 '확실성'을 고수하기 위해 모든 사람이 당신처럼 '뱉은 말은 지키고, 시작했으면 끝을 봐야 한다'는 생각을 가지길 바란다면 그것이 바로 '무의미한 확실성'이다. 더구나 당신이 고집하는 그 일이 도의에 맞는지 아닌지 생각하지 않았다면 이는 전형적인 '소인'의 문제 해결 방식이다.

공자는 이렇게 말했다.

"나는 그들과 달라서 반드시 해야 하는 것도, 반드시 하지
않아야 하는 것도 없다.
我則異於是, 無可無不可."

이 말은 '그 일을 내가 말한 대로 해도 좋고, 내가 말한 대로 하지
않아도 좋다'라는 뜻이다. 그렇다고 해서 공자를 주관이 없는 사람
으로 오해하면 안 된다. 공자는 모든 상황에는 복잡한 요소들이 얽
혀 있기 때문에 우리가 단시간 안에 어느 것이 더 좋은지를 가늠할
수 없다고 생각했다. 그래서 앞서 맹자가 '오직 의에 따라 행동한다
惟義所在.'라고 말했듯이, 공자 또한 도의에 어긋나지 않는다면 각 상
황에 맞게 행동해야 한다고 생각한 것이다.

정리하자면, 어떤 사고방식을 갖느냐에 따라 인생의 방향도 달
라진다. 공자가 말한 '소인'은 사고가 경직되어 있고 고집불통인 데
반해, 맹자가 말한 '대인'은 사고가 유연하고 상황에 따라 요령 있
게 행동할 줄 아는 융통성을 갖고 있다.
『유연한 사고의 힘Elastic』이라는 책에서는 사람에게 유연한 사고
가 부족하면 매사 자기 방식을 고집하고 나와 다른 의견은 배척하

니 인생의 대부분이 고달플 수밖에 없다고 말한다. 게다가 이런 특성을 가진 사람들과 함께 무언가를 한다는 것 역시 굉장히 피곤하고 힘든 일이다. 그들은 '말한 것은 필히 지켜야 하고, 시작했으면 끝을 봐야 한다'라는 신조를 가장 중요한 윤리 기준으로 생각하고, 그 기준을 자신뿐 아니라 남에게까지 강요하기 때문이다.

주변 환경이 달라졌는데 신용을 지켜야 한다는 일념에 얽매인다면 앞서 사례를 들었던 '다리 기둥을 껴안은 채 익사한 미생'과 다를 것이 무엇인가? 대개 우리의 고통은 고착화된 생각이 만들어낸다. 하지만 사고의 유연성이 커지게 되면 남들과 다른 관점으로 인지하는 것이 가능해진다.

『유연한 사고의 힘』에서 말한 것처럼 인지의 목적은 진리의 발견이 아니라 방법을 찾는 데 있다. 따라서 우리가 기존의 익숙한 사고방식이나 경험에 의존하려는 생각에서 벗어난다면 새로운 관점이나 새로운 시각에서 문제 해결 방법을 찾아낼 수 있을 것이다.

복잡한 세상을 헤쳐나가는 '유연함'의 저력

　공자든 맹자든 그들이 전하는 유교 사상에는 항상 유연함이 존재했다. 한 가지 개념과 정의에 집착하지 않고, 물 흐르듯 대세의 변화에 따르려 했다. 자신과 맞지 않다고 목소리를 높여 싸우거나 상대의 생각을 꺾으려 하지도 않았다. 사고의 차이를 인정하고 부족한 부분을 채워가는 것으로 인생의 기치를 높여나갔다. 물론 그렇다고 우리 모두가 변화에 능한 사람이 되어야 한다는 말은 아니다. 나는 우리 모두가 진리는 변하지 않는다는 전제하에 세상 모든 일은 복잡하게 얽혀있다는 점을 고려하여 유연하게 생각하고 대처할 수 있기를 바란다.

세상에 맞서 견디는
내면의 단단함

'마음이 풍족하다'라는 말을 꺼냈을 때, 대다수 사람은 이 말을 침착하다, 너그럽다, 온화하다 등으로 이해할 것이다. 물론 그것들 모두 풍족함의 일부분은 맞다. 하지만 그보다 더 중요한 것이 있다. 이상을 향한 뚝심, 나 자신에게 도전하는 과감성, 남들과 다른 삶을 시도하는 용기가 바로 그것이다. 이런 특성을 지닌 사람은 세상의 편견이나 남들이 하는 말에 거의 신경 쓰지 않는다. 또한 다양한 의견과 주장 앞에서도 나의 원칙을 잃지 않고 자기 내면의 열정에 따를 줄 안다. 이런 사람은 특출나게 뛰어나지는 못해도 마음은 항상 풍족하다.

반면 이와 정반대의 사람들도 있다. 당신이 그들에게 미래에 대한 상상과 꿈에 대해 이야기하면 그들은 이렇게 대꾸할 것이다. "나도 꿈이 있긴 해. 단지 돈과 시간적 여력이 없어서 이루지 못하는 것뿐이야."라고 말하거나, "나도 의미 있는 일을 하고 싶어. 하지만 나는 능력이 부족하기 때문에 못 해."라고 말할 것이다.

이것이 바로 마음이 가난한 사람들의 대답이다. 마음에 여유가 없는 사람은 누가 봐도 뛰어난 능력을 갖고 있음에도 속으로는 끊임없이 자기 비하를 한다. 심리학자들은 다음 두 가지 원인이 사람의 마음을 가난하게 만든다고 말했다.

첫 번째는 어릴 때부터 다른 사람과 비교하는 습관이다. 이런 사람들은 자신보다 뛰어난 사람이 많다는 것을 알게 되었을 때 마음이 불안해지면서 끊임없이 자신을 낮게 평가한다. 심각한 경우 자신의 능력을 의심하는 지경에 이르기도 한다.

두 번째는 유년 시절 내면의 욕구가 채워지지 않아 온전한 자아가 형성되지 못한 경우다. 가령 부모에게 무시를 당했거나 혹은 충분한 인정을 받지 못하고 자란 사람은 매번 자신에게서 잘못을 찾으려 하고 끊임없이 자신을 위해 변명하게 된다. 이처럼 지나치게 스스로를 비하하는 사람은 자아 존중감을 잃을 수 있다. 그뿐만 아니라 이런 상태가 지속될수록 마음가짐을 바꾸지 못하거나 혹은 차마 바꿀 용기를 내지 못하게 된다. 실수하고 실패하는 것이 두렵기 때문이다. 하지만 행동하지 않으면 당연히 좋은 결과가 나올 수 없다.

맹자와 제나라 선왕에 관한 일화다. 선왕이 맹자에게 나라를 다스리는 이치에 대해 가르침을 구하자, 맹자는 주나라 문왕이 나라를 다스린 방법에 대해 설명했다. 그 핵심은 당연히 '인정'이다. 맹자는 군왕 스스로 백성과 같은 입장이 되어 백성의 마음을 이해하고 백성의 고통을 더 많이 헤아릴 줄 알아야 한다고 말했다.

그렇다면 맹자의 이야기를 듣고 난 뒤 선왕의 태도는 어땠을까? 선왕이 말했다. "그대의 가르침은 참으로 훌륭하오! 하지만 나는 결함이 아주 많은 사람이오. 나는 재물과 여인을 좋아하기 때문에 내게는 인정을 펼칠 능력이 없소." 맹자는 물러서지 않고 계속 선왕을 설득했다.

"재물과 여인을 좋아하는 것은 결코 흠이 아닙니다. 고대의 수많은 현자도 그러했습니다. 다만 군왕은 내가 원하는 것을 채우는 동시에 백성이 원하는 것도 함께 생각해야 합니다. 그것이 바로 인정을 펼치는 방법입니다." 하지만 선왕은 여전히 맹자의 말이 이해하기 어렵다며 이런저런 핑계를 대며 화제를 다른 곳으로 돌렸다.

어떤 면에서 보면 선왕의 이런 태도가 바로 자기 비하적인 태도다. 선왕은 스스로를 '나는 문제를 해결할 수 있는 사람', '나는 높은 가치를 지닌 사람'으로 생각하지 않았다. 이미 마음속으로 나는 할 수 없다고 단정을 지으니 시도할 엄두도 내지 못하는 것이다.

열등감을 동력으로 바꾸는 사고의 전환

그렇다면 자기 비하를 멈추고 마음을 풍족하게 만들 방법은 없을까?

진정으로 달라지고자 한다면 자존감을 높여야 한다. 그런 의미에서 나는 모두에게 오스트리아의 심리학자 알프레드 아들러Alfred Adler가 쓴 책 『심리학이란 무엇인가?What Life Could Mean to You』를 추천한다. 이 책에서 아들러는 누구나 많든 적든 열등감을 느낀다고 말한다. 구체적으로 개인에게 어떤 문제가 생겼을 때 열등감을 느끼면 당면한 상황을 적절히 넘기거나 대처하지 못하고, '나는 문제를 해결할 수 없어.', '나는 역부족이야.'라는 생각에 사로잡힌다. 하지만 이런 열등감을 오히려 앞으로 나아가는 동력으로 바꿀 수 있다면 누군가의 가치는 사회 전체의 가치와 하나가 될 수 있다. 이때 사람들의 내면에 더할 나위 없이 강한 힘이 뿜어져 나오게 된다.

나는 앞서 말한 선왕의 일화에 함축된 이치를 가장 잘 설명해 주는 책이 바로 『심리학이란 무엇인가?』라고 생각한다. 맹자는 선왕이 자신의 가치를 사회 전체의 가치로 생각하길 바랐던 것이다. 다시 말해 재물을 좋아하는 그 마음으로 나라의 경제를 발전시키고, 어여쁜 여인를 좋아하는 그 마음으로 백성을 바라보며 그들의 안위를 살피길 바란 것이다. 그럼 군왕 자신과 백성 모두에게 좋은 일이 아니겠는가?

하지만 선왕은 용감한 인물이 아니었다. 설령 실질적인 문제점과 그 해결 방법에 대해 고민을 해 봤다 하더라도, 선왕은 현재의 상태를 바꾸는 것을 원하지 않았다. 그 이유는 결국 내면에 결핍과 두려움이 너무 많아서다. 이처럼 내면에 자신감, 긍정적인 생각, 자부심 등이 결핍되면 아무것도 이룰 수가 없다. 반대로 내면이 강해지면 행동으로 실천하게 되고, 내면이 풍족해지면 더 많은 기회를 자신에게로 끌어당길 수 있다.

머리로는 알지만 온갖 핑계를 대며 행동으로 실천하지 않는 사람들이 있다. 그러면 그들의 머릿속에 아무리 많은 아이디어가 있어도 결국 그것은 머릿속에 갇혀있는 생각에 불과하다. 행동으로 실천하지 않으면 그들의 삶에는 어떤 변화도 일어나지 않으며 내면은 여전히 가난한 상태에 머물러 있을 것이다.

범상한 하루도 걸작으로 만드는 '마음가짐'의 저력

우리가 반드시 알아야 할 것이 있다. 이 세상에 완벽한 사람은 없다. 그리고 누구에게나 단점은 있다. 그렇다 해서 책망하고 가만히 손 놓고 자신의 운을 탓하라는 뜻이 아니다. 우리는 자신에게 주어진 능력의 한계를 뛰어넘기 위해 끊임없이 노력해야 한다. 이와 더불어 꾸준히 지혜를 쌓고 잠재된 능력을 발굴하면서 자신에게 부족한 것들을 조금씩 채워나가야 한다. 그래야만 마음이 단단하고 풍족한 사람이 될 수 있고, 평범한 삶도 하나의 걸작처럼 빛날 수 있음을 기억하자.

의지가 있다면
금지의 영역은 없다

세자께서는 제 말을 의심하십니까? 도는 하나일 뿐입니다.

世子疑吾言乎? 夫道一而已矣.

『맹자·등문공 하孟子·藤文公下 편』

나는 평소에 이런 말을 하는 사람들을 종종 본다.

"어휴, 너는 재능이 있으니까 성공할 수 있겠지만, 나는 안 돼.",

"너는 조건이 좋으니까 할 수 있는 거야. 내 조건으로는 어림없어."

나는 사람들의 이런 자조 섞인 목소리를 듣고 있으면 예전에 내가 소개했던 책인 『왕양명 전기王陽明大傳』에서 왕양명이 누량婁諒과 만나는 장면이 떠오른다.

왕양명은 누량을 만나기 전까지 아무런 이상이나 포부 없이 살았다. 많은 것을 배웠지만 하나같이 전부 중도에 포기했다. 왕양명은 열여덟 살 무렵 장시江西에서 우연히 당대 최고의 학자 누량과 만나게 됐다. 누량이 그에게 일러준 한마디는 그의 평생에 영향을 주었으며, 그의 삶을 완전히 바꿔놓았다. 왕양명의 인생을 바꿔놓은 말은 이것이다.

"성인의 경지는 반드시 배움을 통해서만 이룰 수 있다.
聖人必可學而至."

이 말의 뜻은 다음과 같다. 그대는 물론이고 공자, 맹자와 같은 성인들도 모두 사람이다. 그들이 가진 능력은 우리가 배움을 통해 얻을 수 있는 것들이란 뜻이다. 그날 이후 왕양명은 마음속에 포부를 품고 성인의 경지에 뛰어들었다.

우리 사회에서도 타고난 재능을 가진 사람들이 분명 존재한다. 어떤 사람은 예술 분야의 재능을 갖고 있고, 어떤 사람은 체육 분야의 재능을 갖고 있다. 하지만 만약 당신이 천부적인 재능을 가진 사람만이 성공한다고 생각한다면, 수많은 기회를 놓칠 가능성이 크다. 당신은 '남들은 타고난 재능을 갖고 있어.'라고 생각하면서도 내심 그것을 핑계 삼아 안도하기 때문이다. 이런 사고방식을 가진 사람은 '남들은 재능이 있지만 나는 재능이 없는 평범한 사람이야. 그러니까 나는 어려워서 못해. 나는 성공할 수 없어.'라고 생각할 때 마음의 부담감이 줄어드는 느낌을 받는다.

그러나 심리학의 아버지 아들러의 생각은 달랐다. **아들러는 사람은 누구나 어떤 일이든 해낼 수 있다고 생각했다. 반면 많은 사람이 자신이 원하는 일을 해내지 못하는 이유는 단지 그들이 그 일을 할 마음이 없거나 용기가 부족하기 때문이라고 말한다.**

맹자 역시 과거 이와 비슷한 말을 한 적이 있다.

등문공은 세자 시절, 맹자를 찾아가 배움을 구했다. 맹자는 성인 (요임금과 순임금)을 예로 들며 성선性善에 대해 설명하며, 그것을 실제로 실천한 성인 역시 '무릇 사람도 배워 그 경지에 이를 수 있다'고 일러주었다. 그 이후 등문공은 다시 한번 맹자를 찾아갔다. 등문공이 두 번째로 자신을 찾아왔을 때 맹자는 등문공에게 이렇게 말했다.

"세자께서는 제 말을 의심하십니까? 도는 하나일 뿐입니다."

당시 세자였던 문공은 '성현이 된다는 것은 불가능하다'라고 여겼기에 맹자를 다시 찾아와 가르침을 구했고, 이에 맹자는 세가지 예를 들어 등문공에게 성현과 무릇 평범한 사람 모두 똑같은 사람이며, 성현이 해낸 일은 누구나 노력하면 해낼 수 있다는 이치를 가르쳐주었다.

맹자는 가장 먼저 제나라의 용사 성간成瞷의 일화를 들려주었다. 성간이 어떤 이와 결투를 벌이려 하자 제나라 왕 경공이 우려하며 "가능하겠소?"라고 물었다. 그러자 성간이 "저자도 사람이고, 저 역시 사람인데 무엇이 두렵겠습니까?"라고 대답했다. 성간의 일화는 뜻을 품었다면 용감하게 나아갈 줄 알아야 한다는 가르침을 준다.

그다음으로는 춘추시대 노나라의 현인 안연顏淵(안회라고도 부름_역주)의 일화를 들려주었다. 안연은 늘 성현을 본보기로 삼아 배우려 했다. 안연에게 성현은 순임금이었다. 그리고 순임금과 자신 모두 사람이니 순임금이 해냈던 일은 자신도 해낼 수 있다고 생각했다.

맹자는 마지막으로 공명의公明儀라는 음악가가 한 말을 예로 들었다. 공명의는 증자의 제자이자 당시의 현인으로도 유명하다. 공명의는 이런 말을 남겼다. "주공은 아버지인 문왕이 그의 스승이라는 말을 자주 했다. 나 역시 문왕을 스승으로 삼고자 한다."

보다시피 위 세 가지 예시 모두 우리에게 '이루고자 하는 목표를 세우고 그것을 이루기 위해 용기 있게 도전하라'는 가르침을 담고 있다.

성공한 사람도 사람이고, 우리도 사람이다. 성공한 사람들도 성공 이전에는 우리처럼 평범한 사람이었다. 하지만 그들이 자신의 목표에 도달할 수 있었던 이유는 용감하게 도전했기 때문이다.

그렇다면 그들은 해냈는데 우리는 왜 해내지 못하는 걸까?

성공으로 이끄는 연습 = 시간 × 노력의 누적

나는 『책 한 권을 읽고 이해하다讀懂一本書』라는 책에서 내가 성장하면서 경험한 내용들을 담았다. 예전부터 많은 사람이 내게 대학 전공이 문과였냐는 질문을 하는데, 사실 나는 전형적인 이공계 남학생이었다. 나는 대학생 때도 독서를 좋아하지 않았다. 내게 독서는 고통스러운 일이었다. 수학 교수이셨던 아버지의 영향으로 중학생 시절에는 수학, 물리, 화학과 무관한 책은 거의 읽지 않았다. 그리고 대학에 입학한 뒤 한동안은 책을 읽을 필요가 없다고 생각했었다. 하지만 졸업을 하고 방송국에 입사한 뒤 나는 아주 심각한 문제에 부딪혔다. 그곳에서 나는 거의 '무지'한 상태임을 깨달았다. 방송국 동료는 물론이고 내가 만난 학자, 귀빈 등 모든 사람이 입만 열었다 하면 노자, 공자, 맹자 등 고문을 인용해 말을 하니 단 한마디도 알아들을 수가 없었다. 그때 나는 불현듯 나의 지식수준이 심각한 상태라는 생각이 들었다. 하지만 그와 동시에 그들도 할 수 있는 것이라면 나도 할 수 있다는 생각을 했다. 그래서 그때부터 나는 다시 책을 읽기 시작했다.

나는 '판녕독서'를 창업한 뒤로 갈수록 '우리 모두 자신을 하찮게 여기면 안 된다.'라는 생각이 들었다. 태어날 때부터 자신이 어떤 일의 재목이 아니라는 생각을 하는 순간 우리는 너무나 쉽게 포기한다. 사실 도전을 두려워하지 않고, 부단히 연습해야만 맹자의 언급대로 남들이 해내는 것을 나도 해낼 수 있는 것이다. 한 친구가 내게 이런 말을 한 적이 있다.

"대다수가 배울 수 있는 일이라면, 너도 분명히 배울 수 있어. 결국 관건은 배움의 방법이 올바른지, 시간적 여유가 충분한지, 충분한 실행력을 갖췄는지에 달려있어."

친구가 내게 이 말을 해줬을 때 나는 그 말에 전적으로 공감했다. 나 역시 무언가를 성취하고 싶다면 먼저 용기가 있어야 하고, 그다음으로는 부단한 연습이 필요하다고 생각한다. 설령 나와 같은 이공계 학생일지라도 독서 능력과 사람들에게 책의 내용을 소개하는 능력 모두 연습으로 만들 수 있다. 심지어 나는 일을 성공적으로 해내는 공식까지 만들었다. 그 공식은 '성공으로 이끄는 연습 = 시간 × 노력의 누적'이다. 이 공식에 따라 시간을 투자한 만큼 그 노력의 결과는 나오게 되어 있다.

우리는 조급한 마음에 자신이 투자한 시간과 노력은 간과한 채 결과만을 보고 타인과 비교하기 시작한다. 이제는 타인의 성공을 보고 그가 얼마나 뼈저린 노력을 했는지 분석하는 태도를 가져야 할 것이다.

 무엇이든 해낼 수 있는 '꾸준함'의 저력

무슨 일을 하든 하루아침에 이루려고 하면 안 된다. 판덩독서도 하루아침에 성공한 것이 아니다. 나 또한 처음부터 일 년 동안 몇백 권의 책을 읽었던 것은 아니다. 물론 지금 판덩독서의 목표는 '매년 다 같이 50권의 책을 읽는 것'이지만, 나는 사람들이 독서를 할 때 먼저 목표를 정하고 목표를 향해 한 걸음씩 나아가볼 것을 제안한다. 설령 끝까지 읽기 힘든 상황이 생기더라도 포기하지 않도록 자신을 독려하길 바란다.

머릿속에 수많은 배경 지식이 쌓이게 되면 이해력이 점점 높아지게 된다. 그리고 이런 식으로 계속 새로운 것을 접하다 보면 배움의 속도가 점차 빨라지는 것은 물론, 목표에 점점 가까이 다가가는 자신을 발견하게 될 것이다.

인생의 빌런,
'자포자自暴者'와 '자기자自棄者'

> 스스로를 해치는 사람과는 어떤 말도 함께 하면 안 되고,
>
> 스스로를 버리는 사람과는 어떠한 행위도 함께 해서는 안 된다.
>
> 自暴者, 不可與有言也; 自棄者, 不可與有爲也.
>
> **『맹자·이루 상孟子·離婁上 편』**

나는 여러 번 읽어도 질리지 않는 유독 좋아하는 책이 있다. 바로
『성공하는 사람들의 7가지 습관The 7 Habits of Highly Effective People』이다.
이 책에 얽힌 이야기를 하려면 20년 전으로 거슬러 올라가야 한다.

2002년 전후 내가 베이징에 온 지 얼마 안 되었을 때다. 나는 중
국 중앙방송국에서 그다지 인기가 없는 프로그램을 맡았었는데, 속

으로는 나의 재능이 제대로 인정받지 못하는 기분이 들기도 했고, 또 알게 모르게 뽐내고 싶은 마음도 있었다. 당시 어떤 이가 내게 이 책을 추천해 줬는데, 나는 책 제목을 보자마자 시답잖아하는 표정으로 "또 성공에 관련된 책이야?"라고 말했다. 그때 나는 이런 느낌의 제목은 거의 다 늘 똑같은 성공에 관한 책이라고만 생각했다. 하지만 이 책은 내게 새로운 느낌으로 다가왔다.

당시 나는 정말로 삶에 갇혀버린 것 같은 느낌이 들었다. 내가 맡은 프로그램은 성공하지 못했고, 내 삶에는 방향이 없었다. 그래서 지푸라기라도 잡는 심정으로 친구가 권해준 책을 펼치게 됐다. 그 결과, 나의 이후의 인생은 완전히 바뀌었다.

『성공하는 사람들의 7가지 습관』에 나오는 첫 번째 습관은 바로 '적극성과 자발성'이다. 이는 내가 가장 좋아하는 습관이기도 하다. 이 책은 우리에게 어떤 상황에서도 자포자기를 선택하면 안 된다고 말한다. 우리 인생에는 '영향권'과 '관심권'이라는 영역이 존재한다. 그중 영향권은 우리 내면에 있고, 관심권은 외부에 존재한다. '영향권'이란 개인이 최선의 노력을 다하면 변화를 이끌어낼 수 있는 범위를 말한다. 반면 '관심권'이란 개인이 관심을 가지고 의견을 표현하거나 감정을 드러낼 수 있지만, 실질적으로는 아무것도 바꿀 수 없는 것들을 의미한다.

고대와 현대 그리고 국내외의 성공한 인물들이 지닌 유일한 공통점을 찾으라면 그들은 자신의 에너지를 영향권에 쏟았으며, 자신이 바꿀 수 있는 일들에 노력을 기울였다는 것이다. 반면 **매일 불안하고, 괴롭고, 자책하고, 변명하면서 정작 행동하지 않는다면 이는 결국 나 자신을 관심권에 가둬두는 것이나 다름없다. 이런 상태가 바로 '자포자기 상태'다.** 한마디로 자포자기 상태는 우리 인생에 아무런 도움도 되지 않는다.

맹자는 이미 수천 년 전에 다음과 같이 간곡히 타일렀다.

> "어떤 상황에서든 내가 나를 괴롭히면 의지가 약해지고 사기가 떨어지기 마련이다. 미래에 대한 믿음을 잃고 현실을 도피하거나 실패와 좌절을 두려워한다면 아무것도 이룰 수가 없다."

맹자의 말은 여기서 끝나지 않는다.

> "스스로를 해치는 사람 '자포자'와는 어떤 말도 함께 하지 말 것이며,
> 自暴者, 不可與有言也,
> 스스로를 버리는 사람 '자기자'와는 어떠한 행위도 함께 하

면 안된다.

自棄者, 不可與有爲也.

말로 예와 의를 비방하는 것은 '자포'라 하고,

言非禮義, 謂之自暴也,

자신은 내면에 인을 쌓고 의를 따르는 것이 불가능하다고

말하는 것을 '자기'라고 말한다.

吾身不能居仁由義, 謂之自棄也."

앞 구절에서는 자기 자신을 해치는 사람과는 어떤 것도 논의하지 말라고 했다. 자신을 해치는 사람은 예의에 어긋난 발언을 서슴지 않고, 당면한 상황을 제대로 직시하지 못하기 때문이다. 이어지는 구절에서는 자기 자신을 포기하는 사람과는 함께 일을 도모하지 말라고 했다. 자신을 포기하는 사람은 더 잘 해봐야겠다는 생각보다는 자신의 생각과 행동을 나쁜 방향으로 몰아가기 때문이다. 심한 경우 점점 나쁜 길로 빠져들기도 한다. 그렇기에 우리는 이런 사람들을 경계하고 멀리해야 한다.

맹자는 '말은 한 사람의 생각을 대변하고, 생각은 행동을 이끌어내고, 행동은 습관으로 이어지고, 습관은 그 사람의 운명을 결정한다'고 보았다. 그래서 평소 예의와 도덕을 경시하거나 나는 '이것도 못 해, 저것도 못 해'라고 말하는 사람은 할 수 있는 것이 아무것도

없으니 이런 사람과는 일을 도모하지 말라고 하는 것이다.

사실 우리 주변에서도 이 같은 사람들을 적잖게 볼 수 있다. 그들에게 "책을 많이 읽어봐.", "공부를 더 해 봐."라고 말했을 때 그들이 "힘들어, 나는 책을 펼치거나 공부만 시작하면 바로 졸음이 몰려와."라고 말한다면, 이런 사람은 자신을 포기한 것이나 다름없다. 이런 사람들과는 협업도 불가능하다. 이들은 자기 자신에 대한 요구치가 매우 낮아서 아주 조금만 힘들어도 끈기 있게 일을 마무리하지 못하기 때문이다. 만약 당신이 성공 사례를 들려주며 의욕을 북돋아 주려고 하면 "그 사람은 성공했을지 몰라도 나는 안 돼."라고 말할 것이다. 이런 말을 입에 달고 사는 사람을 이끌어줄 방법은 없다. 이들과 멀리 떨어져 있는 것만이 유일한 방법이다.

크게 성공할 수 있는 사람은 결코 자신을 쉽게 포기하지 않는다. 그들은 항상 높은 자존감을 갖추고 있다. 그리고 자신이 괴롭고 힘들다고 느끼는 문제를 직시하고 그 문제를 극복하기 위해 노력한다. 이처럼 자신을 존중하고 사랑하며 나 자신을 바로 세우는 힘을 가진 사람만이 성공이라는 결실을 볼 수 있다. 또 그런 사람만이 타인에게 존중받을 수 있다.

나는 중국 중앙방송국에서 일하는 동안 수많은 프로그램을 맡았다. 하지만 반응은 생각만큼 좋지 않았고, 시청률도 그저 그런 수준이었다. 반면 대학생 시절의 나는 세계 대학생 토론 대회에서 우승을 거머쥐기도 했었다. 그때야말로 내 인생의 가장 빛나는 시절이었던 것 같다. 인생의 절정 같았던 대학생 시절과 아무도 주목하지 않는 직장인의 삶, 이 극명한 대비로 인해 한동안 나는 무척 우울했다. 하지만 나는 그대로 주저앉고 싶지 않았다. 나는 나 자신을 구원해야겠다는 생각이 들었다, 그래서 '한번 해 보자'라는 마음으로 『논어』를 읽기 시작했고, 독서가 나의 미래를 바꿀 수 있을지도 모르겠다는 생각이 들었다.

독서에 빠져들수록 나의 마음가짐에도 점점 변화가 생겼다. 심적 부담감도 한결 줄어들었다. 당시 나는 매일같이 나의 능력을 끌어올리기 위해 어떤 노력을 해야 할까를 고민하며 끊임없이 나를 갈고닦았다.

이러한 과정을 거치면서 나는 한 가지 깨달은 바가 있다. **나를 변하게 만드는 것, 그리고 마음속 어둠에서 나를 꺼내줄 수 있는 것은 남이 아니라 바로 나에 대한 믿음이다. 그리고 나 자신을 일으켜 세워야 한다는 책임감, 나를 움직이게 만드는 동력과 긍정적인 생각이다.**

그러니 실패했다고 해서, 막막한 상황이라고 해서 자포자기하면 안 된다. 손 놓고 가만히 앉아서 누군가 대신 문제를 해결해 주기를 기다리는 것은 수치스러운 일이고, 가장 비효율적인 방법이다. 자신을 일으켜 세워주고 더 나은 삶으로 나아갈 수 있게 해줄 힘과 용기, 책임감은 반드시 우리 내면에서 찾아야 한다.

 1% 성장을 위한 '진보'의 저력

인생의 성장을 위한 가장 효과적인 방법은 운명이 당신을 어느 상황에 던져놓아도 그 자리에서 내가 할 수 있는 일을 하는 것이다. 인생의 어느 지점에 있든 어떤 난관에 있든, 앞으로 나아가려고 노력하는 것이다. 뒤를 돌아보고 후회하고 책망하며 한숨을 쉬는 것이 아닌, 앞으로 나아가려고 하는 인생만이 끊임없이 성장하고 발전할 수 있다.

죽을 각오를 이길 힘은
세상에 없다

못을 깊게 파고 성을 굳게 쌓아 백성과 함께 나라를 지키십시오.

鑿斯池也, 筑斯城也, 与民守.

죽기를 각오하고 백성들이 나라를 떠나지 않는다면 한번 싸워볼 만하

지 않겠습니까?

效死而民弗去, 則是可为也.

『맹자·양혜왕 하孟子·梁惠王下 편』

시안西安에서 대학을 다니던 시절, 나는 우연한 기회로 교내 토
론 대회에 참여한 적이 있다. 난생처음 나간 토론 대회라서 무대에
오르기 전까지 너무 긴장되고 떨렸다. 잘하지 못하면 무대 아래에
서 보고 있을 친구들과 교수님이 비웃을까 봐 걱정됐다. 이후 각고

의 노력 끝에 나의 논리는 점점 명쾌해졌고, 언변도 나날이 유려해졌다. 그 결과 나를 필두로 한 토론팀이 1998년 전국 토론 대회와 1999년 세계 토론 대회에서 우승을 거머쥐었다.

내가 지금 이런 이야기를 꺼낸 이유는 뭔가를 자랑하고 싶어서가 아니다. 어떤 일을 잘 해내고 싶고, 세상에 휘둘리지 않는 독립된 존재로 살고 싶다면 끊임없이 자신의 능력을 키워 강해져야 한다. 스스로 강해져야 더 많은 강자와 싸울 수 있게 되고, 더 큰 무대에 오를 수 있다. 그리고 충분히 강해지고 나면 타인이 나의 인생을 좌지우지할 수 없음을 느끼게 된다. 그런 순간에 이르러야 비로소 자기 인생의 주인이 될 수 있다.

나는 『맹자』를 읽으면서 맹자의 견해에 종종 감명받았다. 가령 맹자가 등나라 왕 문공과 나눈 대화에서는 내가 앞서 언급한 내용이 나온다.

등나라는 주 왕조 시절에 존재했던 나라로 영토 둘레가 약 50리(약 20킬로미터)에 불과한 소국이었다. 당시 등나라는 제나라, 초나라 등 대국들 사이에 둘러싸여 있었다. 이웃 대국들이 마음만 먹으면 지나가는 개미를 밟는 것만큼이나 쉽게 등나라를 집어삼킬 수 있는 상황이었다. 그 때문에 문공은 초조하고 애가 탔다. 문공은 맹자에게 "등나라는 제나라, 초나라와 같은 대국들 사이에 끼어있는 처지라네. 우리와 같은 소국이 어느 나라에 의탁하는 것이 좋겠소?"라고 물었다.

만약 『맹자』를 읽어본 사람이라면 이미 느꼈을 것이다. 시야가 좁은 정치가들은 문제를 바라볼 때 항상 표면적인 것만 본다. 한마디로 문공은 맹자가 어느 나라가 더 전도유망할지 말해주기를 바랐다. 그래야 등나라가 의탁할 나라를 고르기가 더 쉬워지기 때문이다. 그러나 진짜 중요한 문제는 둘 중 어느 나라를 고르느냐가 아니다. 맹자는 이렇게 말했다.

"아무도 어느 편을 선택해야 한다고 말해줄 수 없을 것입니다. 공께서 어느 쪽을 선택하시든 그것은 운에 맡길 일입니다. 그 선택이 옳은 선택일 수도 있고 잘못된 선택일 수도 있습니다. 공께서 통제할 수 있는 것은 아무것도 없습니다. 오히려 다른 이에게 통제당할 수 있습니다. 어째서 자신을 믿어볼 생각은 안 하십니까?"

맹자가 이어서 말했다.

"못을 깊게 파고 성을 굳게 쌓아 백성과 함께 나라를 지키십시오.
죽기를 각오하고 백성들이 나라를 떠나지 않는다면 한번 싸워볼 만하지 않겠습니까?"

이 말의 의미는 이렇다. "해자(적의 접근을 막기 위해 성 주변에 땅을 파고 물을 채워놓는 것_역주)를 파고 성벽을 높게 지어 백성들과 함께 나라를 지키십시오. 군주와 백성이 한마음 한뜻으로 싸우면 아무리 적이 몰려와도 백성이 군주의 은덕에 감복해 죽음을 각오하고 나라를 지키려고 할 것입니다. 이처럼 군주와 백성이 서로 의지하는 나라만이 비로소 희망이 있습니다."라는 뜻이다.

여기서 우리가 알 수 있는 사실이 있다. 문공과 같은 사람은 자신의 역량 밖의 일을 고민한다. 즉, 이들은 타인이 내게 어떤 영향을 미칠지를 걱정한다. 반대로 맹자는 문공에게 그의 능력으로 할 수 있는 일을 제안했다. 남이 내게 어떤 영향을 주든 간에 지금은 내가 바꿀 수 있는 일을 고민해야 하고, 더 많은 에너지를 자기 자신에게 쏟아 스스로가 강해져야 한다. 자신의 힘을 기르지 않으면 누구에게 기대도 소용없으며, 결국에는 상대에게 잡아먹히게 될 것이다. 오직 군주 스스로 강해져야만 백성이 믿고 따를 것이며. 그래야만 나라를 보존할 수 있다. 이것이 바로 맹자가 문공에게 하고자 한 말이다.

가장 큰 믿음을 주는 곳은 오직 나 자신

중국 청나라 정치가 증국번曾國藩과 관련된 책을 읽은 사람이라면 알 것이다. 증국번은 전투에서 주로 진영을 견고하게 구축해 놓은 다음, 상대가 싸움을 걸 때까지 기다리는 전술을 썼다. 그는 어떤 지역에 진영을 구축할 때 가장 먼저 진영 주변에 성벽을 세우고 참호(적의 총포탄을 피하기 위해 땅을 파서 만든 도랑_역주)를 팠다. 그리고 적의 기병 공격을 막기 위해 참호 밖에 울타리를 설치했다. 또한 병사들이 돌아가면서 온종일 24시간 주변을 순찰하도록 하는 등 전방위적으로 방어를 강화했다. 그렇게 상대와 교전을 지속하며 끝까지 버티다 적의 식량과 보급품이 고갈되고 군의 사기가 떨어졌을 때 병사들을 출격시켰다. 그는 전투에서 주로 이런 의외의 방식으로 승리를 거뒀다.

매사 남에게 기대려고 하면 안 된다. '산에 기대면 산은 무너질 수 있지만, 나 자신에게 기대면 산이 무너져도 도망칠 수 있다'라는 말이 있지 않은가. 결국 믿을 것은 자기 자신뿐이라는 얘기다. 나 자신이 강해지면 어디를 가도 두려울 것이 없다.

주나라 문왕의 할아버지인 태왕太王은 맨 처음 빈邠이라는 지역에 자리를 잡았으나 후에 적인狄人(북쪽의 야만인이라는 뜻_역주)의 침략을 받아 기산으로 도읍을 옮겼다. 태왕은 항상 백성을 어질게 대하고 선행을 베풀었기 때문에 백성들은 모두 태왕을 따라 기산으로 옮겨 갔다. 태왕과 그의 백성들은 그곳에서 새롭게 정착해나갔고, 주나라는 그렇게 대대손손 명맥을 유지할 수 있었다.

맹자 역시 이 일화를 문공에게 들려주며 그가 자신의 뜻을 깨닫길 바랐다. 어진 정치를 펼치고 군주로서 해야 할 일을 한다면, 설령 등나라를 잃고 다른 곳으로 쫓겨간다 해도 백성들은 그를 감싸고 따를 것이니 그곳에서 다시 자신의 나라를 세우면 된다는 말을 한 것이다.

이러한 이치는 오늘날에도 똑같이 적용된다. 많은 이들이 문제에 부딪혔을 때 다른 사람에게 내가 어떻게 해야 할지를 묻거나 다른 사람이 대신 문제를 해결해 줄 수 있을지를 묻는다. 그러나 이런 일들로 불안해하고 초조해할 바에는 차라리 생각을 바꿔 돌파구를 찾는 편이 낫다. 이를테면 독자들은 내게 자주 이런 질문을 한다.

"판 선생님, 선생님께서는 독자들에게 매년 50권의 책을 함께 읽자고 말씀하시잖아요. 저 역시 선생님처럼 많은 책을 읽고 싶어요. 그런데 저는 시간이 없는데 어쩌죠?"

만약 당신이 정말 어떤 일을 잘 해내고 싶다면 당신은 수많은 방법을 찾아낼 수 있다. 가령 독서를 하고 싶은 경우 자투리 시간을 이용하면 몇 페이지씩이라도 책을 읽을 수 있다. 그렇게 습관을 만들어 가다 보면 독서는 어느새 밥 먹고 잠자는 것처럼 일상적인 일이 될 것이다. 그뿐만 아니라 오디오북으로 책을 접할 수도 있다.

요즘은 오디오북을 들을 수 있는 방법이 다양하기 때문에 집안일을 하면서도, 양치를 하거나 운동을 하면서도 들을 수 있다. 열정과 흥미만 있다면 시간이 없어서 독서를 못 할 일은 없을 것이다.

 태산도 무너뜨릴 '자력'이라는 저력

자신의 삶을 변화시킬 유일한 방법은 바로 내 힘으로 일을 완수할 수 있는 능력을 갖추는 것이다. 헛된 기대나 주변을 원망하는 마음으로는 자신에게 닥친 문제를 해결할 수 없다.

최선을 다해 내가 해야 할 일들을 잘 해낸다면 우리는 자연스레 이 세상에서 독립적으로 살아갈 수 있다. 이는 한 국가가 살아남는 길이자 한 개인이 살아남는 길이다.

근본이 있는 물은
영원히 마르지 않는다

원천에서 샘솟은 물은 밤낮으로 그치지 않고 흘러나와 웅덩이를 다
채운 후, 다시 또 흘러 강으로 그리고 바다로 흘러간다.

原泉混混, 不舍晝夜, 盈科而後進, 放乎四海.

이처럼 모든 일에는 그 근본이 존재한다.

有本者如是, 是之取爾.

『맹자·이루 하孟子·離婁下 편』

중국 옛 조상들이 자주 하는 말이 있다.

"사람이 가장 위태로운 상태는 바로 덕망이 부족한데 위치가 높
은 경우다."

이 말은 즉, 지위에 걸맞은 덕을 갖추지 못한 사람은 아주 위험해

질 수 있다는 뜻이다. 그래서 옛사람들은 "위치가 높은데 덕이 부족하고, 힘이 부족한데 중임을 맡으려 하는 것은 모든 화의 근원이다 位高而德薄, 力小而任重, 此萬禍之源也."라고 말했다.

중국 고대 역사를 들여다보면 '위치에 걸맞은 덕망'을 갖추지 못한 상황이 어떤 것인지 잘 보여주는 시기가 있다.

첫 번째는 서진西晉 시대다. 사마의司馬懿 부자는 '고평릉高平陵 정변'을 일으켜 황위를 찬탈해 위나라를 무너뜨리고 서진을 세웠다. 하지만 사마씨 일가에게는 새 나라 건국의 명분과 정통성이 없었고, 그들의 후손들도 정권 안정과 민족 통합을 이룰만한 통치 능력을 갖추지 못했다. 결국 서진은 건국 초기 황족 8명의 세력 다툼인 '팔왕의 난'으로 인해 나라가 사분오열되었다. 그리고 서진의 멸망 후 중국 역사상 대 혼돈의 시기인 '5호 16국 시대'가 들어서면서 중국 문명의 파괴를 초래했다.

두 번째는 송나라 휘종徽宗 시기다. 북송의 황제 휘종은 중국 배우 귀더강郭德綱의 말을 빌리자면 '다 괜찮은데 딱 하나, 황제로서는 적합하지 않은 인물'이었다. 그로 인해 결국 북송을 멸망으로 이끈 정강靖康의 변이 초래되었다. 남송 시대 때 유학의 집대성자인 주희朱熹는 몹시 원통해하며 송휘종의 시기를 다음과 같이 평가했다.

"예로부터 지금까지 한 나라의 군주가 아무리 아둔하다 해도 한두 번 정도는 옳은 일을 하거늘, 휘종은 단 한 번의 옳은 일조차 한 적이 없는 군주였다!"

주희는 송대 유학의 집대성자로, 그가 유학에서 차지하는 위치는 가우스, 리만, 프왱카레 등의 인물이 자연 과학계에서 차지하는 위치 못지않았다. 이처럼 위대한 학자가 북송 말년을 혹독하게 평가한 것만으로도 송 휘종의 언행과 됨됨이가 어떠했는지 짐작할 수 있다.

위 두 예시가 바로 위치에 걸맞은 덕망을 갖추지 못했을 때의 상황을 가장 현실적으로 보여주는 예다.

서진의 건국 및 멸망 사례와 송 휘종의 사례가 우리에게 시사하는 바는 다음과 같다.

사람은 어떤 상황에서든 반드시 당시 처한 상황에 맞게 처신하고, 착실히 한 걸음씩 전진한다는 생각으로 자신의 일을 펼쳐나가야 한다. 그래야 자신이 가진 덕망이 사회적 위치에 걸맞은 '명실상부名實相符'를 이룰 수 있다.

이 견해에 대해 맹자의 제자 서벽徐辟은 맹자에게 '물'에 관한 질문을 했다. 서벽이 물었다. "옛 성현 공자께서는 물을 자주 칭송하셨다는데, 대체 물의 어떤 점이 그런 생각이 들게끔 만든 것입니까?" 그러자 맹자가 대답했다.

"원천에서 샘솟은 물은 밤낮으로 그치지 않고 흘러나와 웅덩이를 다 채운 후 다시 또 흘러 강으로 그리고 바다로 흘러간다. 이처럼 모든 일에는 그 근본이 존재한다. 공자께서 물을 칭송하셨다면 그것은 분명 근본이 있는 물의 모습을 칭송하신 것이다. 만약 사물에 근본이 없다면 칠팔월에 장맛비가 내려 도랑을 가득 채운다 해도 그 빗물이 도랑 속에서 얼마나 버틸 수 있겠는가. 도랑은 얼마 못 가 금세 말라버릴 것이다. 따라서 명성은 있으나 그 명성에 상응하는 실제가 없다면 이는 군자로서 굉장히 치욕스러운 일이다."

지금 나의 자리에서 내가 해야 할 일을 하는 것

덕이 위치에 걸맞지 않다는 것은 그 위치가 모래 위의 성과 같다는 뜻이다. 그런데 억지로 그 위치를 갖고자 한다면 큰 문제가 생길 수 있다. 이는 이해하기 쉬운 것 같으면서도 매우 심오한 말이다. 사람은 성과 대비 명성이 높을 경우 이를 '좋은 일'이라고 여긴다. 하지만 성과 대비 명성이 높다면 이는 마냥 좋아할 일이 아니라 '부끄러워해야 할 일'이다. 그리고 이점은 현대 사회에서도 마찬가지로 중요하게 생각해야 할 부분이다.

현대 사회에서는 많은 이들이 자기 자신을 충분히 성찰하고 깊이 있게 고민하려 하지 않는다. 또한, 빠른 성과를 얻기 위해 성급하고 경솔하게 행동하는 이들이 점점 많아지고 있다. 예를 들면 요즘은 쇼트 클립 형태의 영상이 폭발적인 인기를 얻고 있다. 그래서 일부 사람들은 시간과 돈을 아끼지 않고 쇼트 클립 동영상 제작 방법과 빠르게 팔로워를 얻는 방법 등을 배운다. 이들은 구독자들에게 어떤 영향을 끼칠지보다 빨리 유명해져서 많은 돈을 벌고 싶은 마음뿐이다. 상황이 이렇다 보니 더 많은 팔로워를 얻을 목적으로 수단과 방법을 막론하는 쇼트 클립 영상 크리에이터들이 기하급수적으로 출몰하고 있다.

라이브 방송 때 많은 시청자가 내게 이런 건의를 한다. "판 선생님, 사람들과 좀 더 친근하게 소통해 주세요. 예를 들어 시청자들을 부를 때 '자기님' 혹은 '아가들아'라는 애칭을 써주시고 반말도 섞어 쓰면 좋을 것 같아요." 나는 그들의 말을 이해할 수가 없었다. '왜 내가 시청자들에게 '자기님들', '아가들아'라고 부르고 처음 보는 분들에게 반말로 이야기해야 하지? 이게 무슨 의미가 있지?'라는 생각이 들었다.

나중에 알고 보니 요즘 라이브 방송과 쇼트 클립 영상에서 다들 이런 친근한 호칭으로 시청자를 부르고 있었다. 앞서 내게 애칭을 써줄 것을 제안한 그 사람은 이렇게 했을 때 시청자는 내가 그들에게 관심을 갖고 있고 그들의 말에 귀 기울이고 있음을 느낀다고 생각했다. 그리고 분위기가 달아올랐을 때 시청자가 크리에이터에게 기부금을 내도록 유도하면 그들은 기꺼이 돈을 쓴다는 것이다. 이런 방법으로 돈도 벌고 관중의 환심을 빠르게 살 수도 있다. 하지만 나는 그런 방법을 원치 않는다. 그래서 나는 라이브 방송 때 시청자가 기부금을 보내는 것도 금지하고 있다.

나는 사람은 먼저 자신이 해야 할 일을 잘 해내야 더 나은 방향으로 발전할 수 있다고 생각한다. 예를 들면 내가 지금 해야 할 일은 사람들에게 좋은 책을 추천해 주는 것이다. 사람들이 내가 소개해 준 책을 읽고 그 과정에서 지식을 얻고 더 나은 모습으로 변한다면 나는 그것으로 충분하다.

나는 이미 수년 동안 좋은 책을 추천해 주는 일을 해오고 있다. 근본이 있는 물은 끊임없이 흘러가고 영원히 마르지 않는다고 했다. 지식이 충분히 쌓이고 도덕적 가치관이 나날이 성숙해지면 우리도 근본이 있는 사람이 될 수 있다. 근본이 있는 물은 영원히 마르지 않듯 근본을 가진 사람은 더 오래 지속될 수 있는 미래를 갖게 될 것이다.

반면 요즘 인플루언서들은 갑자기 뜨거운 인기와 관심을 받다가도 얼마 못 가 사람들의 기억에서 완전히 잊히기도 한다. 웅덩이 안에 가득 차 있는 빗물이 사실은 근본이 없는, 정체불명의 물인 것처럼 그들에게는 진정한 재능과 실력이 없기 때문이다. 그렇기 때문에 대중의 관심이 식으면 웅덩이 안에 차 있던 빗물이 마르거나 썩어버리듯 이들의 존재감도 사라지게 된다.

 탄탄한 삶을 만들어 주는 '근본'의 저력

역사 속 다양한 분야에서 우리가 잘 알고 있는 빛나는 인물들은 항상 자신의 역할과 의무에 충실하고, 근본적인 가치에 집중해 자신을 갈고닦아 내실을 다진 사람들이다. 따라서 우리는 근본이 없는 빗물이 아닌 근본을 가진 물이 되어야 한다.

"군자는 근본에 힘써야 한다. 근본이 제대로 서야 올바른 길을 찾을 수 있기 때문이다君子務本, 本立而道生."라는 공자의 말처럼 한 가지 일이라도 꾸준히 착실하게 임하여 그것을 자신의 근본으로 만들어야 그 일을 성공으로 이끌 수 있음을 기억하자.

타고난 소질보다 우월한 재능,
피나는 노력

서시라도 오물을 덮어쓰면 사람들이 모두 코를 막고 지나간다.
西子蒙不潔, 則人皆掩鼻而過之.
비록 악인일지라도 목욕재계하면 하늘에 제사도 지낼 수 있다.
雖有惡人, 齊戒沐浴, 則可以祀上帝.

『맹자·이루 하孟子·離婁下 편』

우리는 평소에 업무 속도나 학습 속도가 아주 빠른 사람들을 두고 '하나를 가르쳐 주면 열을 안다'고들 말한다. 게다가 스펀지처럼 지식을 빠르게 빨아들이는 사람들이 있는데, 우리는 대개 이런 사람들은 '소질이 타고났다'라고 여긴다. 반면 무엇을 배울 때 여러 번 반복해서 배워야 하는 사람도 있다. 대개 이런 사람들한테는 '소질이 없다'라고들 말한다. 그런데 정말로 그럴까?

가장 간단한 예를 들어보자. 만약 중학교를 졸업한 지 몇 년 혹은 수십 년이 지난 당신에게 중국 서한의 정치가 가의賈誼가 쓴 『과진론過秦論('진나라의 과오를 논하다'라는 뜻_역주)』을 통째로 암송해 보라고 하면 아마 거의 다 잊어버려서 외우지 못할 것이다. 하지만 여섯 살 때 배웠던 자전거 타는 법은 환갑이 되어서도 잊어버리지 않는다.

대다수 사람의 대뇌 기억력은 근육의 기억력만큼 오래가지 않는다. 자전거를 타는 것은 근육의 기억이다. 끊임없이 넘어지고 다치면서 형성된 조건 반사로 인해 근육의 모든 신경이 자전거를 타는 과정에서 어떤 반응을 해야 할지를 익힌 것이다. 이처럼 많은 단련과 집중이 필요한 기억력 훈련을 사람들은 다음과 같은 두 글자로 요약해서 부른다. 바로 '노력'이다.

중국인들은 과거에 고대 문인들의 시를 열심히 암송했던 경험들이 있다. 하지만 더 이상 시험을 보지 않아도 돼서 굳이 시를 외울 필요가 없어지면 우리의 대뇌는 빠르게 그것들을 잊어버린다. 따라서 대뇌의 기억을 근육의 기억만큼 키우려면 마찬가지로 '많은 단련과 집중'이 수반된 노력이 필요하다. 이와 같은 노력으로 얻은 대뇌의 기억은 근육의 기억보다 훨씬 오래간다. 그러나 유감스럽게도 갈수록 많은 사람이 '타고난 소질'을 핑계 삼아 피나는 노력을 회피하려고 한다.

　노력과 타고난 소질의 상호 변환에 관해 맹자는 굉장히 철학적인 논조로 자신의 견해를 밝혔다. 맹자가 선택한 방법은 간단명료한 이분법이다. 인간의 외모를 '아름다움과 추함', 심성을 '선함과 악함'으로 보는 시각은 우리에게 다음과 같은 가르침을 준다.

　인간의 아름다움과 추함 그리고 선함과 악함은 어떤 특정 상황이나 조건에서 상호 변환될 수 있다. 가령 제아무리 절세미인 서시西施일지라도 누군가 그녀에게 지독한 냄새를 풍기는 오물을 묻혔다면, 사람들은 그녀를 거들떠보지도 않고 코를 막고 지나갈 것이다. 반면 추하게 생긴 사람일지라도 매일 꾸준히 심신을 깨끗이 하고 진실한 마음을 잃지 않으려고 노력한다면, 시간이 흘러 그에게도 천신에게 제를 올릴 수 있는 자격이 생길 것이다.

　나는 예전에 천부적 소질의 비밀을 파헤친 책 『1만 시간의 법칙』을 소개한 적이 있다. 이 책은 유명 심리학자 앤더스 에릭슨Anders Ericsson이 수십 년간 자신이 연구한 내용을 정리해놓은 책이다. 그가 오랜 연구 끝에 얻은 결론은 다음과 같다.

　"이 세상에 천부적이라는 것은 아예 존재하지 않는다. 모차

르트와 파가니니와 같이 전 세계 사람이 인정하는 유명 음악가들도 천부적인 소질을 갖고 있지 않았다. 모든 재능은 후천적으로 끊임없이 연습하고 노력했을 때 얻어진다."

미국 프로농구 명예의 전당에 이름을 올린 농구 선수 레이 앨런 Ray Allen은 농구계 역사상 위대한 득점왕 가운데 한 명이다. 그는 경기장에서 침착하고 정확하게 장거리 슛을 하기로 유명하다. 사실 레이 앨런은 고등학교 시절 슛 실력이 매우 평범했다. 당시 소속되어 있던 팀 안에서도 레이 앨런의 존재감은 그리 크지 않았다.

하지만 그는 운명에 굴하지 않고 수년간의 피나는 노력 끝에 정확한 슛을 쏠 수 있게 되었고, 그의 적수들의 간담을 서늘하게 만들었다. 그의 뛰어난 슛 기술과 훌륭한 스포츠맨십 역시 그에게 '슈팅 스타'라는 별칭을 안겨주었다. 또한 매스컴에서는 레이 앨런을 천부적인 3점 슈터라고 칭송했다. 그의 농구 인생에서 얻은 가장 빛나는 성과가 아닐 수 없다. 하지만 레이 앨런은 자신의 은퇴식에서 이렇게 말했다.

"나는 단 한 번도 천부적인 재능이니 뭐니 하는 말을 믿은 적이 없다. 나는 그저 '노력'이라는 재능을 활용했을 뿐이다."

스포츠계를 살펴보면 레이 앨런의 이야기와 마찬가지로 천부적 소질과 노력의 상호 변환에 관한 사례가 매우 많다.

브라질 축구 선수 알렉산드레 파투Alexandre pato는 남다른 볼 핸들링 기술과 민첩하고 빠른 돌파력 덕분에 어린 나이에 유럽 명문 구단 AC밀란에 스카우트되었다. 남다른 재능을 가진 파투는 열일곱 살 때부터 자신의 경력을 쌓기 시작했고, 이듬해에 2,200만 유로 (약 313억 원)라는 천문학적인 이적료를 받고 AC밀란으로 영입되었다. 파투는 매우 빠르게 축구계의 슈퍼스타로 급부상했으며 '축구 천재', '브라질 신동' 등 찬사가 끊이질 않았다. 하지만 유명해지고 난 뒤 파투는 자신의 '타고난 재능'을 잘 살리지 못했다. 자기관리에 실패한 파투는 훈련에 빠지는 일이 잦았다. 그는 나이트클럽을 들락날락하면서 술로 청춘을 허비했으며, 몸 상태는 점차 엉망이 되어갔다. 이후 명문 구단들은 파투로부터 빠르게 등을 돌리기 시작했고, 파투는 여러 구단을 전전하게 되었다. 그리고 2018년 스물아홉 살이었던 파투는 러시아 월드컵 국가대표 명단에서 제외됐다. 한때 축구 신동으로 불렸던 그는 결국 날개 없는 추락과 함께 사람들의 기억에서 잊혔다.

모두에게 갖춰진 천부적 재능, '노력'의 저력

'노력'은 우리 모두가 가지고 있는 타고난 재능이다. 피나는 노력을 하면 우리도 레이 앨런처럼 천부적인 소질에 가까운 능력을 얻을 수 있다. 반대로 노력하기를 거부하고 자신이 가진 특별한 소질에 맹목적으로 의존한다면, 결국 고통스러운 대가를 치르게 될 것이다. 노력하기 늦은 때는 없다. 노력은 언제든지 어떤 상태에서든지 가능함을 기억하자.

결코 멈추지 말아야 할 두 가지,
호흡과 탐구

그만두면 안 될 상황에서 그만두는 사람에게 그만두지 않아야 할 일
이라고는 없다.

於不可已而已者, 無所不已.

후하게 해야 할 것임에도 박하게 하는 사람에게 박하게 하지 않아야
할 일이라고는 없다.

於所厚者薄, 無所不薄也.

나아가는 것이 빠른 사람은 물러감도 빠르다.

其進銳者, 其退速.

『맹자·진심 상孟子·盡心上 편』

한 노인이 매우 진지하게 내게 이런 말을 한 적이 있다.

"내 평생 가장 후회되는 일은 마흔 살이 되던 해에 대학 정교수가
된 것이다."

나는 이해가 잘 되지 않았다. 지금 대학에서 일하는 수많은 강사
나 부교수들이 하루빨리 교수가 되고 싶어 하는데 그는 왜 정교수
가 된 것을 후회한다고 말한 것일까?

그가 내게 말하길, 예전에는 그 역시 정교수가 되는 것이 꿈이었
다고 했다. 하지만 꿈을 일찍 이루고 나니 정교수가 된 이후에는 예
전처럼 열심히 탐구하지 않게 되었다는 것이다. "정교수로 임용되
기 전에는 학술 성과도 아주 많았고 우수한 논문도 많이 썼지. 정교
수가 되고 나니 사람들이 나를 바라보는 신분과 지위가 높아져 있
더군. 하지만 나 자신만은 똑똑히 알고 있었어. 탐구에 대한 나의
열정과 의욕이 천천히 식고 있다는 것을 말이야."

이 말을 한 사람은 다름 아닌 나의 아버지다. 아버지의 말은 내게
깊은 울림을 주었다.

사람은 태어나서 눈을 처음 뜬 순간부터 이 세상을 탐색하기 시
작한다. 그렇게 조금씩 조금씩 성장하면서 걷는 법, 뛰는 법을 배우
고 복잡한 모국어를 습득하게 된다. 그 뒤로는 기나긴 학창 시절이
시작된다. 이 시기에는 저마다 다른 선택을 한다. 미래에 좋은 직업
을 갖기 위해 열심히 공부하는 이들도 있고, 사회의 각종 유혹에 휩

쓸려 학업에 소홀히 하는 이들도 있다. 또 어떤 이들은 탐구하는 것을 포기하는가 하면, 자신만의 방법으로 새로운 분야를 탐구하는 이들도 있다. 문제는 이 시기에 많은 이들이 매우 중요한 것들을 포기한다는 것이다.

맹자는 어떤 것을 선택하고 포기해야 하는지에 대해 깊이 고민한 후 이런 말을 남겼다.

> "그만두면 안 될 상황에서 그만두는 사람에게 그만두지 않
> 아야 할 일이라고는 없으며,
> 후하게 해야 할 것임에도 박하게 하는 사람에게 박하게 하
> 지 않아야 할 일이라고는 없다.
> 또한 나아가는 것이 빠른 사람은 물러감도 빠르다."

이 말의 의미를 해석해 보자. 사람의 일생에서 언제나 제일 중요한 일은 영원히 멈추지 않는 것이다. 만약 우리가 멈추면 안 되는 일을 멈추게 된다면 우리에게 포기하지 말아야 할 일이라고는 존재하지 않게 된다. 간단하게 우리 삶에서 멈출 수 없는 것들에 대해 생각해 보자. 가령 호흡이 그러하다. 호흡은 우리가 매 순간 하는 것으로, 우리는 하루에 몇만 번 이상의 호흡을 한다. 그런데 만약 누군가가 어느 날 숨쉬기를 중단하겠다고 말한다면, 그런 사람

이 바로 '그만두면 안 될 상황에서 그만두는 사람'이다.

누군가는 분명 이런 질문을 할 것이다. 맹자가 말한 '그만두면 안 되는 일'이 숨 쉬고, 밥 먹고, 잠자는 것 등이라면 이런 것들이 무슨 의미가 있을까? 숨 쉬고, 밥 먹고, 잠자는 일은 반드시 할 수밖에 없는 일들이 아닌가. 당연히 교육자인 맹자의 생각이 그렇게 얕을 리가 없다. **맹자는 숨 쉬고, 밥 먹고, 잠자는 것 외에도 인생을 살면서 매 순간 멈추면 안 되는 아주 중요한 일이 더 있다고 보았다. 그것은 바로 '올바른 것을 가려 택하고, 그것을 굳게 지키는 것**擇善固執**'이다.** 이 말은 즉, 꾸준히 자기 몸과 마음을 갈고닦고 자신의 부족한 점을 성찰하고 개선하여 끊임없이 스스로 발전해야 한다는 뜻이다. 아울러 이 일은 결코 멈추면 안 된다. 설령 아무리 빛나는 명예, 뛰어난 능력, 수많은 돈을 얻었다 해도 말이다.

오늘날 많은 사람이 사회에서 고군분투하며 살아가고 있다. 누군가는 명예를 위해, 또 누군가는 이익을 위해 바쁘게 살고 있다. 게다가 온라인 시장 규모가 커지면서 똑똑한 젊은 친구들 중에는 이미 어린 나이에 돈과 명예를 모두 거머쥔 이들도 있다. 그중에는 자신의 성공을 잘 활용해서 스스로 선순환을 이어가는 이들도 있지만, 반대로 돈과 명예를 얻은 뒤 탐구를 멈추고 안주하는 삶을 사는 이들도 있다. 하지만 이런 사람은 머지않아 점점 자신의 영혼 깊숙

한 곳의 공허함을 느끼게 될 것이다. 따라서 우리는 평생 탐구하고
배우려는 노력을 멈추면 안 된다.

 범접할 수 없는 내공을 만드는 '탐구'의 저력

공자는 이렇게 말했다.

"흘러가는 것이 이 냇물과도 같구나. 밤낮을 쉬지 않고 흘러가
는구나."

수많은 돈과 명예는 설령 내 손에 쥐어졌다고 할지라도 이것들
은 내가 통제할 수 있는 것이 아니다. 부지불식간에 내게서 흘러
갈 수 있는 것들이다. 오직 끊임없이 탐구하여 학습한 것만이 내
게서 쉽게 흘러가지 않는 법이다. 우리가 열심히 노력해서 얻은
지식과 기술 같은 것들이 그러하다. 그리고 이것들이 우리에게 주
는 기쁨과 즐거움은 누군가가 훔쳐 가고 싶어도 훔칠 수 없다.

진보하는 인생을 원한다면
'인생 사계'를 기억하라

남에게서 취한 선을 행동으로 실천하는 것은 곧 남과 함께 선을 행하
는 것이다.
取諸人以爲善, 是與人爲善者也.
그러므로 군자가 남과 함께 선을 행하는 것보다 더 훌륭한 것은 없다.
故君子莫大乎與人爲善.

『맹자·공손추 상孟子·公孫丑上 편』

『이상한 나라의 앨리스』 소설에 나오는 붉은 여왕의 대사 중 이
런 말이 있다.

"제자리에 있으려면 쉬지 않고 달려야 해. 만약 지금의 상태를 벗
어나고 싶다면 지금보다 두 배는 더 빨리 달려야 해." 이 대사에서

유래된 것이 바로 '붉은 여왕 효과Red Queen effect'다.

'붉은 여왕 효과'는 실제로 두 가지 의미를 가지고 있다. 첫 번째는 달리기 위해 계속 노력해야 하는 것이고, 두 번째는 현 상황에 머무르지 않고 남보다 한발 앞서 나가야 한다는 뜻이다. 옛 중국 속담으로 말할 것 같으면 '물길을 거슬러 가는 배처럼 앞으로 나아가지 못하면 뒤로 밀리게 된다逆水行舟 不進則退.'와 같다.

일상이나 학교, 직장 어디에 있든 어떤 상태에 있든 도태되지 않으려면 열심히 앞으로 달려가야 한다. 끊임없이 타인이 가진 장점을 배우고 자신의 능력을 키워 평생 성장하는 상태를 유지해야 한다. 하지만 많은 사람이 이렇게 하지 못한다.

인간은 매우 자기중심적인 동물이다. 그래서 다른 사람의 일을 멋대로 판단하고 자신의 주관과 독단적인 견해를 표현하는 것을 좋아한다. 또한 인간은 자신의 의견 고집하기를 좋아하고 일을 할 때도 자신만이 옳다고 생각한다. 이러한 문제점은 거의 대부분의 사람이 다 가지고 있다. 이 문제점들을 바로잡기 위해 공자는 살면서 반드시 기억해야 할 네 가지 '인생 사계人生 四戒'를 제시했다.

'인생 사계'란 '무의毋意', '무필毋必', '무고毋固', '무아毋我'를 일컫는다. 자세히 그 의미를 살펴보자.

'사람은 근거 없이 억측하면 안 되고(무의毋意), 어떤 일에 대해 절

대적으로 확신하면 안 되고(무필毋必), 내 생각을 고집하고 집착하면 안 되고(무고毋固), 내 말만이 옳다고 자만하고 아집에 빠지면 안 된다(무아毋我)'는 뜻이다.

사람이 이 사계를 지키지 않으면 어떤 상황이나 일을 자기식대로 해석하기 쉽고, 자기 생각에 과도하게 집착하여 타인의 장점을 보지 못하는 것은 물론, 남의 의견을 수용하고 따르기가 더더욱 어려워진다. 설령 상대의 의견이 더 합리적이라 할지라도 그 의견을 받아들이지 못한다. 만약 이런 상태를 지속한다면 결국 스스로 성장할 수도, 인격을 완성해 나갈 수도 없게 된다.

공자는 군자가 이를 수 있는 최고의 경지란 바로 항상 다른 사람의 장점을 본받는 것이라고 말했다. 사실 공자뿐 아니라 고대 현인들 모두 타인에게서 배움을 얻고 그것으로 자기 자신을 완성해 나갈 줄 아는 사람들이었다. 맹자 또한 그러했다.

> "남에게서 취한 선을 행동으로 실천하는 것을 곧 남과 함께
> 선을 행하는 것이다.
> 그러므로 군자가 남과 함께 선을 행하는 것보다 더 훌륭한
> 것은 없다."

이 말은 다른 사람이 가진 장점을 많이 배울 줄 알아야 한다는 뜻

이다. 여기서 유래된 성어가 바로 '여인위선與人爲善'이다. 이 성어는 오늘날 '선의로 남을 돕는다'라는 뜻으로 사용되고 있다. 하지만 맹자가 말한 '여인위선'은 그런 의미가 아니다. **끊임없이 타인이 가진 장점을 보고 배워 스스로 더 나은 사람이 되려고 노력해야 한다는 뜻이다. 다시 말해 우리는 아집을 줄이고 겸손한 자세를 유지하여 배우고 성장하는 상태를 꾸준히 이어나가야 한다.**

성장형 마인드로 진보할 것인가, 고정형 마인드로 퇴보할 것인가

『마인드 셋Mindset: The new psychology of success』이란 책에서는 이런 내용이 나온다. 이 세상에는 두 종류의 사람이 있다.

그중 하나는 '고정형 마인드'를 가진 사람이다. 고정형 마인드를 가진 사람은 항상 자신이 옳다고 생각하고, 자신이 남보다 똑똑하다고 여긴다. 이들은 시시각각으로 자신의 체면을 신경 쓰고, 하루하루 자신의 득실을 따지는 것을 매우 중요하게 생각한다.

또 다른 하나는 '성장형 마인드'를 가진 사람이다. 이들은 항상 발전하고 성장한다. 또한 실수를 인정하고 남들에게 창피당하는 것을 두려워하지 않는다. 이들은 오직 '내가 여기서 무엇을 배울 수 있을까?', '나는 더 강해질 수 있을까?', '나는 계속 성장할 수 있을까?'를 고민하기 때문이다. 이들은 자신이 뒤처져 있음을 인정할 때도 크게 개의치 않는다. 그들에게 가장 중요한 것은 오직 성장이기 때문이다.

하지만 성장형 마인드를 가진 사람이 되는 것은 결코 쉽지 않다. 우리는 평소에 '남의 충고와 비판을 잘 받아들여라', '타인의 단점보다 장점을 주목해라', '상대방이 하는 말이 맞다면 겸허히 수용해라'라는 말을 자주 하지만 정말로 그렇게 행동하는 사람은 극히 드물다.

옛 속담에 이런 말이 있다. "선을 따르는 것은 산을 오르는 것처럼 힘들고, 악을 저지르는 것은 산이 무너지듯 쉽다從善如登, 從惡如崩." 사람이 무언가를 배우고 스스로 발전하는 일은 높은 산을 오르는 것만큼 힘들고, 올라갈 때도 한 걸음씩 차근차근 올라가야 한다. 그 과정에서 지칠 수도 있고 넘어질 수도 있다. 하지만 사람이 나쁜 쪽으로 변하거나 어떤 일을 포기하게 되면 바위가 무너져내리는 것처럼 한순간에 추락하게 된다.

한번은 강의 도중 어떤 한 여학생이 내게 질문을 했다.

"판 선생님, 저는 고등학생 시절에 굉장한 공붓벌레였어요. 대학에 입학한 뒤로는 서서히 느슨해지면서 자주 친구들과 어울려 게임을 했어요. '왕의 영광王者榮耀', '리그 오브 레전드LOL'와 같은 유명한 게임은 다 할 줄 알아요. 그런데 대학을 졸업한 뒤 예전에 저와 함께 게임을 했던 친구들은 다들 직장에 들어가고 자기 할 일을 찾았는데 저는 아직도 제가 무엇을 해야 할지 모르겠어요. 저는 특별히 관심 있는 것도 없고 특별히 하고 싶은 일도 없어요. 심지어 저희 부모님은 매일 제게 다른 사람을 소개해 주고 결혼을 권하시는데, 그렇게 하는 것이 맞는 선택인지 모르겠어요."

나는 그녀의 이야기를 듣고 문득 또 다른 한 여학생이 떠올랐다. 그녀 역시 대학 졸업 후 한동안은 앞으로의 목표나 계획이 없었으며, 자신이 무엇을 해야 할지도 몰랐다. 이후 그녀는 친구의 권유로 매실을 파는 작은 가게를 열었다. 그녀 자신이 매실을 너무 좋아했기 때문이다. 가게를 연 이후 그녀는 가게 운영을 잘하려면 배워야 할 것이 아주 많다는 것을 깨달았고, 스스로 공부하기 시작했다. 가게 관리에 관한 지식을 많이 쌓게 된 그녀는 자신이 운영하는 작은 가게 안을 정돈하고 재정비했다. 그 결과, 지금은 십여 개의 분점까지 내게 되었다.

나는 내게 질문한 그 여학생에게 이렇게 충고했다.

"주변 사람들이 무엇을 하고 있는지 유심히 살펴보세요. 그리고 무언가를 깊이 있게 공부해 보세요. 어떤 일들은 깊이 있게 파고들어야 진정으로 즐거움을 찾을 수 있고 성장할 수 있어요."

『죽음의 수용소에서Man's Search for Meaning』라는 책에는 이런 말이 나온다.

"당신이 삶의 방향을 잃고, 목표도 없고, 삶의 의의를 잃어버렸다는 생각이 들었을 때 불평하고 술을 마시고 여행을 간다고 해서 문제가 해결되는 것은 아니다. 그런 생각이 들었을 때 '삶의 의미란 무엇일까'에 대해 진지하게 고민해 보길 바란다. 지금 이 세상은 안 좋은 상황에 처해 있다. 우리 각자가 최선을 다하지 않으면 모든 것이 더 나빠질 것이다."

사실 이 책이 우리에게 하려는 말은 따로 있다. 궁극적으로 우리에게 성취감을 안겨주고 오랫동안 행복을 지속시켜 줄 수 있는 것은 바로 스스로 끊임없이 발전하면서 발견하게 될 삶의 의미와 가치다. 게임을 하고, 핸드폰을 들여다보고 심지어 먹고 마시고 놀면서도 재미가 없다는 생각이 드는 이유가 뭘까? 그런 것들은 우리에게 잠깐의 자극과 흥분을 주는 것 말고는 아무런 의미도, 아무런 성취감도 주지 못하기 때문이다.

따라서 사람이 평생 성장하는 상태를 유지하는 것은 정말 중요하다. 사실 우리 모두 진지하게 생각해 보면 깨달을 수 있다. 우리가 잘 해냈다고 생각하는 모든 일의 바탕에는 분명 성장형 마인드가 존재한다. 반대로 우리가 실패했다고 생각하는 모든 일의 바탕에는 필시 고정형 마인드가 존재한다.

1%의 가능성에도 도전하는 '열린 마음'의 저력

이 세상에 특정 사람만 해낼 수 있는 일이란 없다. 어떤 사람이 해낸 일이라면 이 세상 모든 사람이 반드시 해낼 수 있는 일이다. 그러니 우리가 해야 할 일은 오직 끊임없는 노력뿐이다.

마지막으로 타인의 장점과 경험을 보고 배우려는 열린 마음을 갖는다면 우리가 느낄 모든 실망감과 열등감 또한 치유될 것이다. 아울러 이런 마음가짐은 나 자신이 더 뛰어나고 완벽해질 수 있는 가장 빠른 방법이다.

어떤 상황에서든 내가 나를 괴롭히면 의지가 약해지고
사기가 떨어지기 마련이다. 미래에 대한 믿음을 잃고
현실을 도피하거나 실패와 좌절을 두려워한다면 아무것도 이룰 수가 없다.

맹자